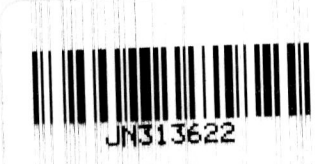

写真でわかる
生活支援技術

…自立を助け、尊厳を守る介護を行うために…

【監修】

東京都健康長寿医療センター
センター長　井藤　英喜

東京都健康長寿医療センター 東京都老人総合研究所
副所長　高橋龍太郎

大妻女子大学 人間関係学部
教 授　是枝　祥子

インターメディカ

まえがき

自立を助け、尊厳を守る介護を行うために……

我が国の65歳以上の人口は、2010年には23%を超え、2055年には40%に達すると推定されています。このように我が国は、かつて人類が経験したことのない超高齢社会を迎えることになります。社会の高齢化の世界におけるトップランナーとして、その対処策は我が国が見出していく必要があり、我が国が超高齢社会にどのように対処していくかを世界の国々は注目しています。

●

ご高齢の方の望みは、可能な限り健康寿命を保ち、自立した生活を送ることです。現在、我が国の高齢者の健康寿命の長さは世界一であり、お元気な高齢者が増えてきています。その意味で、今のところ、高齢社会にうまく対処できているといえるでしょう。しかし、残念ながら、現在でもまた将来も、ご高齢の方はある頻度で要介護の状態となります。要介護の状態になってもQOLを維持し、可能な限り自立した生活をというところに、ご高齢の方の強い希望があることには変わりありません。

ご高齢の方には、足腰が衰える、ものが飲み込みにくい、記憶力が衰える、尿を漏らしてしまうなど自立した生活を困難にし、自尊心を傷つけるようなことが多く起こります。このような状態に陥ったご高齢の方には、自立を助け、お一人おひとりの尊厳を守るケアが必要です。

ご高齢の方のケアにあたられるケアワーカーの方々に、ご高齢の方の体や心の特徴、ご高齢の方に多い病気の特徴、生活支援技術のあり方を知っていただくという意図で本書を編集しました。

生活支援技術のあり方は、ついつい個人の経験や、技に頼りがちな分野ですが、現在は多くの情報が入手できる時代となりました。そこで、可能な限り、科学的な根拠のある生活支援技術を集め、写真によりわかりやすく示すことを心がけていただきたいということを執筆にあたられた先生方にお願いし、本書が作成されました。

ハードルの高い編集者の要望に応えて、素晴らしい、またすぐに役に立つ原稿を書いていただいた執筆者の先生方に、改めて御礼を申し上げたいと思います。

本書は、ご高齢の方のケアにあたっておられるケアワーカーの方々の日々のケアの質を向上させ、また新たなチャレンジを生み出すことに有用な本であると確信しています。

本書の姉妹書であり、看護師を主な対象として作成された「写真でわかる高齢者ケア…高齢者の心と体を理解し、生活の営みを支える…／編著：東京都健康長寿医療センター看護部、2010年3月インターメディカ刊」とともに、ケアワーカーの方々の座右の書として長く活用されることを期待してやみません。

2011年 1月

地方独立行政法人 東京都健康長寿医療センター
センター長　井藤 英喜

CONTENTS

まえがき …… 2

CHAPTER 1 高齢者の特徴

老いること …… 竹中 星郎 10

個人差の影響が大きい
加齢による身体の動きの変化 …… 大渕 修一 14

感覚機能・記憶機能からみる
加齢による知覚・精神の働きの変化 …… 長田 久雄 18

知っておきたい
高齢者によくみられる病気 …… 堀内 敏行 22

CHAPTER 2 生活支援の基礎知識

快適に、安全に
自立生活を支える介護 …… 佐藤富士子 32

介護において必要不可欠
利用者とのコミュニケーション …… 町田 章一 36

利用者との信頼関係が基盤
介護における倫理的心構え …… 是枝 祥子 39

CHAPTER 3 生活支援技術

1日の始まりをさわやかに
目覚めの介護 …… 佐藤富士子 42

寝衣から日常着へ
着替えの介護 …… 青柳 佳子 45

寝室から生活の場へ
移動の介護 …… 佐藤富士子 50

整髪・洗顔・ひげ剃り・爪切り・耳掃除
身だしなみを整える介護 …… 佐々木 宰 56

誤嚥を防ぎ、おいしく、楽しく!
おいしい食事を提供するために …… 是枝　祥子　60

歯磨き・口腔清拭・義歯洗浄
口腔をさわやかにする介護 …… 金　美辰　70

個浴・シャワー浴
気持ちのよい入浴のための介護 …… 金　美辰　73

排泄の介助、おむつ交換
心地よい排泄のための介護 …… 佐々木　宰　81

心身ともにリフレッシュ
気分転換のための介護 …… 上野　優子　96

清潔のケア、体位変換、ベッドメーキング
ベッド上生活を余儀なくされる人への介護 …… 菅野　衣美　102

より質の高い介護のために
実施した介護の記録 …… 青柳　佳子　112

医行為ではない処置を安全に
介護者が行う医療的処置 …… 佐藤富士子　114

加齢変化により、発症しやすい
感染症への対応 …… 増田　義重　120

看取りの事例を通して考える
終末期のケア …… 島田　千穂　124

CHAPTER 4 認知症高齢者への援助

認知症を理解するために
認知症の特徴 …… 栗田　主一　130

認知症高齢者への援助
対応の基本 …… 伊東　美緒　134

CONTENTS

CHAPTER 5 うつ状態にある高齢者への援助

うつ状態を理解するために
うつ病・うつ状態の特徴 …… 井藤　佳恵 148

うつ状態にある高齢者への援助
対応の基本 …… 齋　二美子 152

CHAPTER 6 観察、医療職との連携

意識・体温・呼吸・血圧・脈拍・むくみ・顔色
バイタルサインのみかた …… 中尾　秀子 162

様々な原因で起こる
食欲がない！ …… 須藤　紀子 166

感染症？ 感染症以外？
熱がある！ …… 杉原　毅彦 168

訴えが少なく、注意が必要
息苦しい（呼吸困難）！ …… 坪光　雄介 170

まずは、応援を呼ぼう
反応が鈍い、意識障害！ …… 小倉　信 172

消化管からの場合
出血がある！ …… 金澤　伸郎 174

胸痛・腹痛の場合
痛みを訴える！ …… 森　聖二郎 176

四肢・関節の場合
痛みを訴える！ …… 時村　文秋 178

緊急時の応急手当
倒れている！ …… 高橋　英気 180

観察・判断にかかっている
緊急時の医療連携 …… 伊東　美緒 184

参考文献 …… 186

A U T H O R S

EDITORS 【監 修】

井藤　英喜　東京都健康長寿医療センター センター長

高橋龍太郎　東京都健康長寿医療センター 東京都老人総合研究所 副所長

是枝　祥子　大妻女子大学 人間関係学部人間福祉学科 教授

AUTHORS 【執 筆】（掲載順）

竹中　星郎　大正大学 人間学部臨床心理学科 元教授

大渕　修一　東京都健康長寿医療センター 東京都老人総合研究所 福祉と生活ケア研究チーム 研究副部長

長田　久雄　桜美林大学大学院 老年学研究科 教授

堀内　敏行　東京都保健医療公社 豊島病院 内科部長

佐藤富士子　大妻女子大学 人間関係学部人間福祉学科 教授

町田　章一　大妻女子大学 人間関係学部人間福祉学科 教授

是枝　祥子　大妻女子大学 人間関係学部人間福祉学科 教授

青柳　佳子　大妻女子大学 人間関係学部人間福祉学科 助教（実習担当）

佐々木　宰　大妻女子大学 人間関係学部人間福祉学科 助教

金　美辰　大妻女子大学 人間関係学部人間福祉学科 助教

上野　優子　大妻女子大学 人間関係学部人間福祉学科 准教授

菅野　衣美　大妻女子大学 人間関係学部人間福祉学科 助教（実習担当）

増田　義重　東京都健康長寿医療センター 感染症内科副部長

島田　千穂　東京都健康長寿医療センター 東京都老人総合研究所 福祉と生活ケア研究チーム 研究員

粟田　主一　東京都健康長寿医療センター 東京都老人総合研究所 自立促進と介護予防研究チーム 研究部長

伊東　美緒　東京都健康長寿医療センター 東京都老人総合研究所 福祉と生活ケア研究チーム 研究員

井藤　佳恵　東京都健康長寿医療センター 東京都老人総合研究所 自立促進と介護予防研究チーム 研究員

齋　二美子　東北大学大学院 医学系研究科保健学専攻 准教授

中尾　秀子　東京都健康長寿医療センター 東京都老人総合研究所 福祉と生活ケア研究チーム 非常勤研究員

須藤　紀子　杏林大学医学部 高齢医学教室 講師

杉原　毅彦　東京都健康長寿医療センター 膠原病･リウマチ科副部長

坪光　雄介　東京都健康長寿医療センター 循環器内科副部長

小倉　信　東京都健康長寿医療センター 麻酔科部長

金澤　伸郎　東京都健康長寿医療センター 外科部長

森　聖二郎　東京都健康長寿医療センター 臨床研究推進センター部長

時村　文秋　東京都健康長寿医療センター 整形外科部長

高橋　英気　東京都健康長寿医療センター 呼吸器内科部長

CHAPTER 1

高齢者の特徴

CONTENTS

- 老いること
- 加齢による身体の動きの変化
- 加齢による知覚・精神の働きの変化
- 高齢者によくみられる病気

老いること

「すばらしい、理想的な老いだ」感嘆の裏にある現実

かくしゃくとした老人が百歳の誕生日に健康診断のために病院を受診したとき、取り囲んだ病院スタッフは「すばらしい、理想的な老いだ」と感嘆しきりだった。翁は車椅子に座っていたがマヒはなく頭脳は明晰で、ユーモアをまじえての当意即妙の受け答えで皆をわかせた。人々の輪の外には息子夫婦が立っていた。「こんなにしっかりしていると大変でしょう」と声をかけると、二人は「わかっていただけますか」と笑って「もう少しボケるか、年寄りらしくしてくれると助かるのですが・・」と答えた。

「自分らしく生きる」とは老いの理想像である。だがそれを支えている息子夫婦は疲れ果て“ほどほどにしてくれ”と願っているわけである。彼らも自らの老いに直面しているが、老親介護で自分らしく生きられないのだ。それゆえに「介護の社会化」は喫緊の課題として国の財政から医療福祉システムの問題についてさかんに議論されている。しかしそれは次世代にとっての「老人問題」であって、当の高齢者がどういう思いで生きているかに目を向けた議論は少ない。近代社会になって「老い」は管理される対象となったが、医療やケアの現場でも「老い」抜きに「老人」のマニュアル化が進んでいる。

Essay

竹中星郎（元大正大学教授）

老いの現実を受け入れる。そこから新たな創造が始まる

歌舞伎界の重鎮だった六代目歌右衛門の一生は、女形役者として老いに向きあい芸を深めた歴史だった。女形役者は容姿が衰える30歳代に、続けるか、別の道に転じるかの選択を迫られる。続ければその後は老いとの戦いである。歌右衛門は40歳代で芸術院会員になるなど歌舞伎界の頂点に立ち、舞台に登れば賞賛される中でマンネリにおちいる。そこから抜け出すために彼は四谷怪談のお岩の役で「醜」の中の「美」を演じて老いに生きることを宣言した。それ以降、彼はストーリーを深く読みこみそれまでとは違う女性の一面を発見したり、すばやく立ち上がれなくなったとき座ったままさりげない手の動きによって心のうちを表現するなど新しい芸域を拓いていった。

だが身体の衰えは免れえず、70歳のときには舞台の上で転倒して骨折した。しかし最後の舞台では老女の役を選んで「女の一生」を語り、古典芸能に埋没しない新しい歌舞伎を模索した。このような彼の生き方から、老いの現実を受けいれることは敗北なのではなく、新たな創造につながることとわかる。

Essay

老いがもたらす豊饒。そして、身体機能の衰え

年をとらなければわからないことがある。横笛の人間国宝、宝山左衛門(たから さんざえもん)氏は78歳のときにインタビューに応えて「若い人は、技術はうまい。だが音に精神が乗るようになるのは50歳からで、本当に精神が乗るのは65歳を過ぎてからです。わたしにはまだ悩むことがあり、それを乗り越えれば少しよくなると思っている。80歳、90歳になるのが楽しみです」と語っているが、老いがもたらす豊饒とはこういうことをいうのだろう。

だが老いはさまざまな身体機能の衰えをもたらす。足腰が弱り、白内障や難聴、高血圧症やリウマチなどのさまざまな慢性疾患、脳梗塞によるマヒ、そして脳の機能障害としての物忘れや生活障害、認知障害(痴呆)などである。松田道雄はそれを「老いの現実」と呼び、90歳の人が60歳代より元気というのはまだ老いに直面していないだけだという。

そのうえ高度な医療技術が高齢者にも応用されるようになった。以前なら死を免れえなかった人の救命が可能になった一面で、重い障害を抱えたり、一生を医学的管理下で過ごさなければならない人びとを生みだしてもいる。“死を治療する”と批判されるが、いまや老いが治療の対象になっている(アンチエイジング)。

竹中星郎

臨床やケアはすべて応用問題。ありのままに学ぶ

高齢者の中には90歳で元気いっぱいの人もいれば、60歳で老け込んでいたりマヒや痴呆を抱えている人もいる。高齢社会ではこのような老いの多様化にどう向きあうかが問われている。

老いをいかに生きるか、老いを生きる意味は何かを当事者の立場から考える。老年期に直面する喪失体験、孤独、死の現前化は若いときとは違う重い意味を持っている。喪失体験は歌右衛門や山左衛門にみたように精神性をより豊かにし、孤独は深い思索をもたらすが、その一方で不安や抑うつ、妄想などを生じる。そこにはこれまでをどう生きてきたか（歴史性）、今をどう生きているか（家族関係や生活環境）が映し出される。性格（その人らしさ）によって反応の形は違う。老いは、彼（彼女）の生きている現実との関係からとらえたときリアルになる。

臨床やケアとはすべて応用問題なのだ。老いとはこういうものといった規範にとらわれずに、ありのままにとらえると学ぶことはたくさんある。

百歳翁が車椅子に頼っていたように人のサポートによって自分らしく(自律的に)生きることができる。そして孤独に耐える原動力は人とのかかわりである。高齢社会の真の課題とは、たがいに支えあい、助け合う社会を築くことである。必要なのはサポートであって「自立」の掛け声ではない。それは高齢者だけでなく、誰もが暮らしやすい社会である。

個人差の影響が大きい

加齢による身体の動きの変化

高齢期の身体の動きの特徴は、個人差の影響が大きいことにある。ひとり一人の動きを観察し、必要最低限の支援を考えることによって、身体の動きが改善され、支援を必要としないことも期待できる。

高齢者の身体の動きは個人差が大きいことが特徴

高齢者の身体の動きは、個人差が大きいことが特徴である。
高齢者と若年者の体力分布を模式化したものが下の図である。
高齢者は平均に体力が低いのであるが、特に重要なのは山が低く、裾野が広い分布をしていることである。80歳でも山登りを楽しんでいる人もいれば、65歳でも寝たきりの人もいるように、一概に高齢者の身体の動きといって説明することは難しい。
生活支援を必要とする高齢者は、体力の低い一部であるが、
それでも個人差の影響があることを加味する必要がある。
ひとり一人の動きを観察し、それに基づき、補うべきところ、自分ですべきところを見極め、適切な支援計画を立てることが望ましい。

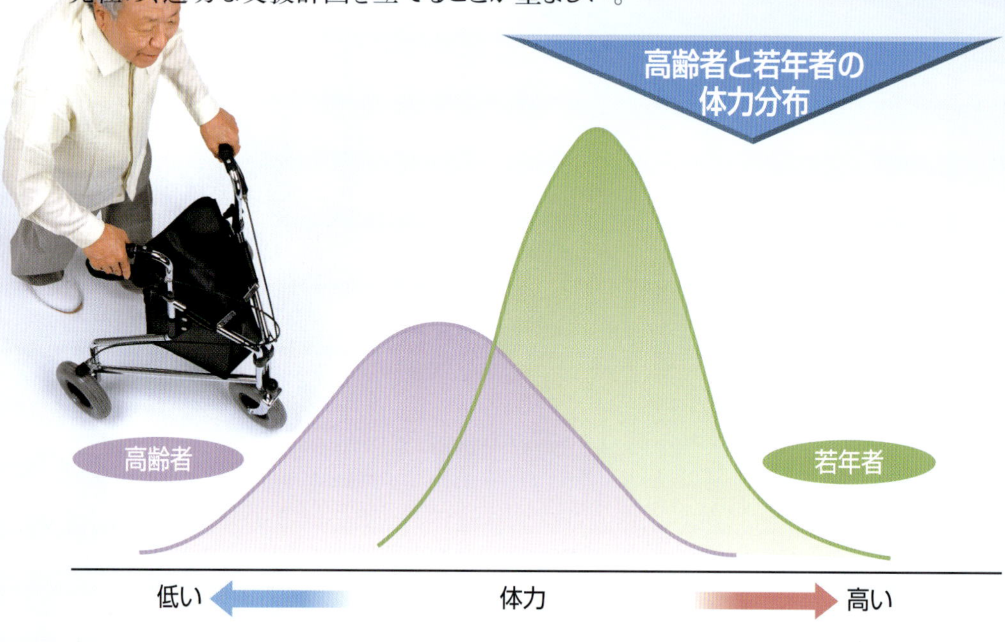

全ての能力が、同じように加齢の影響を受けるわけではない

体力は筋力、バランス能力、持久力、柔軟性、巧緻性など、複数の要素によって構成されている。
興味深いことに、これらの能力は、加齢に伴い一様に低下するのではなく、要素によって加齢の影響が違う。
下の図は、体力を横断的に調査した際の年齢ごとの平均を示したものである。
それぞれの能力によって、加齢の影響が異なることが理解できる。

STUDYING 運動能力の加齢変化[1)]

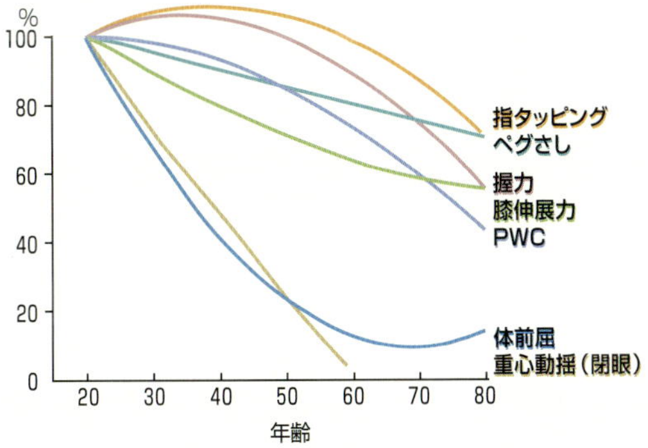

- **指タッピング**とは、指でできるだけ速く、あるいはあるリズムに正確に合わせて、机を「こつこつ」とたたく能力である。これは、指の巧緻性を示す。
- **ペグさし**は、細い棒を規定の穴にできるだけ早く挿入する能力である。これも、指と上肢の巧緻性を示す。
- **PWC**（Physical Work Capacity）は、規定の心拍数に達した際の作業強度で、持久力を示す。
- **体前屈**は体を前に曲げる能力で、柔軟性の指標である。
- **重心動揺（閉眼）**とは目をつぶって片足で立つ能力で、バランス能力を示す。

衣笠 隆,ほか：Relative decrease in motor abilities with age. Data were approximated by the quadratic regression. CFP means center of foot pressure. EO and EC mean eyes open and closed respectively：男性（18～83歳）を対象にした運動能力の加齢変化の研究.体力科学 43（5）:343-351,1994.より一部改変

最も加齢の影響を受けやすいのはバランス能力

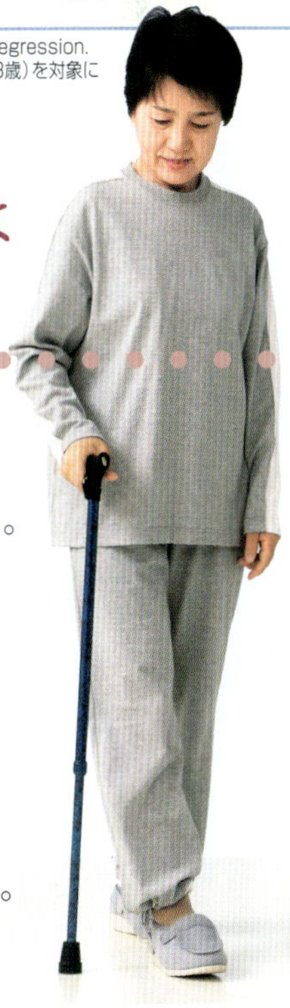

バランス能力は、重心の位置を感知し、転倒しないように細かな神経の調整を必要とする能力であるため、最も加齢の影響を受けやすいと考えられる。
一方、握力や膝伸展力などは、粗大な運動であるので年齢の影響を受けにくい。
また、図に指タッピング、ペグさしで示される、日常生活を営むうえで必須の上肢の巧緻動作も加齢の影響を受けにくい。
体力を加齢の影響を受けやすい順に分類するとおおむね、**バランス、柔軟性＞筋力、持久力＞上肢の動き**の順になる。

介助に大きな力は不要。バランスを補う支援を

生活支援の場面では、移動、移乗動作の際に、動きが緩慢で支援することがあるが、多くの場合、バランス能力が低下しているために、動きが緩慢となっているのであり、筋力が足りないので動きが緩慢となっているわけではない。
支援者側が大きな力を使って介助する必要はなく、重心が適切に足部に位置するように、バランスを補うことを念頭に支援するのがよい支援ということになる。

高齢期であっても、体力はトレーニングにより向上

支援を必要とする高齢者に多く接すると、高齢期の体力向上は望めないのではないかと感じてしまう。しかし、これは誤りである。ドイツの生物学者、ルーは生物の3原則を唱えているが、高齢期にもこの3原則は当てはまる。
米国タフツ大学のフィアタローネ博士は、平均年齢90歳の施設居住高齢者を対象に、8週間の高負荷の筋力トレーニングを行ったところ、筋力が倍（174%）になり、歩行能力が改善したことを報告している[2]。加えて、大腿部の太さが9%増加したことも報告されている。
このような結果から博士は、これまで高齢者の体力低下は、加齢によるもので抗うことができないと考えられてきたが、高齢者の体力低下が加齢によるものではなく、使わないことによる廃用性の体力低下で、適切なトレーニングをすれば改善可能であると結論づけている。
根拠に基づく生活支援では、不足した体力を補うという考え方を捨て、体を鍛えて自立を促すという考え方も必要となる。

ルーの3原則

- 使わなければ退化する
- 使いすぎたら破壊する
- 適度に使えば発達する

トレーニングの原則は、過負荷、漸進性を大切に

体を鍛えるには、トレーニングの原則に則るとよい。トレーニングの原則とは、過負荷の原則、漸進性の原則、反復性の原則、特異性の原則などであるが、特に過負荷の原則と漸進性の原則が重要である。

STUDYING 過負荷の原則

- **過負荷の原則**とは、体力の向上のためには日常生活のレベルよりやや高い負荷でトレーニングすることである。しかし、図の左に示すように、虚弱な高齢者では、適切な過負荷のレベルと、怪我をしてしまう負荷のレベルまでの幅が非常に狭い。怪我なく体を鍛えるためには工夫が必要である。
- **1つの方法が、「スロートレーニング」**である。スロートレーニングとは、動作のスピードをゆっくりと行うトレーニングである。日常普通に行われる動作を、ゆっくりと行うことによって筋肉や関節への負荷を高めることができる。
  例えば、椅子から立つ時に「よいしょ」と1動作で行うのと、1・2・3・4と数えながら4動作で行うのでは、腿の前の筋肉（大腿四頭筋）の疲労感が違う。安全な動作にゆっくりと行う工夫を加えることによって体を鍛えるトレーニングと変化させることができる。
- **過負荷の原則の目安**は、8回から10回その動作を行った時に、筋肉にほどよい疲労感が残ることがトレーニングの目安となる。

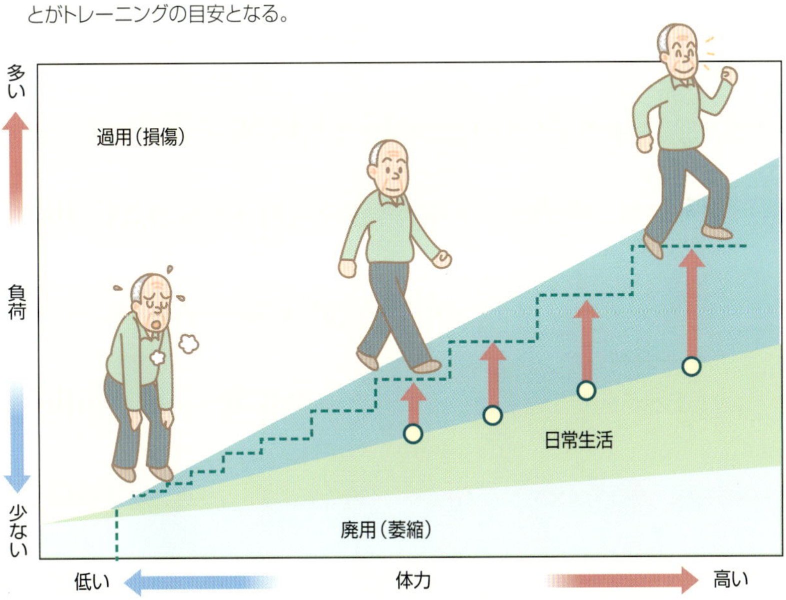

STUDYING 漸進性の原則

- **漸進性の原則**とは、トレーニングの進行に従って、徐々に負荷を高めるということである。ある負荷でトレーニングを始めてしばらくすると、負荷が負荷と感じられなくなる。負荷は体力の向上に合わせて漸増的に増やしていく必要がある。
- **高齢者の場合**であれば、3週間を目安に、8回から10回の動作でほどよい疲労が残る程度の負荷量に増加させる。

感覚機能・記憶機能からみる

加齢による知覚・精神の働きの変化

ケアの場面では、高齢者ひとり一人の心理的特徴をていねいに理解することが重要である。心理機能には様々な側面があるが、ここでは高齢者がどのように周囲の環境をとらえ、情報を受けとめているか、すなわち感覚機能と記憶機能の特徴をみていこう。

感覚機能

加齢による五感の衰えは、人により、差が大きい

私たちは目・耳・鼻・舌・皮膚の五官により環境の状況や変化を捉えている。
五官を通して体験されるのは、視覚・聴覚・嗅覚・味覚・皮膚感覚の五感である。
五感の機能は、一般に加齢によって衰えることが知られている。
ただし、この加齢変化は、個人間差も個人内差も大きい可能性が高い。
視覚機能が低下しても聴覚機能は比較的保たれている人や、その逆に視力は保たれているのに難聴である人もいる。ある人には老人性難聴が認められるのに、同年齢の別な人の聴力は保たれているということは珍しくない。
ケア場面などで高齢者と接する際には、感覚だけでなく全ての点で個人差に留意することが前提となる。

老眼、色覚、視野狭窄、動体視力など、視機能は全ての面で低下

一般に、視覚機能は全て加齢により低下すると考えられている。焦点調節の距離は、すでに10代から延びることが報告されている。40代から50代くらいに、いわゆる老眼を体験する人は多い。

色覚は、水晶体が黄褐色に着色することにより、黄・緑・青系統の色が見えにくくなるといわれ、90歳以上では、老人性白内障の人が100%近くに達するという報告もある[1]。

また、加齢に伴い有効視野が狭くなること[2]、動体視力も低下することが示唆されている[3]。

視機能とは

- **遠見視力**：遠くを見るための視力
- **近見視力**：近くを見るための視力
- **調 節**：焦点を調節する能力
- **視 野**：見える範囲
- **暗順応**：明るいところから暗闇に急に移動した場合に目が慣れる働き
- **明順応**：暗いところから明るい場所に出た場合に目が慣れる働き
- **色 覚**：色を識別する働き
- **動体視力**：相対的に動いているものを見るための視力

STUDYING 視機能の低下と日常生活

●視力の低下や色覚の変化は、日常生活と結びつきが強いので自覚されることが多いが、視野や順応、動体視力などは、機能低下を実感する機会が少ない。しかし、これらの機能低下は、例えば日常生活に次のような影響を及ぼし、交通事故の危険要因ともなる。

●視野が狭くなることにより、左右からの車や人の接近の感知が遅れる。

●昼間、照明のないトンネルに車で進入した場合など、暗闇に目が慣れるまでに時間を要し、しばらくの間は見え方が不十分で、不安を感じる。

●動いている車内から交通標識や案内板を読み取るのが困難になる。

●視力の低下により、読書などが不自由になり、困難さの増大により読む意欲が低下する。

眼鏡の使用、矯正が困難な視力低下への対応も考慮することが必要な場合がある。

聴覚・嗅覚・皮膚感覚は、加齢により低下。味覚障害は、薬剤や口腔ケアの影響が大きい

聴覚は10代以降、しだいに低下することが報告されている。特に高音域の聞こえが悪くなり、高齢者では高音難聴もしばしばみられる。
嗅覚も、70歳以降は低下が顕著であり、高齢者では嗅覚障害を持つ人が少なくない。80歳以上では半数近くが無嗅覚症であったという報告がある。
嗅覚は全ての年齢で女性のほうが男性よりも優れているといわれる[4]。
味覚は、加齢により低下するという研究もある一方、最近の欧米の研究では、加齢による影響が少ないという指摘もある[5]。
高齢者では薬剤性味覚障害、全身性疾患に関連した味覚障害、口腔の局所疾患に関連した味覚障害なども考えられ、特に薬剤の服用が原因と思われる味覚障害が1/3を占めるという見解もある[6]。
また、女性で歯の欠損が多い高齢者ほど塩味に鈍感であったという結果から、口腔内の管理状態が味覚機能の重要な因子であることがわかる[7]。
皮膚感覚には、冷・温・触・圧などの感覚があるが、いずれも加齢により低下すると考えられている[8]。

高齢者ケアの場面では、ひとり一人の感覚機能低下に配慮を

図形や文字の知覚、周囲の情報認知と比較すれば、五感は単純な機能である。
一般には、加齢により低下するという研究結果が多い。
一方、個人差が大きく、その時代の社会・文化的状況なども含め、加齢変化以外に様々な要因の影響を受ける可能性があり、未解明な部分も残されている。

高齢者ケアの場面では、感覚機能が低下している可能性に配慮し、ひとり一人の五感の状態をていねいに把握し、適切な対応に結びつけることが重要である。

記憶機能

高齢者の記憶の特徴を理解し、低下を補い、残存機能を維持する工夫を

記憶機能には様々な分類があるが、ここでは**短期記憶**、**ワーキングメモリ**、**エピソード記憶**、**意味記憶**、**手続き記憶**、**展望的記憶**について述べる。加齢により、記憶機能のうち、短期記憶はそれほど低下しない。ワーキングメモリは低下する。長期記憶では、エピソード記憶は低下がみられるが、意味記憶の低下は少ない。手続き記憶は加齢の影響を受けにくい。展望的記憶では、例えば薬を飲む場合、午前8時30分という時刻を記憶するより、朝食後という出来事を覚えておくほうが忘れにくい[9]。

健常な加齢の場合には、メモなどを利用して記憶機能の低下を補完する工夫を自分自身でできる。支援をする人は、高齢者の記憶の特徴を理解し、機能の低下している側面は補い、残っている機能には働きかけ、維持するように配慮・工夫する。

また、注意の機能も高齢者では低下するといわれる。1度に複数の情報を提供しないこと、雑音の多い注意集中の難しい場面で情報を伝えないことが必要になる。

STUDYING 記憶の分類

- **短期記憶**とは、初めての電話番号を、メモをとらずに聞いた直後、電話をかける場合のように、必要な間は保持される記憶である。通常、数秒から数分で消失する。
- 単純な短期記憶ではなく、暗算を行う場合のように、様々な認知処理を含む記憶を**ワーキングメモリ**という。
- **エピソード記憶**は、先週の日曜日に行ったところを思い出すというような個人的体験に関する記憶である。
- **意味記憶**は、日本でいちばん高い山は富士山であるというような知識に関する記憶である。
- **手続き記憶**は、自転車を運転するとかキャベツを刻むというような、運動動作を伴うやり方に関する記憶である。
- **展望的記憶**とは、明日の待ち合わせの約束を守るというような、未来に向けて保持される記憶である。

認知症の記憶障害は、加齢変化とは質的に異なる

認知症や軽度認知機能障害（MCI;Mild Cognitive Impairment）の場合、記憶障害は、健常の記憶機能と質的に異なると考えられる現象がある。例えば、今がいつか、ここがどこか、自分は誰か、周囲にはどのような人がいるかといったことがわからなくなる（失見当識）のは、認知症の中核症状であり、健常な記憶機能の加齢変化ではみられない。また、認知症では昨日の夕食が何であったかを思い出せないのではなく、昨日の夕食を食べたかどうかを忘れてしまうというように、体験の全てを忘れてしまう。

認知症が軽度の場合やMCIの場合には、健常な記憶機能の低下との区別がつかないこともあり、注意が必要である。

知っておきたい
高齢者によくみられる病気

脳血管障害や骨粗鬆症による骨折など、高齢者はいったん病気を発症すると日常生活への影響が大きく、ADLが低下しやすい。高齢者に多い病気の症状や治療のポイントを日頃から知っておくことが大切である。

高齢者に多い病気.1

脳血管障害

高齢者の脳血管障害は全体の約80%が脳梗塞、そのほか脳出血やくも膜下出血がみられる。脳梗塞には、太い動脈に動脈硬化が起こり血栓が詰まるアテローム血栓性脳梗塞、細い血管が詰まるラクナ梗塞、心臓でできた血栓が脳血管に詰まる心原性脳梗塞の3種類がある。

症状　意識障害、痙攣、片麻痺、頭痛など

脳梗塞

- 脳梗塞は、脳血管が閉塞または狭窄し、脳組織が壊死を起こした状態である。梗塞やそれに伴う脳浮腫により脳ヘルニア（脳が隣接する領域にはみ出す）が起こり、意識障害を引き起こす。
- 痙攣、片麻痺、発熱などが出現。構音障害、歩行障害が起こる。
- 高次脳機能障害では失語・失認・失行が起きる。
- 脳梗塞を起こすと、ADL（日常生活行動）への影響が大きい。

脳出血

- 高齢者の脳出血、特にくも膜下出血では頭痛が起きる。
- 意識を司る脳幹部・脳室内への血液流入によって脳浮腫を起こしやすく、意識低下を引き起こしやすい。

治療　脳梗塞発症3時間以内なら血栓溶解薬

急性期

- 薬物投与で脳浮腫を改善させる。
- 脳梗塞発症3時間以内なら、t-PA（組織プラスミノーゲン・アクチベータ）という血栓を溶かす薬剤を投与する。
- 脳梗塞発症後、治療のゴールデンタイムである3時間を過ぎた場合は、脳保護薬を投与する。
- 脳梗塞の原因が心原性（心臓でできた血栓が脳血管に詰まる）の場合は、血液を固まりにくくする薬剤（ワルファリン）を内服する。
- ワルファリン内服中はビタミンKが多く含まれる納豆、ブロッコリー、青汁、モロヘイヤの摂取を控える。摂取すると抗凝固活性が低下して、脳梗塞が再発する危険がある。

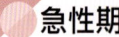

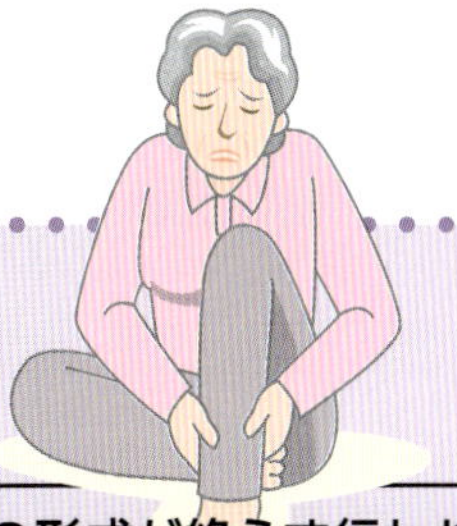

高齢者に多い病気.2

骨折・骨粗鬆症

骨の中では、破骨細胞による骨の吸収と骨芽細胞による骨の形成が絶えず行われている。この骨代謝は、女性ホルモン（エストロゲン）によって制御されている。そのため、女性はエストロゲン分泌が低下する閉経後に、骨の吸収が亢進し、骨の形成が低下するアンバランスな状態になり、骨粗鬆症が起きる。
高齢者の場合も骨吸収の相対的亢進と、加齢による骨形成の低下により骨粗鬆症が起きる。

原因　骨粗鬆症があると、容易に骨折

骨量低下

- 骨粗鬆症になると、骨量低下と骨質悪化によって骨の強度が低下する。
- 骨の強度が低下した脆弱な状況では、転倒で骨折が起きやすくなる。
- 高齢者の代表的な骨折は、脊椎圧迫骨折と大腿骨頸部骨折である。
- 脊椎圧迫骨折の場合、脊椎が2個以上骨折すると疼痛がひどくなり、歩行ができず、寝たきりになりやすい。
- 大腿骨頸部骨折も歩行不能となり、寝たきりとなりやすい。人工骨頭置換術、DHS固定術を行い、リハビリテーションによって歩行を取り戻す。

診断　骨密度を測定して診断

骨密度

- 骨粗鬆症はDXA法により、腰椎骨密度（腰椎2番目～4番目）を測定して診断する。変形が強く、腰椎での測定が不可能な場合は、大腿骨で測定する。
- 若年者の平均骨密度に比べ70%未満の場合、骨粗鬆症と診断される。
- 脊椎圧迫骨折は、胸椎・腰椎レントゲン撮影で判定する。MRIでも骨折判定が可能である。
- WHO（世界保健機関）の骨折評価（FRAX）で、骨折歴、アルコール、両親の大腿骨骨折歴などの危険因子から計算して、大腿骨頸部、脊椎などが向こう10年以内に骨折する危険を判定できる。

症状　骨折を起こすと腰痛・背部痛

- 骨粗鬆症では症状はあまりみられないが、ひとたび骨折を起こすと腰痛・背部痛が出る。そのため、ADL低下、精神的なうつ状態が起きやすくQOLは低下する。

治療　薬物療法で骨吸収を抑制

薬物療法

- 薬物療法を行って、骨吸収を強力に抑制する。
- 最近、ビタミンDが筋力を強くして高齢者の転倒を抑制するという報告もあり、選択薬の1つである。そのほか、ビタミンKも骨質を改善する可能性がある。
- 疼痛が強い場合は、カルシトニンの筋注が有効である。
- 骨密度が若年の60%以下で、家族に骨折者がいる場合は、積極的にビスホスホネート剤またはエストロゲン受容体調節薬を投与して骨折を防ぐ。

高齢者に多い病気.3

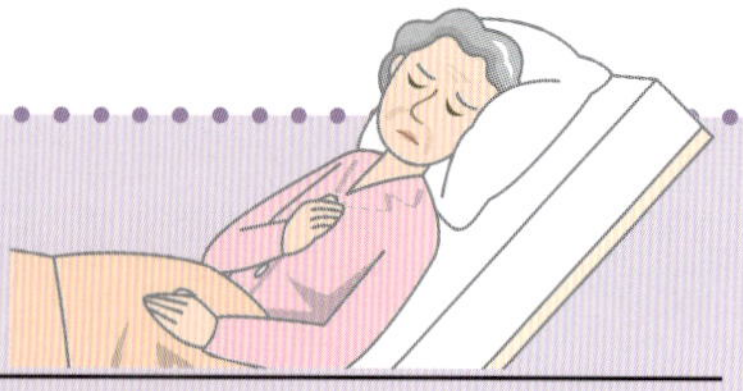

心不全

心不全は、加齢とともに増加。65歳以上の高齢者の約10%が心不全にかかる。高齢者の心不全の原因は、虚血性心疾患（心筋梗塞）が最も多く、心筋症によるポンプ機能低下、僧帽弁閉鎖不全症、大動脈弁閉鎖不全症、心房細動などがある。貧血も、心臓からの血液拍出に負担がかかり心不全となる。

原因　虚血性心疾患（心筋梗塞）が最も多い

心臓病など

- 虚血性心疾患が最も多く、その他心筋症、僧帽弁閉鎖不全症、大動脈弁閉鎖不全症、心房細動、貧血などが心不全を起こす。

症状　疲労感や浮腫（むくみ）が出現

左心不全

- 肺に水がたまり（肺水腫）、呼吸困難、疲労感、昏睡、頻呼吸、低酸素血症などの症状が現れ、極めて重い状態となる。

右心不全

- 顔面・下肢の浮腫、肝腫大が主な症状で、呼吸困難はない。

診断　レントゲン写真・聴診・酸素飽和度

左心不全

- 左心不全は、胸部レントゲン撮影で心拡大、肺血管陰影の増強がみられる。胸部の聴診を行う。

酸素状態

- パルスオキシメーターで血液の酸素飽和度（SpO_2）を測定し、90%を割っていたら酸素の吸入が必要である。

治療　酸素吸入・利尿薬、起座位が重要

- 酸素吸入、利尿薬の注射を行う。
- 体位が非常に重要。左心不全は、臥位ではかえって呼吸が苦しくなるため、起座位で楽に呼吸ができるようにする。
- 膀胱にカテーテルを挿入して、尿量と輸液量のバランスをみる。
- 最近は、慢性心不全の治療に、アンギオテンシンII変換酵素阻害薬またはアンギオテンシンII受容体拮抗薬が用いられる。
- ジギタリス製剤も有効であり、ジギタリス中毒が起きないように血中濃度を測りながら投与する。

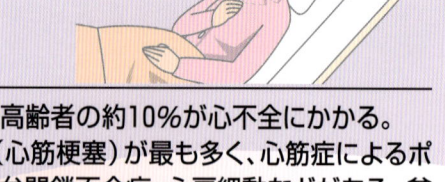

高齢者に多い病気.4

呼吸不全

呼吸不全とは、原因が何かにかかわらず、動脈血中の酸素や二酸化炭素の量（PaO_2,$PaCO_2$）が異常な値を示し、そのために生体が正常な営みをできなくなった状態をいう。高齢者では慢性閉塞性肺疾患（COPD）による慢性の呼吸不全や、それが急性に悪化した場合が多い。

原因　呼吸不全の原因は様々

慢性閉塞性肺疾患（COPD）

- 肺気腫と慢性気管支炎を併せて慢性閉塞性肺疾患という。

気道狭窄

- 咽頭から気管の間の閉塞、異物、筋緊張低下による舌根沈下、口腔底や頸部の手術、外傷・感染炎症による浮腫・血腫、急性喉頭蓋炎、腫瘍などが気道狭窄を起こす。

その他

- 気管支喘息、汎細気管支炎なども原因となる。
- 人工呼吸をしている場合は、食道挿管・片肺挿管・計画外抜管・チューブ内閉塞などが原因になる。
- 貧血やヘモグロビンの異常も原因となる。
- 高齢者では、誤嚥による重症肺炎後、輸血関連急性肺障害なども原因として多い。

症状　パルスオキシメーターの数値（SpO_2）に注目

- 意識障害、低血圧、心不全、乏尿、急性腎不全、低酸素血症、進行する代謝性アシドーシスがある。
- 動脈血酸素飽和度（SpO_2）<90%、動脈血酸素分圧（PaO_2）<60mmHgであれば呼吸不全を疑う。

治療　酸素投与が必要

原因除去

- 原因を取り除く治療を行う。肺炎であれば、痰の吸引、去痰薬の投与、抗生物質の投与を行い、改善を図る。

酸素吸入

- 酸素投与は必須である。鼻からのチューブでSpO_2が増えない場合は、酸素マスクの使用が必要になる。

喘息

- 喘息による呼吸不全であれば、ステロイド薬の投与を行う。

人工呼吸器

- 酸素吸入、薬物療法でも改善しない場合は、人工呼吸器による呼吸管理を行う必要がある。

高齢者に多い病気.5

腎不全

腎臓は糸球体、尿細管、間質によって形成されている。糸球体は濾過を行い、尿細管で水・電解質の再吸収・排泄が行われている。
70歳代では若年者の60～70%まで糸球体濾過率は低下し、尿の濃縮能・希釈能も低下して調節可能範囲が狭くなる。

原因　急性・慢性で、原因が異なる

急性腎不全

- 急性腎不全の原因として、高齢者では脱水が多く、そのほか手術後、抗生物質などの薬剤によるもの、ショック、熱傷などがある。

慢性腎不全

- 慢性腎不全は徐々に腎臓機能が低下していく。原因疾患に糖尿病性腎症、慢性糸球体腎炎、高血圧性腎障害などがある。

検査　血清クレアチニン検査など

- 血清クレアチニン検査と尿中クレアチニン検査を行う。最近は血清クレアチニン、性、年齢から計算しeGFRとして表記されている。

症状　乏尿・無尿、浮腫など

急性腎不全

- 乏尿、無尿を訴える。倦怠感、食欲低下、代謝性アシドーシスを起こすと代償性の過換気を呈する。
- 尿が出ないにもかかわらず水分を摂取していると浮腫を起こし、重症化すると心不全となる。

慢性腎不全

- 浮腫、腎性貧血による倦怠感、息切れなどがみられ、尿毒症になると食欲低下が出現する。また、水分の過剰状態を起こすと高血圧、心不全を呈する。

診断・治療　急性・慢性で対応が異なる

急性腎不全

- 脱水状態か溢水かを判断する。脱水があると皮膚が乾燥し、張りが失われる。溢水では逆に浮腫、呼吸苦、血清クレアチニン、カリウム、尿素窒素の上昇がある。水分摂取量と尿・便からの排泄量とのバランスから判断する。
- 脱水の場合は補液し、溢水の場合は利尿薬で浮腫を改善する。利尿薬で効果がない場合は、輸液量を調節する。時には、CAVH（連続動静脈濾過法）、血液透析を行い、腎臓から出ない水分を体内から除く。

慢性腎不全

- 最近、心血管疾患、末期腎不全の危険因子として慢性腎臓病（CKD）が注目されている。CKDとは蛋白尿などの腎臓障害が3か月以上続くものをいう。
- 食事による蛋白制限（0.6g/kg/日以下）、塩分制限（6g/日以下）を行う。
- 高血圧があればACE阻害薬、またはアンギオテンシンII受容体拮抗薬が腎臓を保護し悪化を防ぐ。
- 血液透析の導入時期は、個人差がある。血清クレアチニン・尿素窒素の上昇、尿量低下、腎性貧血進行、高カリウム血症、心不全などから判断される。

高齢者に多い病気.6

高血圧

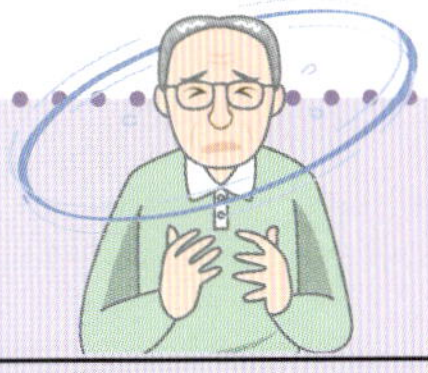

一般に、収縮期血圧は加齢とともに上昇する。拡張期血圧は50歳代後半からはむしろ下降するため、高齢者には収縮期高血圧が多い。
高齢者の高血圧の特徴として、血圧が動揺し、早朝に血圧が上がる人が多い。血圧の日内変動では、夜間の降圧がみられないタイプが増加し、夜間に血圧が上昇するタイプもみられる。白衣高血圧も高齢者に多い。

症状　めまい・耳鳴り・頭痛など

- めまい、ふらつき感、耳鳴り、頭痛、嘔気などが出現したり、収縮期血圧が200mmHgを越えると痙攣を起こす人もいる。

診断　収縮期140mmHg以上、拡張期90mmHg以上

血圧測定

- 血圧は、病院で上昇する白衣高血圧、家庭で上昇している隠れ（仮面）高血圧などがあり、高血圧を検出するためには24時間血圧をモニターする必要がある。
- 高血圧を放置すると動脈硬化が進み、脳梗塞、虚血性心疾患、慢性腎臓病（CKD）、閉塞性動脈硬化症の原因となる。
- WHO（世界保健機関）では、収縮期血圧140mmHg以上、拡張期血圧90mmHg以上を高血圧と定義している。

動脈硬化

- 血圧を測定する以外に動脈硬化の判定も必要。血管の伸展性を測定するFMD法がある。ほかには頸動脈ドップラー法、ABI（上肢―下肢間血圧比）、PWV（加速度血管脈波速度）などがある。

治療　減塩・運動・食事・薬物療法

生活改善

- 減塩、運動、肥満者にはカロリー制限と体重の減量を行う。

薬物療法

- 高齢者には利尿薬、Ca拮抗薬による降圧療法が確立している。
- それでも血圧が低下しない場合は、アンギオテンシンII受容体拮抗薬またはα、βブロッカーを追加する。
- βブロッカーでは心不全に注意し、αブロッカーも起立性低血圧に注意する。

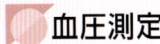

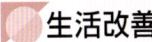

高齢者に多い病気.7

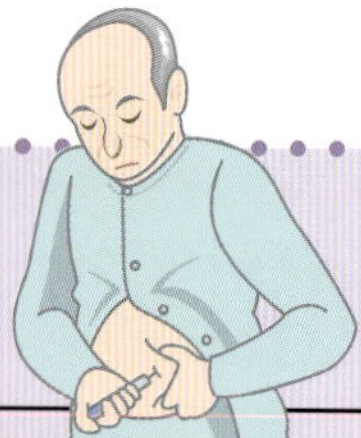

糖尿病

高齢者の糖尿病の有病率は約15%であり、その数も約500万人といわれている。高齢者糖尿病は、加齢による動脈硬化と糖尿病そのものによる動脈硬化を引き起こすために脳梗塞、心筋梗塞、閉塞性動脈硬化症などの大血管障害が多く発症。また、感染症を引き起こしやすい疾患でもある。

診断 高齢者は食後血糖が上昇しやすい

食後血糖

●高齢者の糖尿病では、食前血糖は正常であるが、食後血糖が上昇するのが特徴である。

診断基準

●空腹時の血糖値、ブドウ糖を飲んで一定時間をおいてからの血糖値（75g OGTT）により、正常型・糖尿病型を判定する。

糖尿病診断基準

	正常域	糖尿病域
空腹時 75gOGTT 2時間値	<110mg/dL（6.1mmol/L） <140mg/dL（7.8mmol/L）	≧126mg/dL（7.0mmol/L） ≧200mg/dL（11.1mmol/L）
75gOGTTの判定	両者を満たすものを正常型とする	いずれかを満たすものを糖尿病型*とする *随時血糖値≧200mg/dL(≧11.1mmol/L)および HbA1c（JDS）≧6.1%（HbA1c≧6.5%）の場合も糖尿病型とみなす
	正常型にも糖尿病型にも属さないものを境界型とする	

日本糖尿病学会編：糖尿病の分類と診断基準に関する委員会報告. 糖尿病 53（6）:458,2010.より改変

治療 薬物療法・インスリン療法

インスリン

●薬物療法を行って効果が出ない時は、インスリンの導入が必要となる。

●超速効型のインスリンなら、食直前・食中・食後でも注射でき、以前のように速効型を食事30分前に打つこともない。

●持効型インスリンは24時間効果が持続し、基礎分泌の減少した高齢者には適応となる。

●経口薬でなかなか血糖が下がらず、認知症や独居の高齢者は、朝または夕方に1回持効型インスリンを打つとよい。

合併症 網膜症・神経症・腎症などに注意

網膜症

●糖尿病網膜症が起こると、ものが見えにくくなって眼科を受診したり、眼底出血が進行すると失明にもつながる。

神経症

●神経症では下肢の足底部の異和感、しびれ、冷感などがあるが、進行すると疼痛が出現し、いくら血糖値を下げても症状が改善しない。

腎症

●糖尿病性腎症では、手足や眼瞼の浮腫、体重増加、腹水、胸水がみられる。

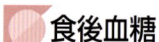

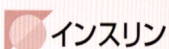

高齢者に多い病気.8

脂質異常症

高齢者でも悪玉コレステロール（LDLコレステロール）が上昇すれば、心血管系の病気（心血管イベント）が増加することが明らかになっている。発症を防ぐには、LDLコレステロールを140mg/dLまで下げる必要がある。

予防　LDLコレステロールを下げ、心血管イベントを予防

●LDLコレステロールが上がると、心筋梗塞や脳血管障害など、心血管系の病気を発症する原因となる。

高齢者における心血管イベント発症率

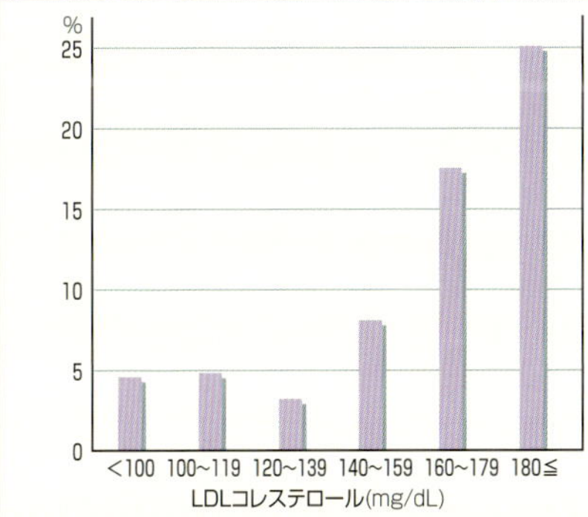

（Horiuchi H, Kita T, Mabuchi H, et al : Primary cardiovascular events and serum lipid levels in elderly Japanese with hypercholesterolemia undergoing 6-year simvastatin treatment : a subanalysis of the Japan lipid intervention trial. J Am Geriatr Soc 52(12):1981-1987,2004.より引用改変）

荒井秀典：脂質代謝異常. 改訂第3版 老年医学テキスト. 社団法人日本老年医学会編. メジカルビュー社, p484,2008.より一部改変

症状　病気の発症まで、症状が出にくいので注意！

家族性あり
●家族性の高コレステロール血症では、アキレス腱の肥厚、顔面・臀部・下肢に出現する黄色腫などが特徴的である。

家族性なし
●家族性でない脂質異常症では特に症状はなく、動脈硬化による心筋梗塞などがないと症状が出ない。

治療　食事療法と毎日の散歩を

食事・運動
●食事療法が中心である。高齢者で、さらに認知症があると食事療法は守れないため、運動によってLDLコレステロール、中性脂肪を下げ、HDLコレステロールを上昇させる。毎日30分以上は散歩を行いたい。

薬物療法
●関節疾患、心肺疾患を抱えていると運動も難しい。その場合は、薬物療法でLDLコレステロールを下げる必要がある。

CHAPTER 2

生活支援の基礎知識

CONTENTS

- 自立生活を支える介護
- 利用者とのコミュニケーション
- 介護における倫理的心構え

快適に、安全に

自立生活を支える介護

自立生活を支える介護を行うためには、利用者にとって安全・安楽であることが、原則である。
食事、入浴、移動・移乗、生活環境づくりなどのケアは、生活の自立に欠かせないが、同時に誤嚥・転倒、けがなどの危険が潜んでいる。
自立生活を快適に、安全に支える介護について考えてみよう。

高齢者の基本動作を理解することで、安全と自立に配慮した介護がみえてくる

加齢や障害により日常生活に支障をきたしている人が、自立した生活ができるよう支援するということは、利用者の思い通りの生活が、安全にできるよう支えることである。安全な生活の確保は、快適な生活につながる。
介護者が行う支援は、日常生活の自立を支えるケアである。利用者が持つ潜在能力を把握し、持てる力を十分に発揮させ、自立を支える介護方法を見極める。それには、利用者の状況を把握し、生活にどのような危険があるのかをアセスメントし、適切な知識と技術を持って介護サービスを提供する。

歩く、座る、立つ、起き上がることは生活の基本動作である。加齢により筋力が低下した場合、座位からどのように立ち上がるのか、椅子からの立ち上がりと、床からの立ち上がりはどのように違うのかといった、高齢者の基本動作の特徴を理解することが、まず必要である。
基本動作を理解することで、どの部分で、どのような介助を行ったらいいのかという、安全と自立に配慮した支援を行うことができる。

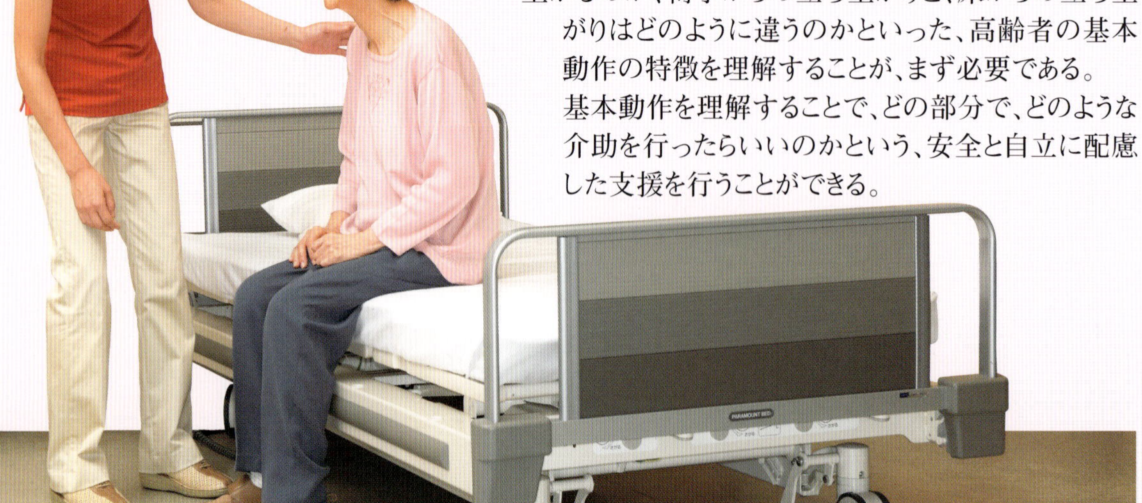

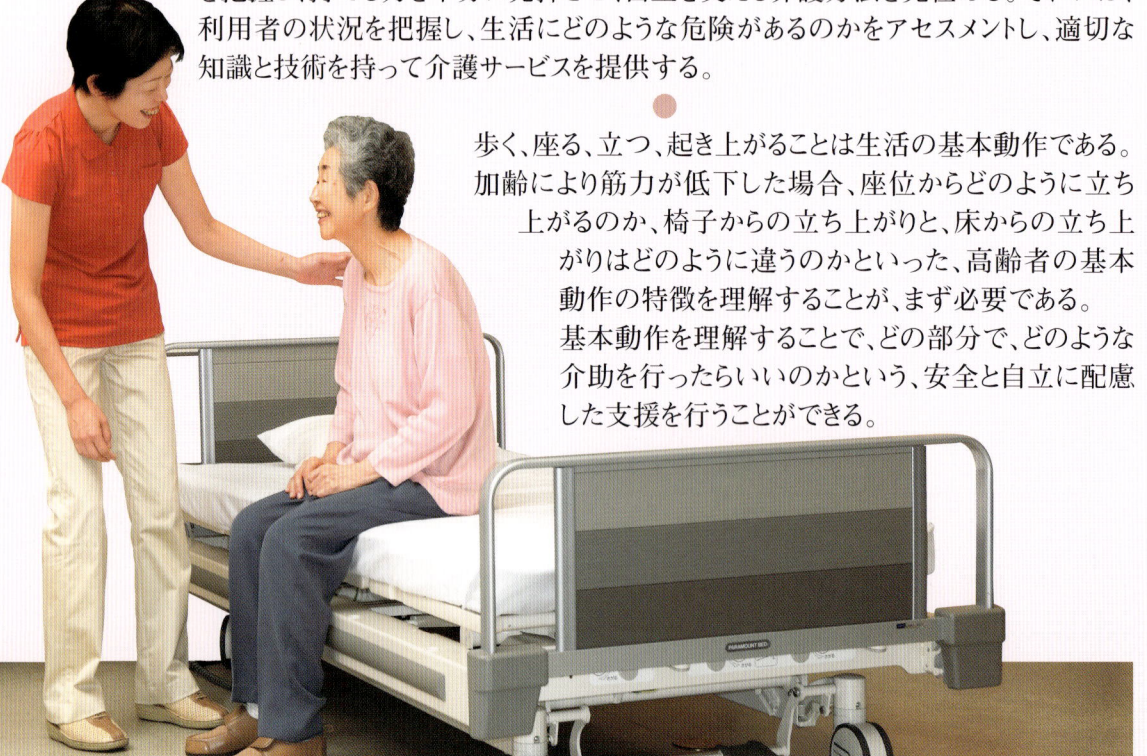

高齢者の基本動作

ベッドからの起き上がり、椅子からの立ち上がり、床からの起き上がり、立ち上がりといった、日常生活を支える動作を取り上げ、高齢者の基本動作をみていこう。

ベッドからの起き上がり

1

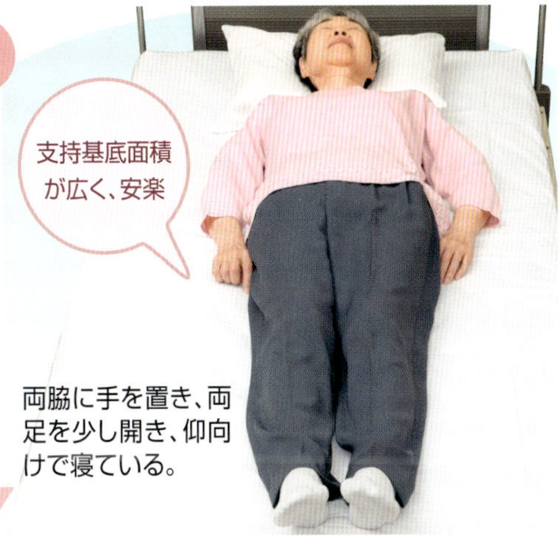
支持基底面積
が広く、安楽

両脇に手を置き、両足を少し開き、仰向けで寝ている。

2

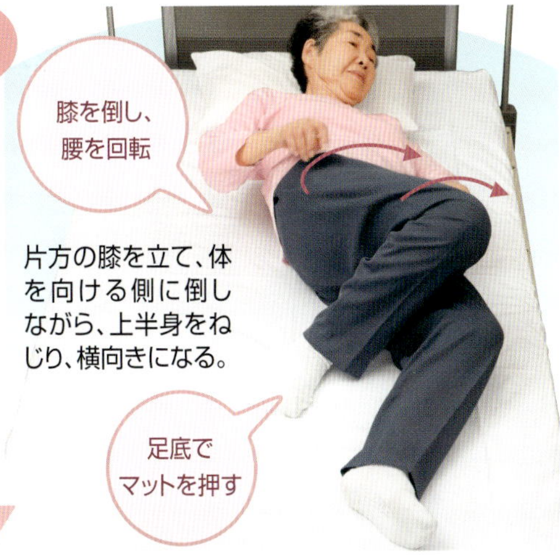
膝を倒し、
腰を回転
足底で
マットを押す

片方の膝を立て、体を向ける側に倒しながら、上半身をねじり、横向きになる。

3

肘を着き、
手で押す

顔を横に向け、下側の肘を着き、上側の手でマット面を押し、起き上がる動作に入る。

4

両手を着いて、
足をベッド端へ

両手をマット面に着き、両足をベッド端に移動させる。

5

両足を下ろす

両足をベッドの端に下ろす。

6

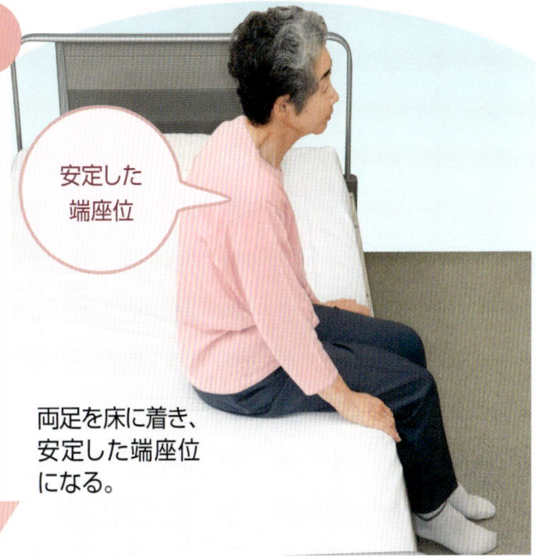
安定した
端座位

両足を床に着き、安定した端座位になる。

座位からの立ち上がり

1

足は床に
着けるのが
基本

リラックスした状態で椅子に座っている。

2

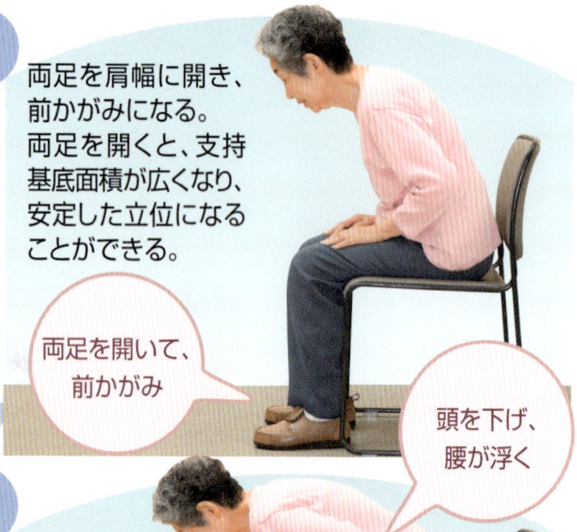
両足を開いて、
前かがみ
頭を下げ、
腰が浮く

両足を肩幅に開き、前かがみになる。
両足を開くと、支持基底面積が広くなり、安定した立位になることができる。

3

前かがみになり、頭を下げてお辞儀をするように上体を起こす。
この時、膝に両手を着くことで、体を起こしやすくなる。

4

安定した立位

安定した立位になる。

床からの起き上がり、立ち上がり

1

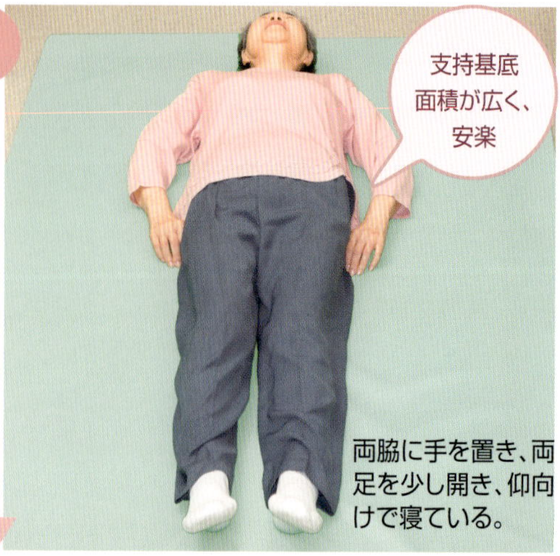
支持基底
面積が広く、
安楽

両脇に手を置き、両足を少し開き、仰向けで寝ている。

2

膝を倒し、
足底で床を
押す

片方の膝を立て、体を向ける側に倒す。この時、足底で床面を押し、腰を回転させる。

3

腰の回転、
上半身のねじり

顔を横に向け、立てた膝を倒しながら上半身をねじり、横向きになる。腰の回転と上半身のねじりで横を向く。顔を横に向けると体も横向きになり、腕もついてくる。

4

肘を着き、
手で押す

体が横に向いたら、下側の肘を着き、上側の手でマット面を押し、起き上がる動作に入る。

5

両手で
床を強く押す

両手を床に着き、両足を曲げ、両手で床を強く押して起き上がる。

6

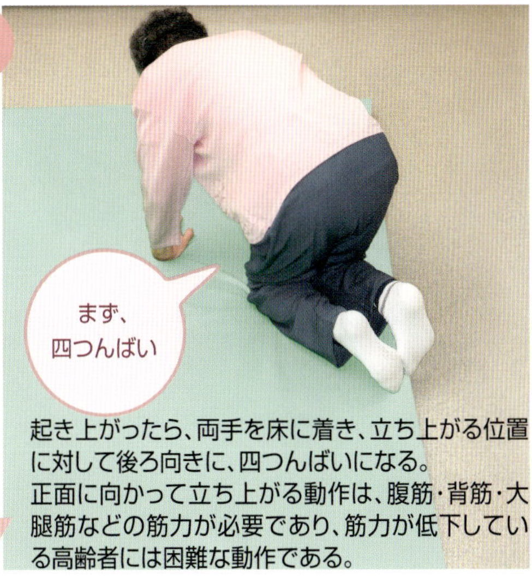
まず、
四つんばい

起き上がったら、両手を床に着き、立ち上がる位置に対して後ろ向きに、四つんばいになる。
正面に向かって立ち上がる動作は、腹筋・背筋・大腿筋などの筋力が必要であり、筋力が低下している高齢者には困難な動作である。

7

しゃがんだ
状態

両手を床に着き、立ち上がる位置に、しゃがんだ状態になる。

8

両手で
床を強く押す

両手で床を強く押し、腰を上げて立ち上がる。
両手を床に着くことが、立ち上がりを補助し、安定した動作となる。

9

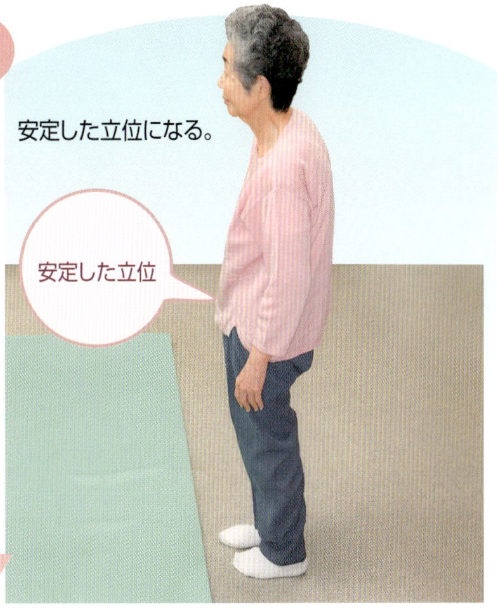
安定した立位

安定した立位になる。

介護において必要不可欠

利用者とのコミュニケーション

介護は、利用者のニーズに基づいて行われる。まず、利用者のニーズを明確にし、ニーズに基づいた介護を円滑に行い、ニーズに基づいた介護が行われたかを確認する。
コミュニケーションは、介護の全過程において必要不可欠である。

基本的な留意点

よりよいコミュニケーションは、よりよい人間関係から

よりよいコミュニケーションには、よりよい人間関係が必要である。
利用者はコミュニケーションについて不安感や恐怖感を感じている場合が多い。介護者は話しかけやすい雰囲気を作るよう努力する。挨拶、感情のやりとり、繰り返し、雑談などは、伝える中身はあまりないようにもみえるが、人間関係を維持していくうえで大切な役割を演じている。

介護者は、コミュニケーションが困難な利用者に対しても、コミュニケーション意欲を持ち続けるとともに、よりよい人間関係を築く働きかけをしていくことが大切である。

「傾聴」「共感」「受容」が大切。コミュニケーション能力を高める努力を

利用者の感情や考えを聞かせてもらうには、じっくりと耳を傾けて「傾聴」し、喜怒哀楽も一緒に「共感」し、ありのまま全体を「受容」する。介護者の表現力や理解力が十分に強くなれば、表現力や理解力が弱い利用者ともコミュニケーションがとれるようになる。介護者は常にコミュニケーションの能力を高める努力をする。
コミュニケーション上の「困難」に対する対応策については、まず「一般論」を理解し習得したうえで、現実に即した「個別的対応」が必要である。

言語的コミュニケーションと非言語的コミュニケーション

コミュニケーションには、話し言葉（音声言語）や書き言葉（文字言語）による言語的コミュニケーションと、非言語的コミュニケーションがある。非言語的コミュニケーションには、表情、動作、触覚、服装、化粧、香り、状況、空間の使い方などが含まれる。
介護者は、利用者が使えるコミュニケーション手段を駆使して意思疎通を図る。長々と話していることを簡潔に「要約」し、不明瞭な表現を的確な言葉で「明確化」し、要点を「確認」する。やさしく、ていねいなコミュニケーションをしながら介護をすると、介護動作そのものもやさしく、ていねいになる。

コミュニケーション法は様々、自分の傾向を理解する

何かの動作や作業をしながらコミュニケーションすると、話題がみつかりやすく会話が自然に流れやすい。また、話し続けるだけがコミュニケーションではない。黙ってそばにいたり、相手が話したくなるのを待っていたり、心の中で語りかけても、それが非言語的コミュニケーションとなって相手に伝わる。
介護者はコミュニケーション上の「自己覚知」をして、自分自身が行うコミュニケーションの傾向を理解しておく。自分の感情や言動を意識的に制御し、利用者の価値観や感情を生かす介護ができるように努力する。

介護うっかり！ NG集①

耳が遠いから、大きな声で!!

高齢者は耳が遠いからと、いつも大声を出すのは、利用者にとって迷惑！十分に聞こえている場合も多いもの。その人に合った声の大きさを確認しよう。

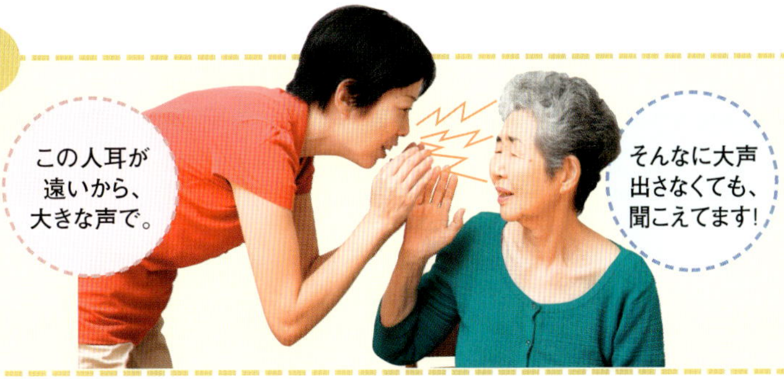
この人耳が遠いから、大きな声で。
そんなに大声出さなくても、聞こえてます！

障害別の配慮

障害別に、特に配慮する点	
視覚障害	●初めに介護者から利用者に挨拶を。黙っていると介護者がそばに来ていることにも気付かないことがある。 ●見ないとわからない内容は、触覚的・聴覚的に理解できる言語表現で補う。 ●視覚障害者だからといって点字を使うとは限らない。
聴覚障害	●補聴器をつけても、十分に聞き取れない人が少なくない。 ●音声言語で話す時には、①静かな場所で、②近くから話し、③聞き取りやすい言葉を使い、④音節ごとに区切り、⑤文字・絵・仕草などの視覚的情報も併用する。 ●先天性の「ろう」の人には、文字言語によるコミュニケーションが十分にできない人も含まれる。 ●聴覚障害者だからといって手話を使うとは限らない。
知的障害	●感情を言語や非言語で直接的に表現することがある。 ●言葉の使い方を誤ることがあるので、ふに落ちない表現があった場合は鵜呑みにしないで確認する。 ●①利用者が理解している言葉を使い、②具体的に、③単純で短い文章で、④サイン・ジェスチャー・絵も併用する。
失語症	●様々な回答が可能な「オープン・クエスチョン」に対して回答が難しそうな場合は、イエス・ノーや択一式で答えられる「クローズド・クエスチョン」を使う。 ●仮名よりも、漢字のほうがかえってわかりやすい場合がある。 ●相手にコミュニケーション上の完全さを求めず、様々に推測しながら全体的に意思を把握する。
脳性麻痺 麻痺性構音障害 吃音 無喉頭	●利用者が言うことを最後まで聞くことに努め、介護者が先回りして言うことは避ける。 ●重い構音障害者（発音に障害がある人）に対しては、トーキングエイド*などの補助具を活用する。 *ボタンを押して語や文を作ると、音声で流暢に読み上げてくれる。 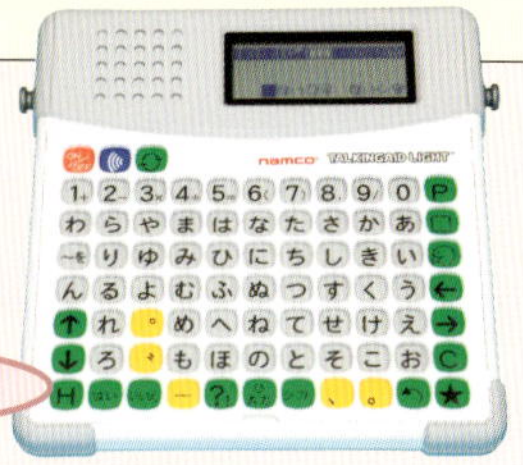 トーキングエイド®
統合失調症	●利用者の話は、「健康な部分」と「病的な部分」とに整理し、病的な部分に振り回されないようにする。 ●妄想、幻覚、幻聴などは、統合失調症の利用者にとっては現実なので否定せず、介護者には理解できないこと、みえないこと、聞こえないことを率直に伝える。
うつ病	●利用者の心に添うことに努め、励ましたり、叱ったりすることは控える。 ●症状が重い時には重要な判断はさせず、先に延ばす。 ●自殺の兆候に注意する。
認知症	●長年人生を歩んできた人としての自尊心を傷つけない。 ●過去の楽しかった思い出を回想すると、気持ちが前向きになる。

利用者との信頼関係が基盤

介護における倫理的心構え

介護者が生活支援を行うには、利用者との信頼関係が基盤となる。介護を行う時は、必ず利用者に同意を得てから始め、状態を把握しながらアセスメントすることが大原則である。利用者との信頼関係を築き、利用者の尊厳を守り、意欲を引き出し、自立に向けた支援を提供するための心構えを理解しておこう。

基本的な知識や基本介護技術を習得	● 基本的な知識や技術を習得し、利用者の個別性を把握し応用する
生活習慣・文化・価値観を尊重	● その人その人の環境や文化、暮らし方を尊重する
自立を支援	● 自分でできる部分はどこかを観察し、その人の持つ能力を引き出す
自己決定の尊重	● 自分の意思で決定し、主体的に自分らしく生活できるよう支援する
安全・安心を確保	● 生活場面での危険や不安を察知し、安全・安心に暮らせるよう支援する
予防的な対応	● 早期発見や気づきにより、現在の状態を低下させないようにする
意欲を引き出す	● 自分の存在が実感でき、生きている喜び、生きていきたいと意欲が持てるよう支援する
社会とのかかわり	● 地域住民として、社会の構成員としてのかかわりが持てるよう支援する
変化を感じる観察力	● 専門的な視点から変化を察知し、きめ細かな観察を行う
多職種と連携・協働	● 多様なニーズに沿った支援を展開するために、多職種がそれぞれの専門性と役割を担う

CHAPTER 3

生活支援技術

CONTENTS

- 目覚めの介護
- 着替えの介護
- 移動の介護
- 身だしなみを整える介護
- おいしい食事を提供するために
- 口腔をさわやかにする介護
- 気持ちのよい入浴のための介護
- 心地よい排泄のための介護
- 気分転換のための介護
- ベッド上生活を余儀なくされる人への介護
- 実施した介護の記録
- 介護者が行う医療的処置
- 感染症への対応
- 終末期のケア

1日の始まりをさわやかに

目覚めの介護

ぐっすりと眠り、気持ちよく目覚める――。さわやかな朝の始まりは、1日を快適にする。起床時の介護では、利用者が十分に睡眠をとれたかどうかを確かめ、ブラインドやカーテンを開けて部屋に光を入れ、寝床からの起き上がりを介助する。十分に睡眠をとれない人には、生活リズムを整えるなどのケアが必要となる。

部屋に外光を入れ、目覚めをすっきりと。よく眠れたかどうかを尋ねる

目覚め時には、朝の挨拶をし、ブラインドやカーテンを開けて外光を部屋に入れる。2500ルクス以上の強い光を浴びると、目覚めがスムーズになる。起床30分前から徐々に明るくしていくと、すっきりと目覚めることができる。
太陽光を浴びたり、外を散歩すると、さらに効果的である。

「よく眠れましたか」と尋ね、不眠があれば訴えに耳を傾ける。不眠の原因は個人により異なり、なかには青壮年期より不眠傾向がある人もいる。また、高齢者では、急激な環境変化により不安・混乱を起こし、睡眠に影響を及ぼすことがある。睡眠には、一晩の間に深い、浅いというサイクルがあり、浅くなったところで目覚めるとすっきりと起床することができる。

言葉をかけ、表情を観察しながら、ゆっくりと掛け物をはずす

寝床からの起き上がりを介助する場合は、まず利用者に言葉をかけ、顔色・表情を観察しながら、ゆっくりと掛け物をはずす。この際、利用者に背中を向けないよう注意する。

急に掛け物をはずすと寒さを感じるだけでなく、利用者に不快感を与える場合がある。

表情を観察しながら、
ゆっくりと
掛け物をはずす

心地よい眠りのためのケア

1日のリズムを整える

夜、ぐっすりと眠るためには、1日の生活リズムを整えることが大切である。

起床時刻

- 毎日同じ時刻に起床することで、体内時計のリズムを調整することができる。

光の利用

- 朝、強い太陽光を浴びるとすっきりと目覚めることができる。
- 反対に、夜は暖色系で、暗めの灯りが眠気を誘う。

食事・運動

- 3度の食事を規則正しくとり、日中は体を動かすことが、体内時計のリズムを整える。

昼　寝

- 午後2時ごろ、眠気が強くなる時間帯がある。この眠気に対しては、15～30分程度の短い昼寝が効果的。
- 遅い時間の昼寝、長すぎる昼寝は不眠につながる。

温度・湿度

室内の温度・湿度、掛け物の調整も、よい眠りの必須条件である。

室内環境

- 心地よく眠れる室温は16～19度、1年を通じて室温16～26度、湿度50～60%に保つとよい。
- 夏に寝具を用いる場合は室温26度、湿度50～60%。28度を越えると睡眠の質が低下する。

寝床内気候

- 人体と寝具の間の環境が、"寝床内気候"。寝床内気候が、温度32～34度、湿度45～55%の時、最もよく眠れる。この温度・湿度を保つため、掛け物の調節を行う。
- 寝床内の熱は、掛け物より敷布団から、より多く逃げる。暖かく眠るためには、敷布団を増やすことが大切である。

ベッドからの起き上がりを介助

1

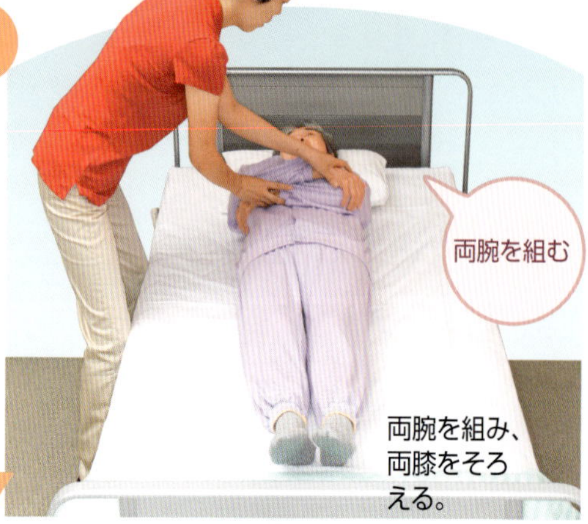
両腕を組む

両腕を組み、両膝をそろえる。

2

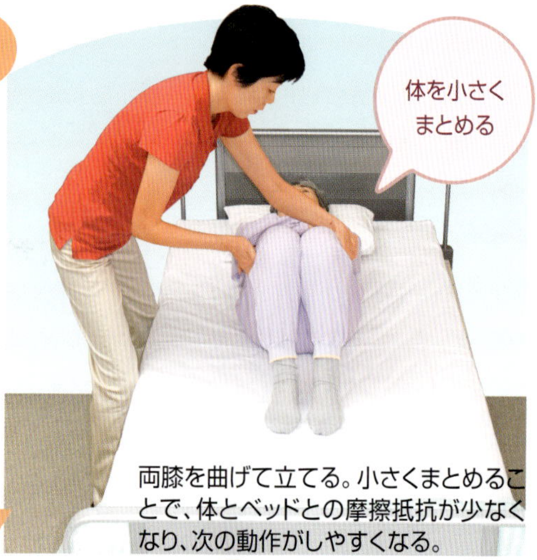
体を小さくまとめる

両膝を曲げて立てる。小さくまとめることで、体とベッドとの摩擦抵抗が少なくなり、次の動作がしやすくなる。

3

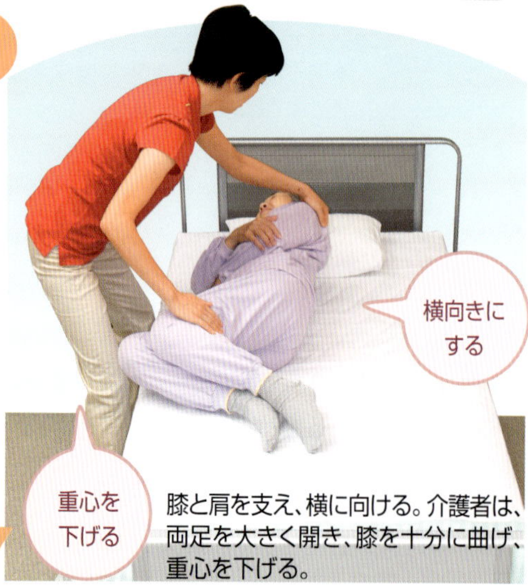
横向きにする
重心を下げる

膝と肩を支え、横に向ける。介護者は、両足を大きく開き、膝を十分に曲げ、重心を下げる。

4

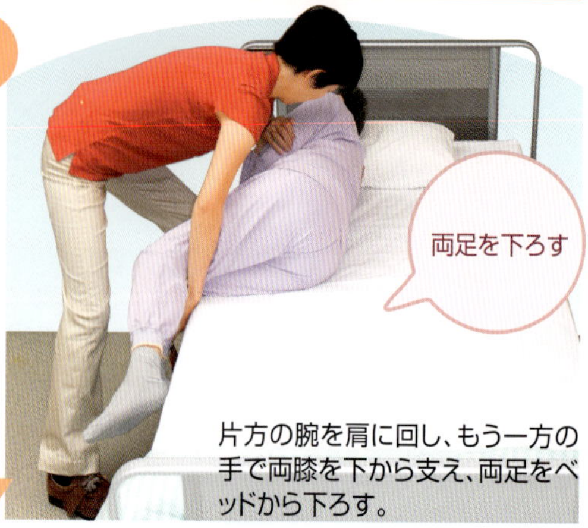
両足を下ろす

片方の腕を肩に回し、もう一方の手で両膝を下から支え、両足をベッドから下ろす。

5

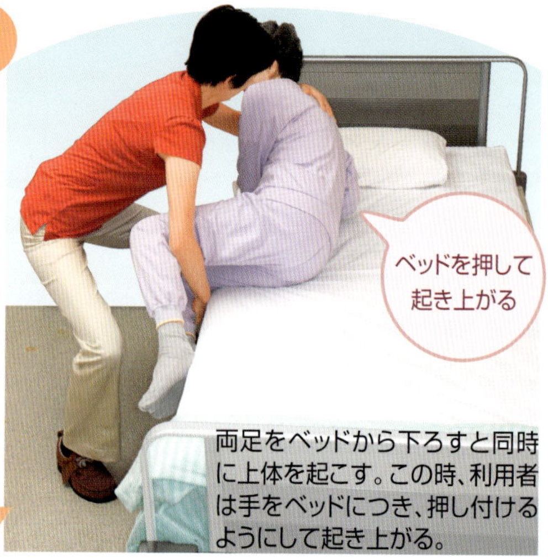
ベッドを押して起き上がる

両足をベッドから下ろすと同時に上体を起こす。この時、利用者は手をベッドにつき、押し付けるようにして起き上がる。

6

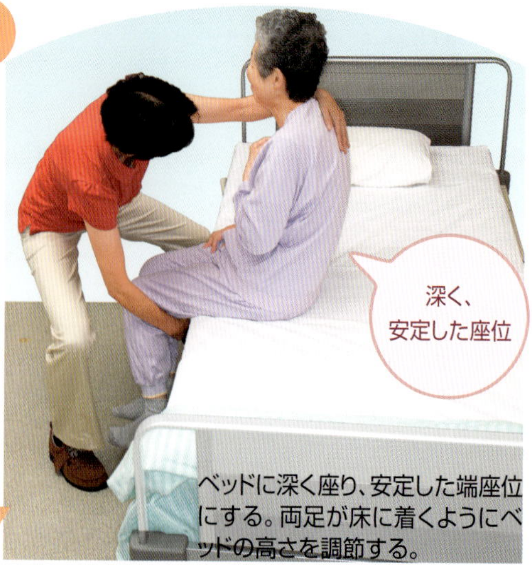
深く、安定した座位

ベッドに深く座り、安定した端座位にする。両足が床に着くようにベッドの高さを調節する。

記録のポイント

- 声をかけたのか、自分で目覚めたのか。
- 夜間ぐっすり寝た感じがあるか。
- すっきりとした目覚めか。
- 体は目覚めているか。

寝衣から日常着へ

着替えの介護

衣服は自己表現の手段であり、好きな服、似合う服を身に着けることで、喜びや楽しみが増す。また、目的に応じた衣服を身に着けることで、活動・休息を効果的に行える。さらに、体温調節、身体の保護・衛生保持なども衣服の役割である。
介護者は、これらを理解し、利用者の好みや生活習慣、障害の状態に合わせて着替えを援助する。

利用者の好み、目的、障害の状態に合わせた衣服を選択し、援助する

着替えの援助は、まず利用者の好みを尊重し、目的に合わせた衣類を選択することが大切である。利用者が衣類を選択できるよう働きかける。さらに、障害の状態などに合わせ、着脱のしやすさ、素材、着心地、洗濯の頻度などを考えて、衣類を選択する。

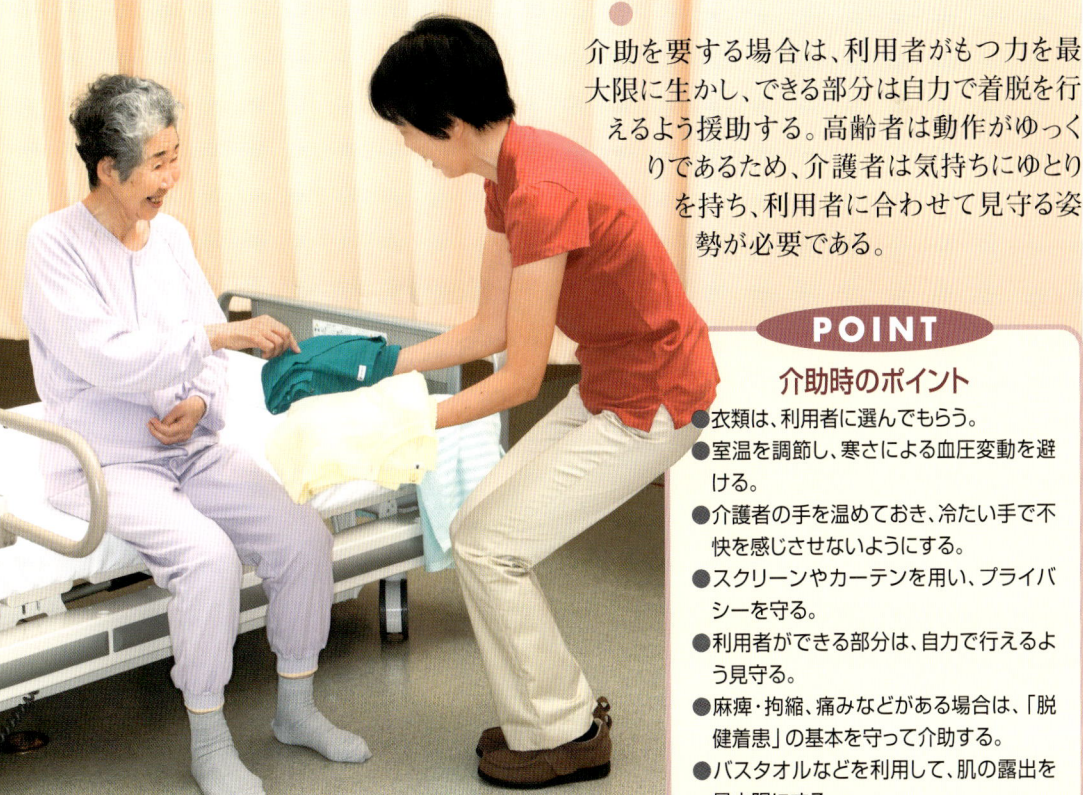

介助を要する場合は、利用者がもつ力を最大限に生かし、できる部分は自力で着脱を行えるよう援助する。高齢者は動作がゆっくりであるため、介護者は気持ちにゆとりを持ち、利用者に合わせて見守る姿勢が必要である。

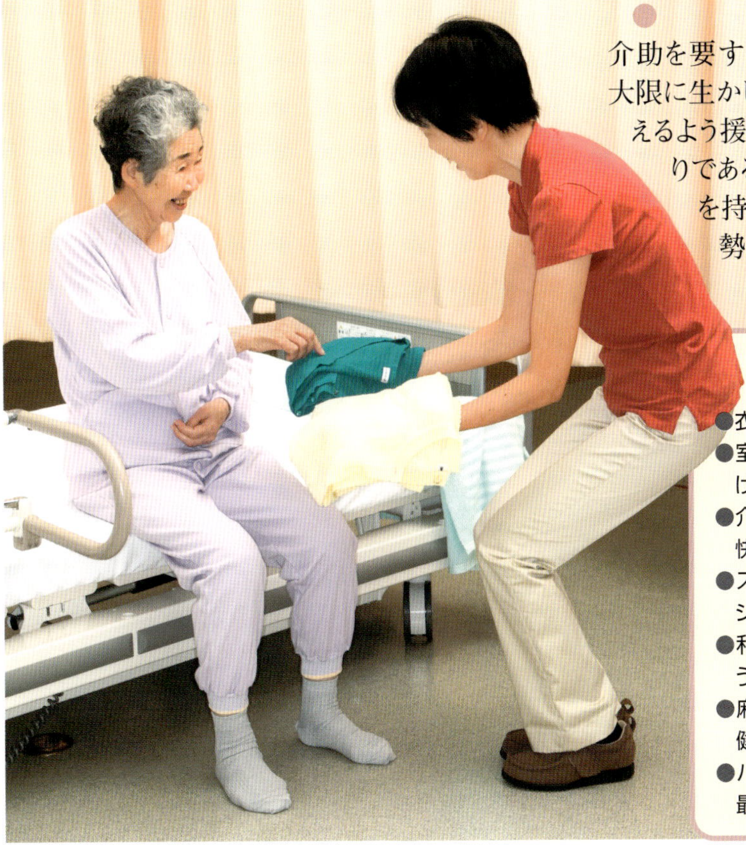

POINT

介助時のポイント

- 衣類は、利用者に選んでもらう。
- 室温を調節し、寒さによる血圧変動を避ける。
- 介護者の手を温めておき、冷たい手で不快を感じさせないようにする。
- スクリーンやカーテンを用い、プライバシーを守る。
- 利用者ができる部分は、自力で行えるよう見守る。
- 麻痺・拘縮、痛みなどがある場合は、「脱健着患」の基本を守って介助する。
- バスタオルなどを利用して、肌の露出を最小限にする。

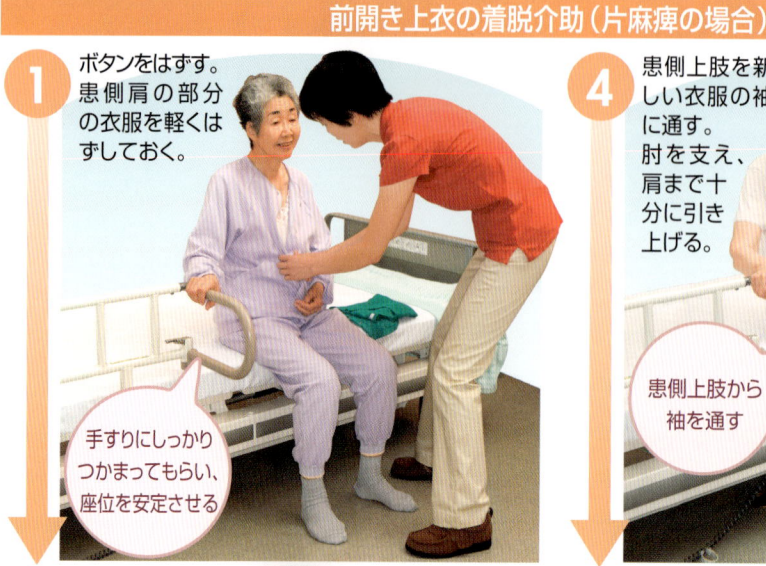

前開き上衣の着脱介助（片麻痺の場合）

1 ボタンをはずす。患側肩の部分の衣服を軽くはずしておく。

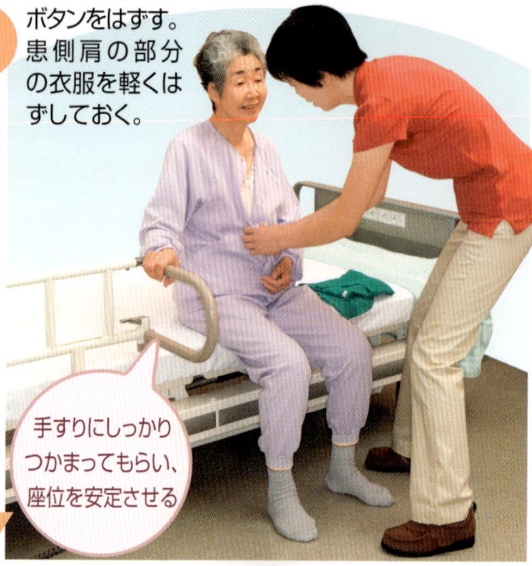
手すりにしっかりつかまってもらい、座位を安定させる

2 健側上肢の袖を脱ぐ。健側は、肩をはずして、肘を上げると脱ぎやすい。

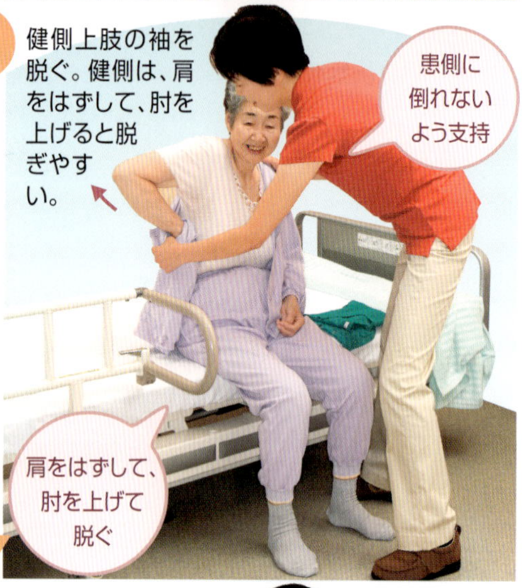
患側に倒れないよう支持
肩をはずして、肘を上げて脱ぐ

3 患側上肢の袖を脱ぐ。介護者が患側の肘を支え、ゆっくりと脱がせる。

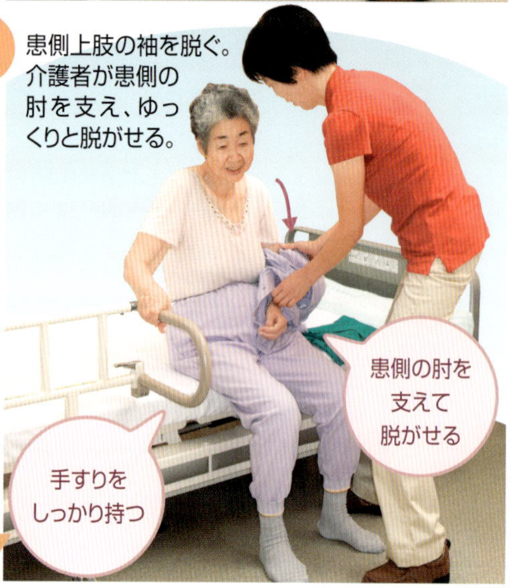
患側の肘を支えて脱がせる
手すりをしっかり持つ

4 患側上肢を新しい衣服の袖に通す。肘を支え、肩まで十分に引き上げる。

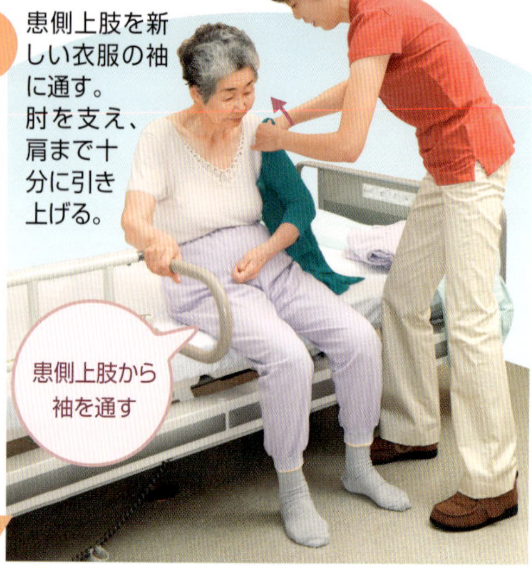
患側上肢から袖を通す

5 健側上肢の袖を通す。健側は腕を上げるより、下げたほうが袖を通しやすい。

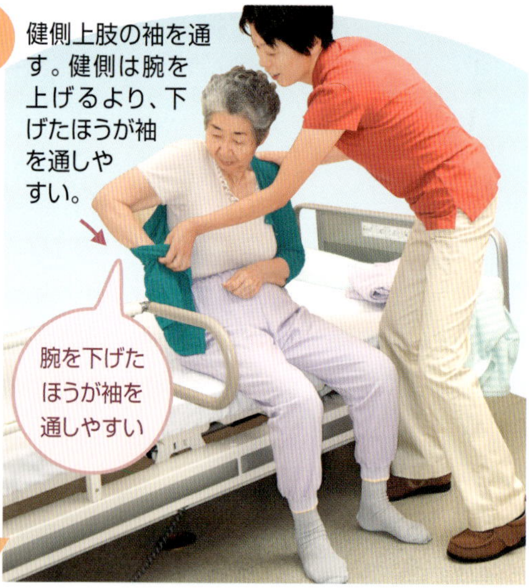
腕を下げたほうが袖を通しやすい

6 ボタンをとめ、全体的に衣類を整えて、着心地を確認する。

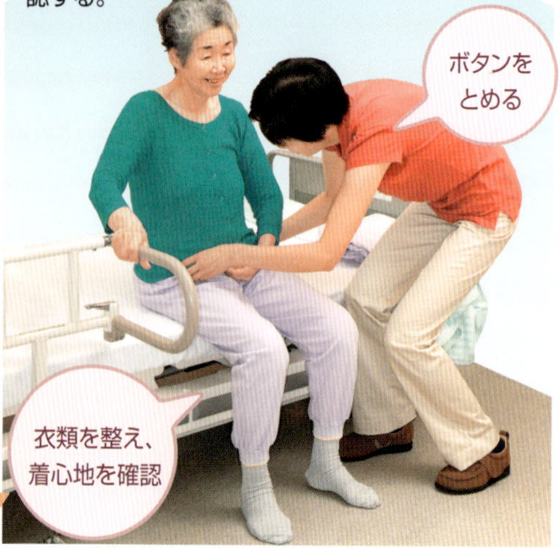
ボタンをとめる
衣類を整え、着心地を確認

かぶり上衣の着脱介助（片麻痺の場合）

1 健側の前身頃・後ろ身頃を上までたくしあげ、健側上肢を脱ぐ。肘をはずすと脱ぎやすい。

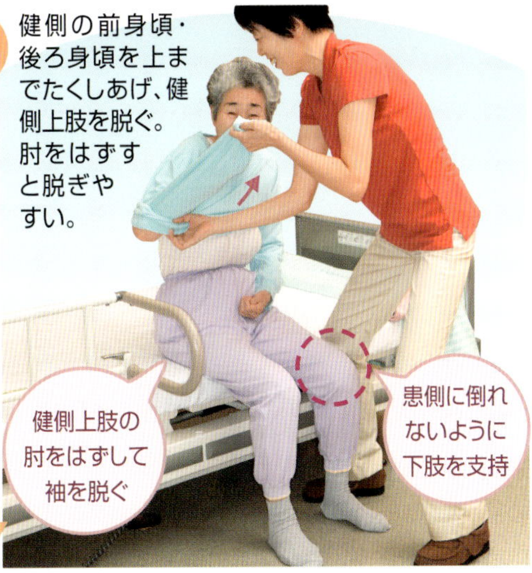
健側上肢の肘をはずして袖を脱ぐ
患側に倒れないように下肢を支持

2 頭部を前傾させて脱ぐ。
＊頭部を脱いでから、健側上肢の袖を脱ぐ方法もある。

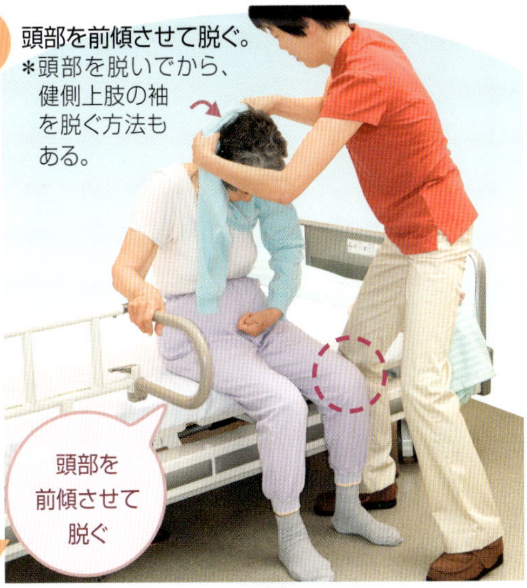
頭部を前傾させて脱ぐ

3 患側上肢の袖を脱ぐ。患側の肘を支え、ゆっくりと脱がせる。

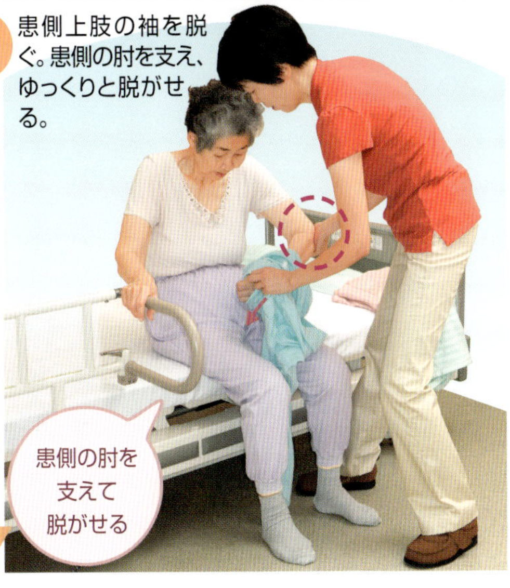
患側の肘を支えて脱がせる

4 患側上肢を新しい衣服の袖に通す。この時、患側の肘を支える。

患側上肢から袖を通す

5 後ろ身頃を束ねて持ち、頭部を新しい衣類に通す。
＊健側上肢の袖を通してから、頭部を通す方法もある。

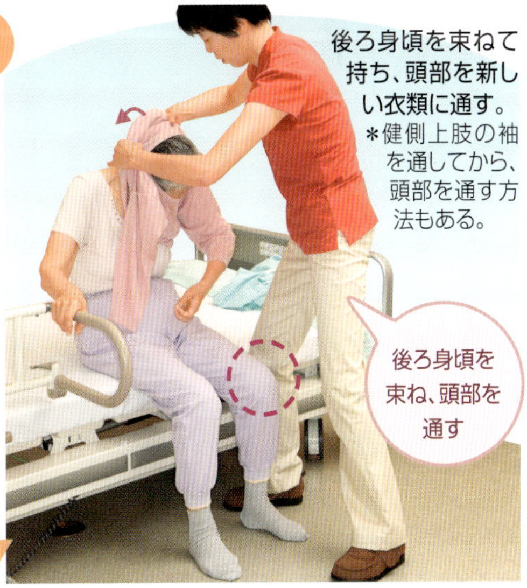
後ろ身頃を束ね、頭部を通す

6 健側上肢を袖に通し、上衣を整える。

衣類・頭髪を整え、着心地を確認

ズボンの着脱介助（片麻痺の場合）

1

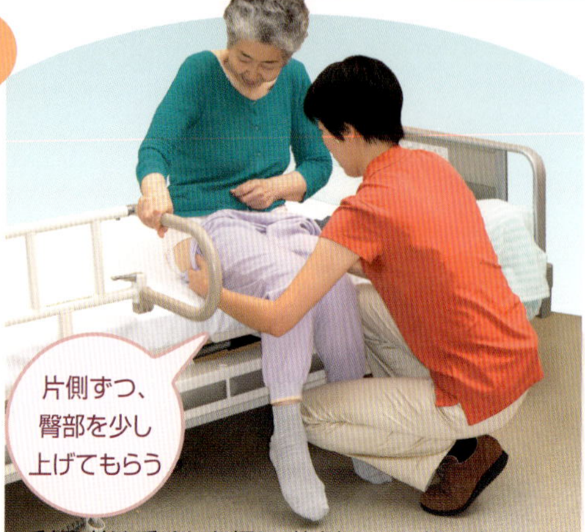
片側ずつ、
臀部を少し
上げてもらう

利用者は手すりを握り、片側ずつ臀部を少し上げ、介護者がズボンを下ろす。座ったまま下ろせない場合は立位をとる。

2

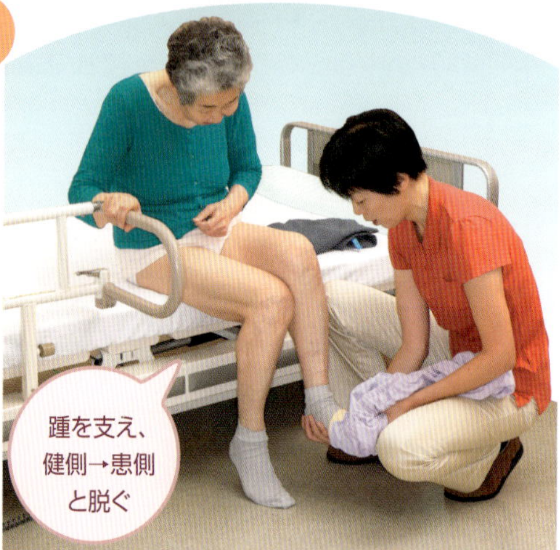
踵を支え、
健側→患側
と脱ぐ

健側の下肢を脱ぎ、次に患側の下肢を脱ぐ。踵をしっかりと支えて行う。

3

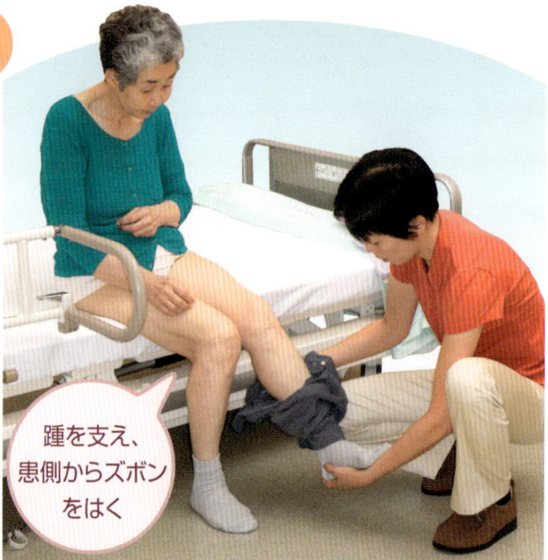
踵を支え、
患側からズボン
をはく

患側下肢に新しいズボンを通す。踵をしっかり支えて行う。

4

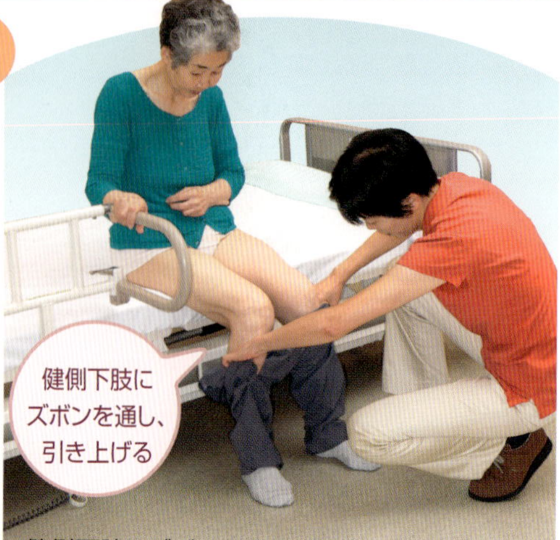
健側下肢に
ズボンを通し、
引き上げる

健側下肢にズボンを通す。両手でズボンを引き上げる。

5

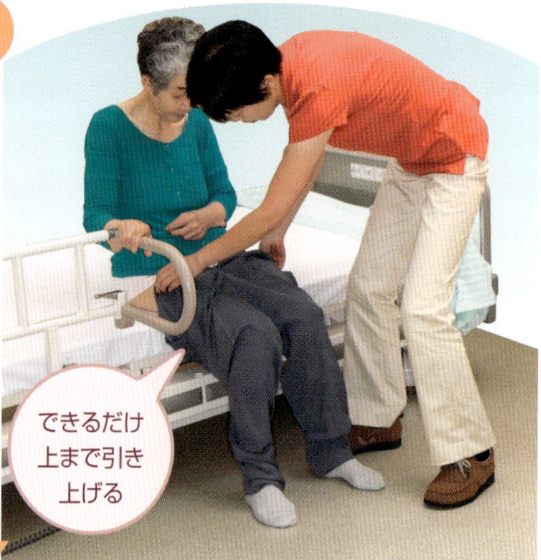
できるだけ
上まで引き
上げる

座位のまま、できるだけ上まで、ズボンを引き上げる。

6

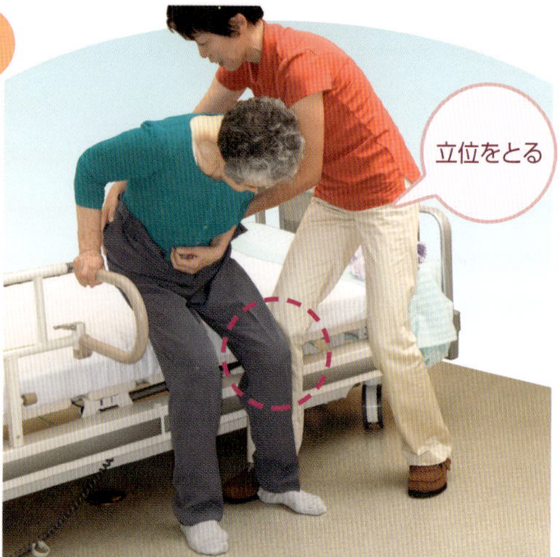
立位をとる

立位をとってもらう。介助が必要な場合は、臀部と膝に手を当てて行う（p49参照）。

7

安定した立位をとり、ズボンを十分引き上げる。

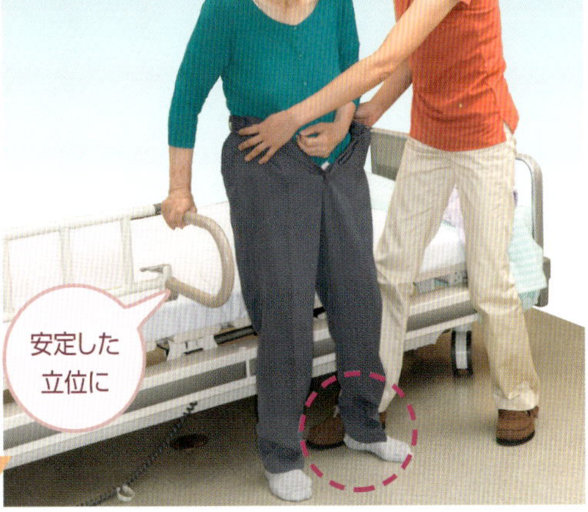
安定した
立位に

8

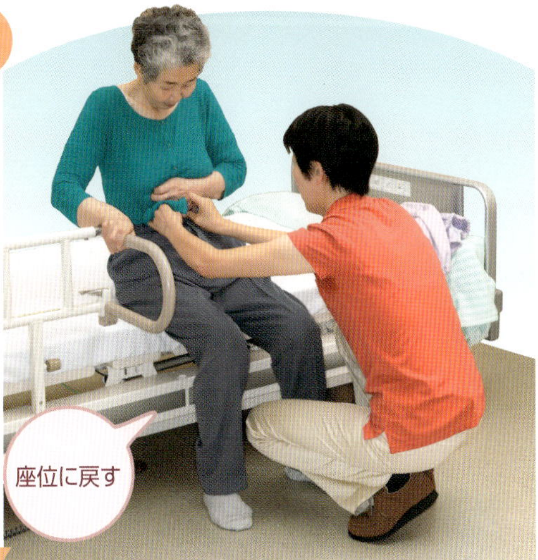
座位に戻す

座位に戻し、チャックを閉め、ボタンをとめる。

9

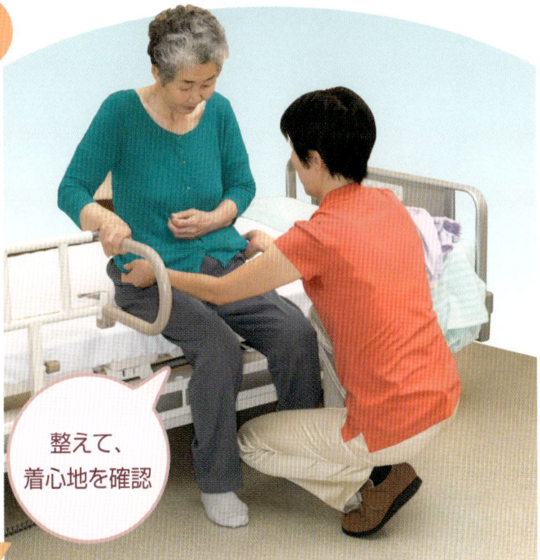
整えて、
着心地を確認

上衣を整え、全体に着心地を確認する。

立位介助

臀部と膝に
手を当てる。
前傾姿勢で腰を
浮かせる

片手を利用者の臀部に、もう片方の手を膝に当てる。膝に手を当てるのは、膝折れを防止するためである。前傾姿勢をとり、前方に重心を移動して臀部を浮かせる。

介護うっかり！ NG集❷

患側上肢を引っ張った!!

患側の袖を通す時、介護者のやりやすさを優先し、患側上肢を引っ張ってしまう場合がある。痛みを感じたり、脱臼したりする場合もあるので、要注意！

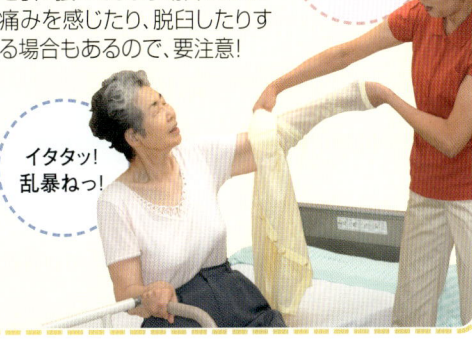

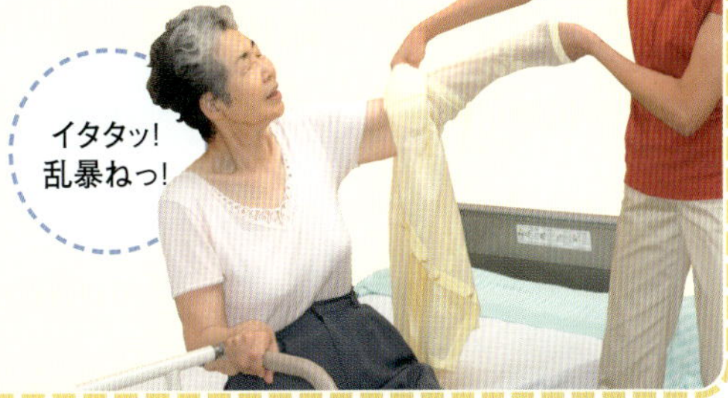
早くしなきゃ。
忙しいん
だから
イタタッ！
乱暴ねっ！

後片付け

- 洗濯する衣類は、脱衣かごへ。
- 衣類の表示を確認して、洗濯する。
- 乾燥した衣類は、利用者のタンスなどに収納する。

記録のポイント

- 着替えに対する利用者の意欲、方法の理解。
- 痛みの有無・部位・程度。
- 皮膚の状態の変化。
- 麻痺・拘縮・変形などの状況、関節可動域の制限の変化。
- 姿勢保持の状況、着脱にかかわる動作の変化。
- 環境調整（手すり・タンスの位置、温度・明るさなど）。

寝室から生活の場へ

移動の介護

介護が必要な人であっても1日中ベッドで過ごすのではなく、日常着に着替え、活動範囲を寝室から食堂・居間などに広げることで、生活は拡大していく。利用者が自力で体を動かすことができない場合は、介助が必要である。介護者は基本的な姿勢や動作、同じ体位を保つことによる弊害を理解したうえで、利用者の持っている力を最大限に発揮させ、安全な介助を行う。

移動は、利用者に合った方法を選択。転倒の危険を防止する

移動の援助を行う場合は、自力での歩行、杖・歩行器・車椅子などの補助具を使用するなど、利用者に合った方法を選択し、転倒することがないよう安全に介助する。歩行や移乗のためには、立位をとる必要がある。立位はほかの姿勢と比較し、支持基底面積が狭く、重心が高く不安定なため、少しの揺れや傾きでバランスを崩し、転倒する危険性が高い。声かけをし、ひとつ一つの動きを確認しながら介助することが必要である。

利用者が自立生活を送るためには、歩行や起き上がりはもちろん、座位姿勢が重要である。座位姿勢をとるために筋力・関節を動かし、心身機能の低下を防ぐ効果があるほか、手が使え、自分でできることが増える。さらに、臥位より見える範囲が広がることから、心理的にもよい効果が得られる。

POINT

立位になる前に

- 利用者の両足が床に着き、肩幅程度に開いていること、ベッドに深く座り、安定した端座位になっていることを確認する。
- これから、立位になることを説明し、本人の意思を確認する。

端座位から立位へ

1

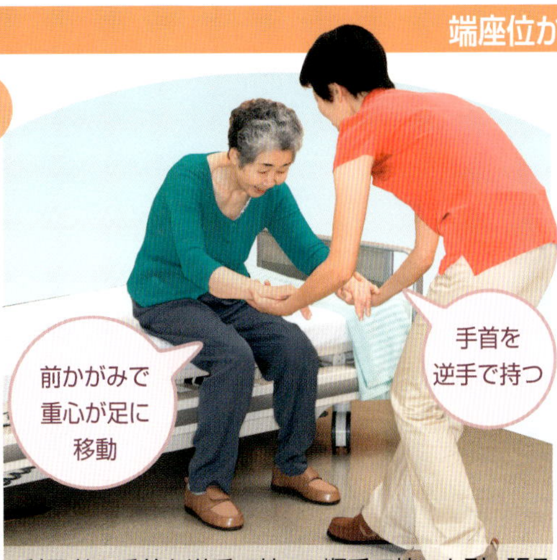
前かがみで
重心が足に
移動
手首を
逆手で持つ

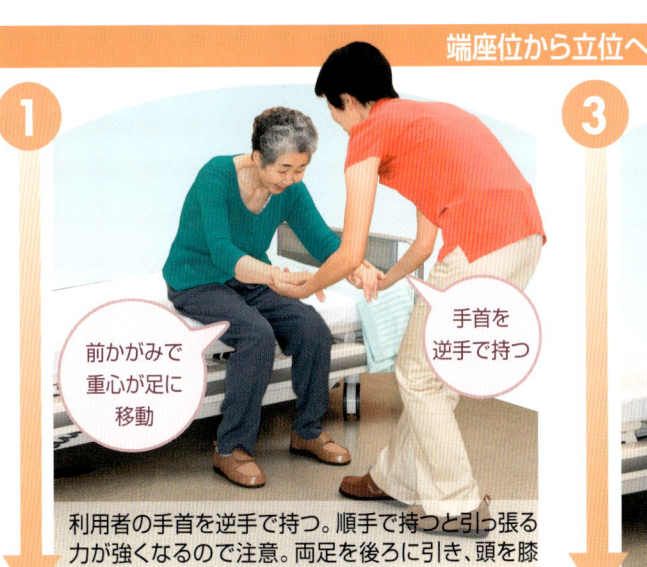

利用者の手首を逆手で持つ。順手で持つと引っ張る力が強くなるので注意。両足を後ろに引き、頭を膝より前に出し、前かがみの姿勢にする。

2

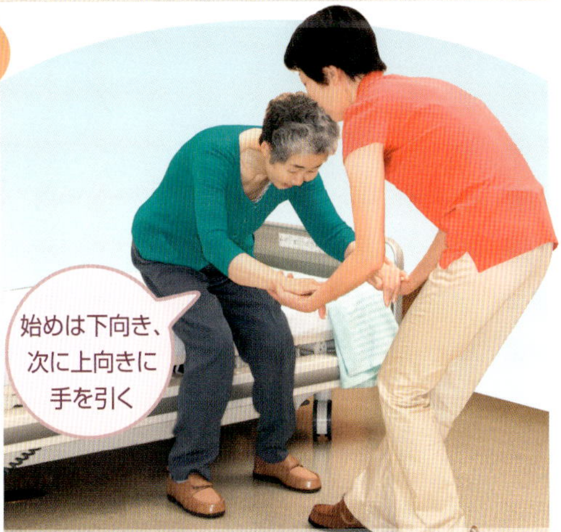
始めは下向き、
次に上向きに
手を引く

両手を支え、始めは床のほうに向けて手前に引き、しだいに顔が下向きから正面に向くように両手を引く。
*臀部が浮き、体重が前にかかるので立ちやすい。

3

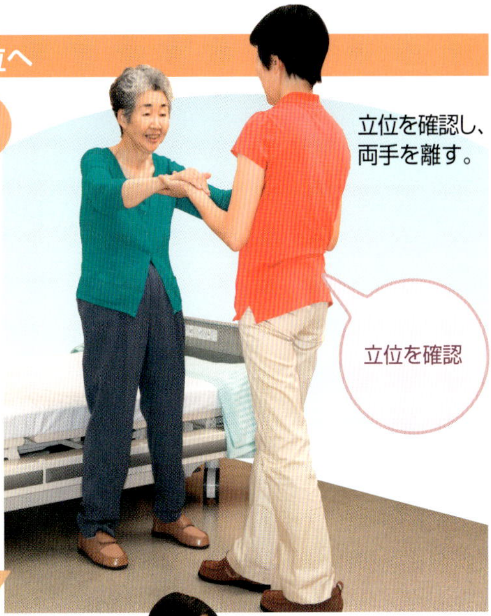
立位を確認

立位を確認し、両手を離す。

4

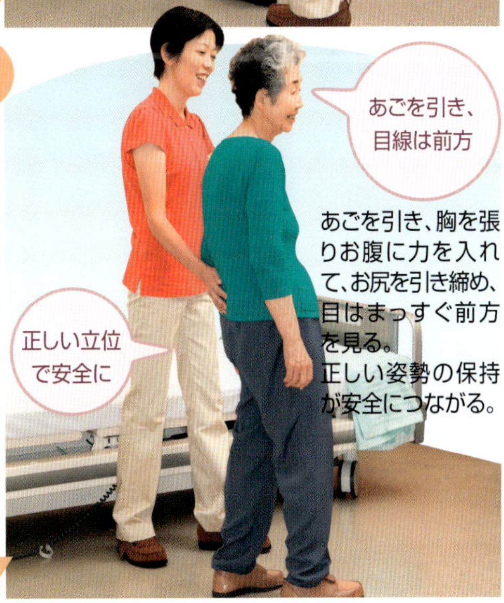
あごを引き、
目線は前方
正しい立位
で安全に

あごを引き、胸を張りお腹に力を入れて、お尻を引き締め、目はまっすぐ前方を見る。
正しい姿勢の保持が安全につながる。

介護うっかり！ NG集③

上に引いてしまった!!

利用者の腕を肩よりも上のほうに引こうとすると、重心が腰の位置にあるため、立ち上がることはできない。
介護者が引っ張る動作を続けると、利用者は腕を痛めてしまうので注意!

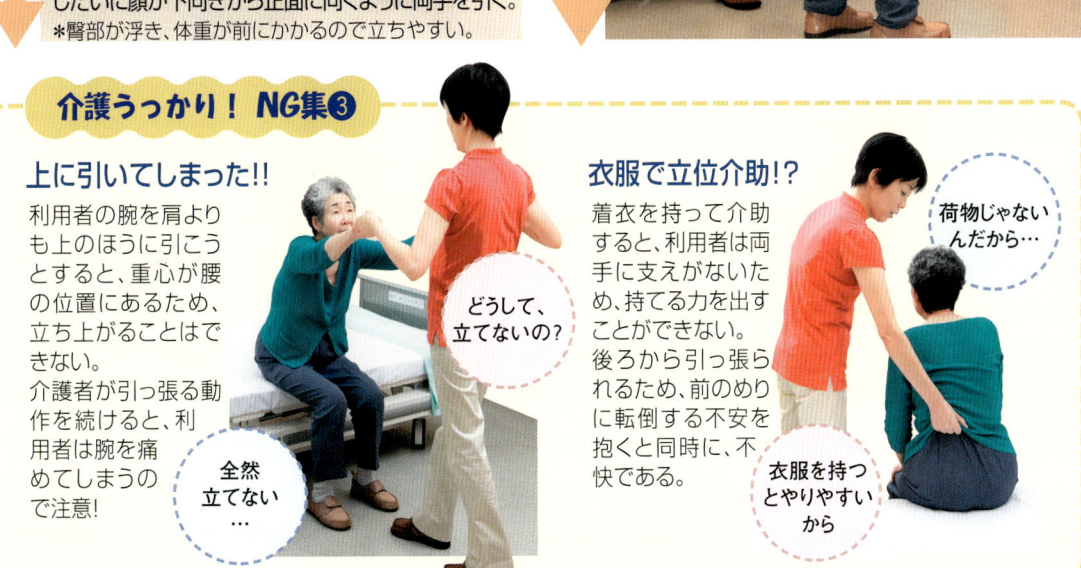

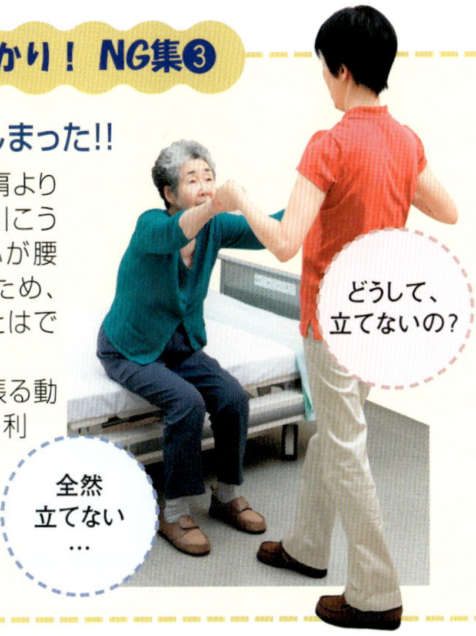
どうして、
立てないの?
全然
立てない
…

衣服で立位介助!?

着衣を持って介助すると、利用者は両手に支えがないため、持てる力を出すことができない。後ろから引っ張られるため、前のめりに転倒する不安を抱くと同時に、不快である。

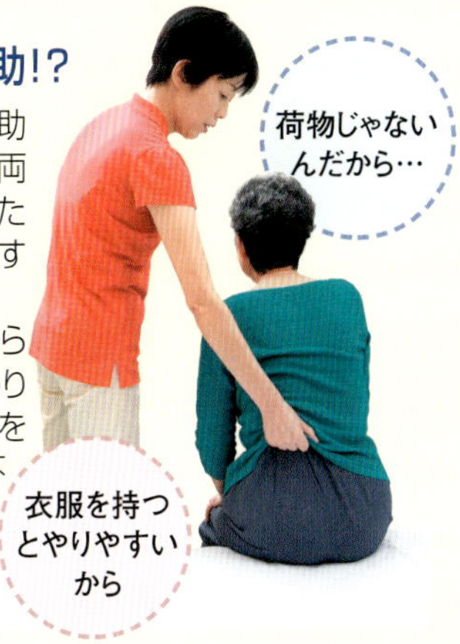
荷物じゃない
んだから…
衣服を持つ
とやりやすい
から

ベッドからの起き上がり→端座位→車椅子への移乗（片麻痺の場合）

1

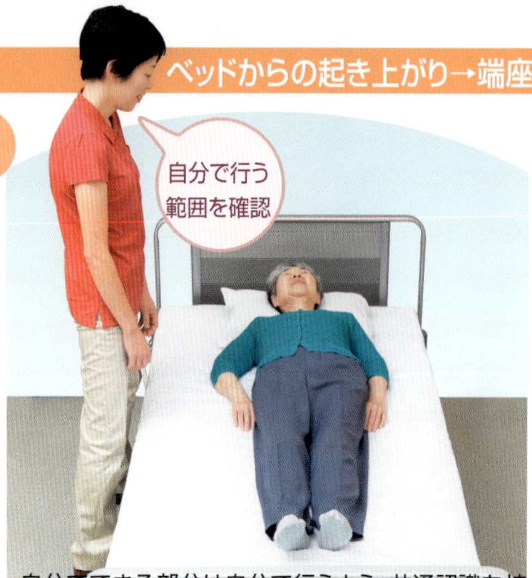
自分で行う
範囲を確認

自分でできる部分は自分で行うよう、共通認識を持つ。自分で行うことが自信につながると同時に、筋肉への負荷となり、筋力を維持する。

2

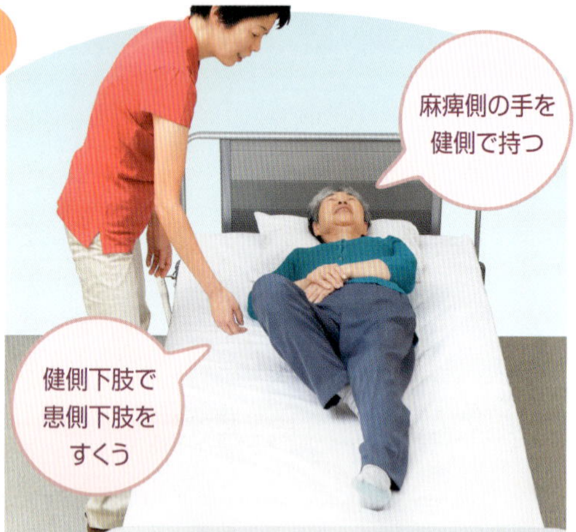
麻痺側の手を
健側で持つ
健側下肢で
患側下肢を
すくう

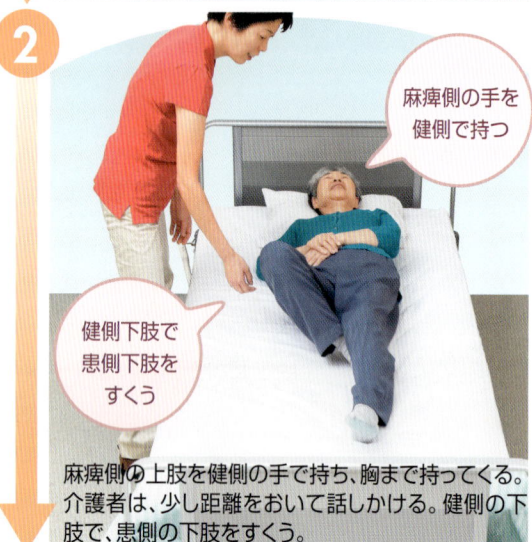

麻痺側の上肢を健側の手で持ち、胸まで持ってくる。介護者は、少し距離をおいて話しかける。健側の下肢で、患側の下肢をすくう。

3

健側の肘を
着き、
横向きに

健側上肢の肘を着き、横向きになる。

4

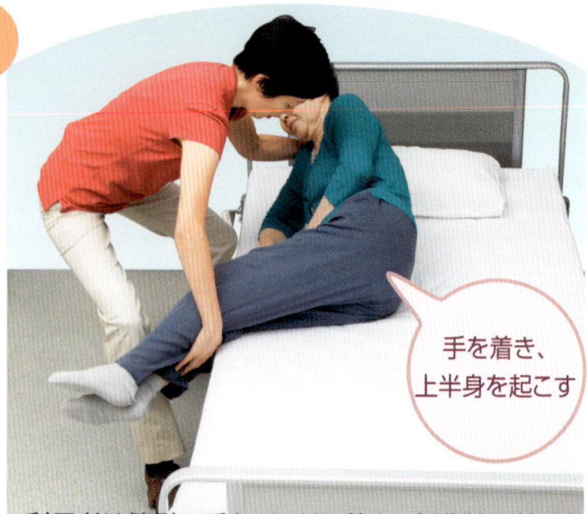
手を着き、
上半身を起こす

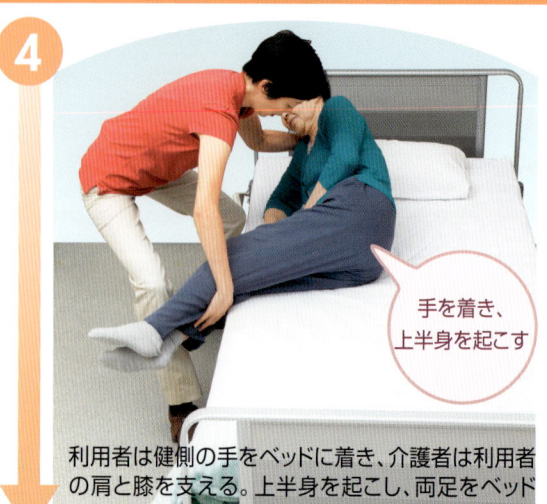

利用者は健側の手をベッドに着き、介護者は利用者の肩と膝を支える。上半身を起こし、両足をベッドから下ろす。

5

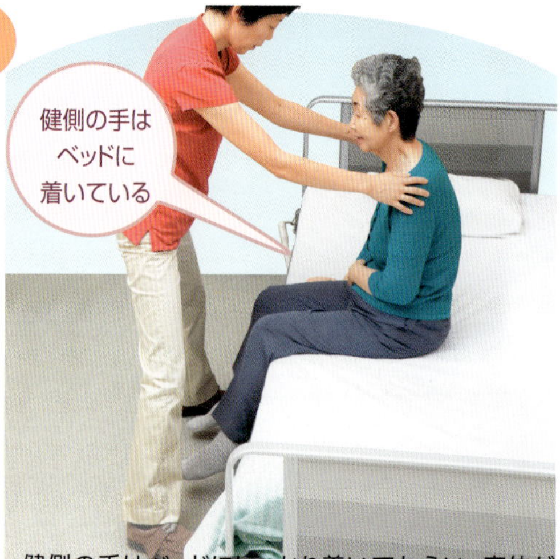
健側の手は
ベッドに
着いている

健側の手はベッドにしっかり着いてもらい、座位が安定していることを確認する。

6

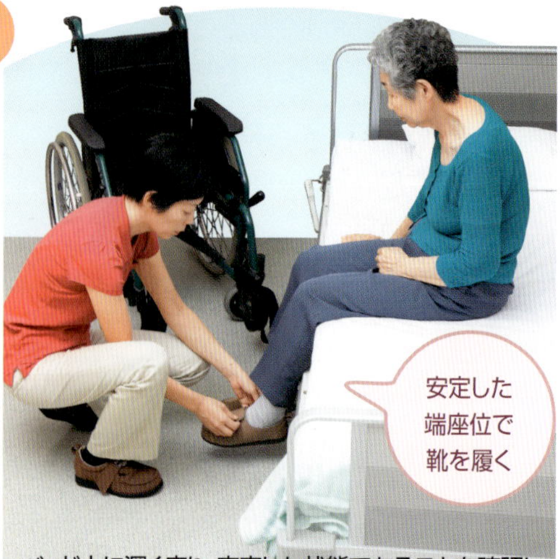
安定した
端座位で
靴を履く

ベッド上に深く座り、安定した状態であることを確認し、靴を履く。

7

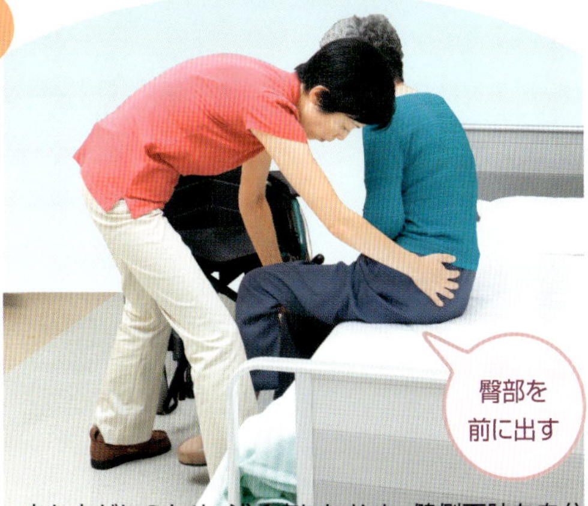
臀部を
前に出す

立ち上がりのため、浅く座りなおす。健側下肢を自分で前に出す。健側に体重をかけて患側下肢を浮かせ、介護者が臀部と大腿部を支えて手前に引く。

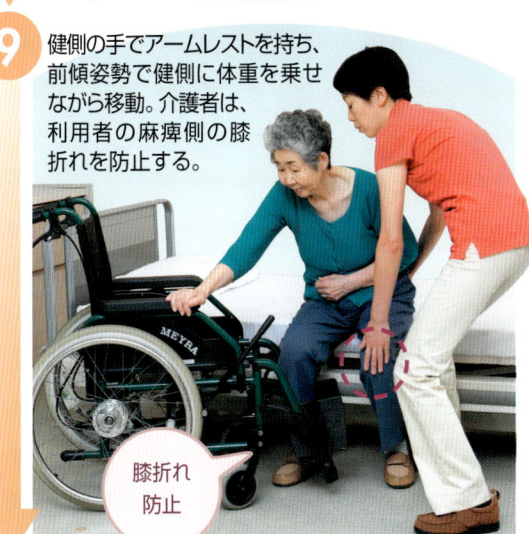

8

車椅子を利用者の健側に、斜めに置き、ストッパーをかける。アームレストが近づき、つかまりやすい。

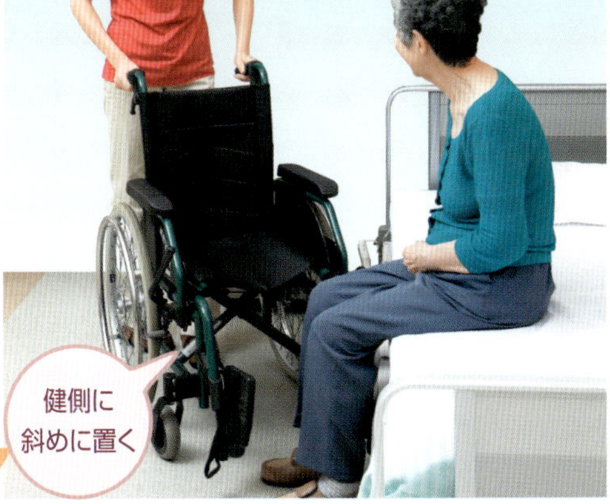
健側に
斜めに置く

9

健側の手でアームレストを持ち、前傾姿勢で健側に体重を乗せながら移動。介護者は、利用者の麻痺側の膝折れを防止する。

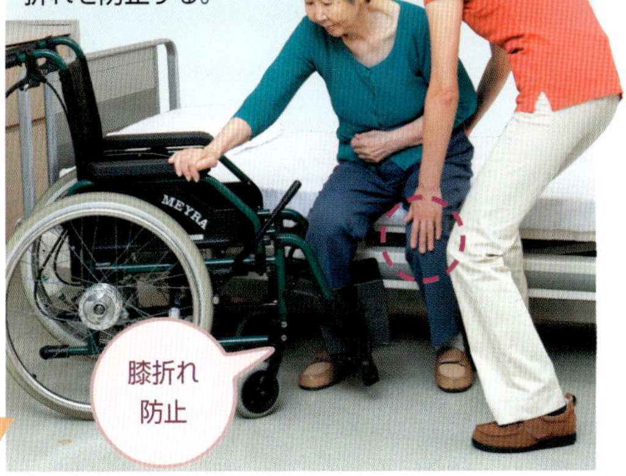
MEYRA
膝折れ
防止

10

MEYRA
右足→左足
重心移動

介護者は、移動する側の足を大きく開き、利用者の腰部を支え、自身の重心も右足から左足へ移動する。

11

深く座る
MEYRA

車椅子に深く座る。患側は、介護者が臀部に深く手を入れ、もう一方を大腿部に差し込み、健側に傾いた時に背もたれの方向に押す。

12

フットレストに足を乗せ、安定した座位であることを確認する。

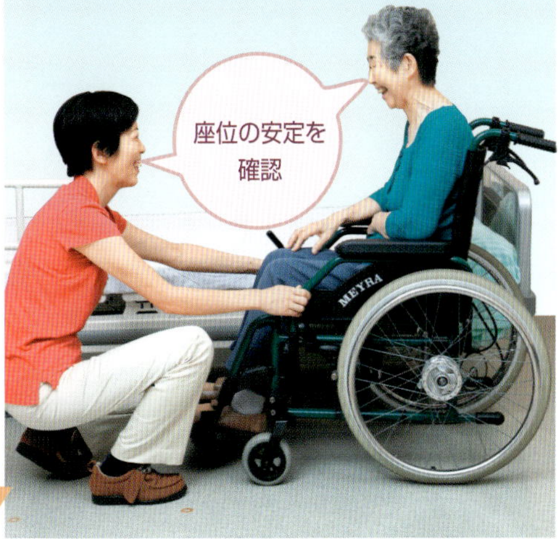
座位の安定を
確認
MEYRA

杖歩行では、麻痺側後方について転倒を防止する

高齢者は、加齢により筋力やバランス感覚が低下している。歩行が不安定な場合、T字杖が用いられる場合が多い。そのほか、ロフストランド杖、多脚杖、松葉杖などがある。

杖は、医師・理学療法士（PT）など専門職に相談し、利用者に合ったものを選択する。

片麻痺がある場合は、介護者は麻痺側後方について転倒を防ぐ。平坦な場所では杖→患側下肢→健側下肢の順（3点歩行）に前に出す。

階段は、昇りは健側下肢と杖を先に出す。降りは麻痺側を先に出す。介護者は麻痺側で、利用者より下の段に立つ。

平坦な場所 杖→患側下肢→健側下肢（3点歩行）

階段昇り
健側が先

階段降り
患側が先

POINT

- 杖歩行を介助する場合、介護者は麻痺側後方につく。
- 杖歩行で階段を昇り降りする場合、介護者は麻痺側の下の段に立つ。

記録のポイント

- 実施した介護の実際。
- 利用者が持つ身体能力が発揮されたかどうか。
- 利用者が自ら行おうとする意欲の有無。

健常な歩行

健常な人の歩行法を知り、介助に生かそう。

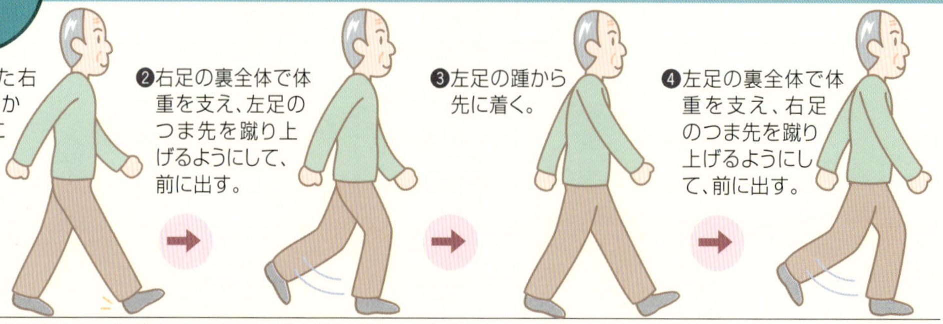

❶前に出した右足の踵（かかと）が先に着く。

❷右足の裏全体で体重を支え、左足のつま先を蹴り上げるようにして、前に出す。

❸左足の踵から先に着く。

❹左足の裏全体で体重を支え、右足のつま先を蹴り上げるようにして、前に出す。

＊❶〜❹を通じ、足とは反対側の手を交互に振り出し、バランスをとる。

車椅子

利用者の身体・生活状況に合わせて選択

車椅子は自走用と介助用に大別され、標準型、好みに応じて調節が可能なモジュール型など、様々なタイプのものが製作されている。
車椅子は利用者の身体機能、生活状況などに合わせて選択し、自立を支援することが重要である。

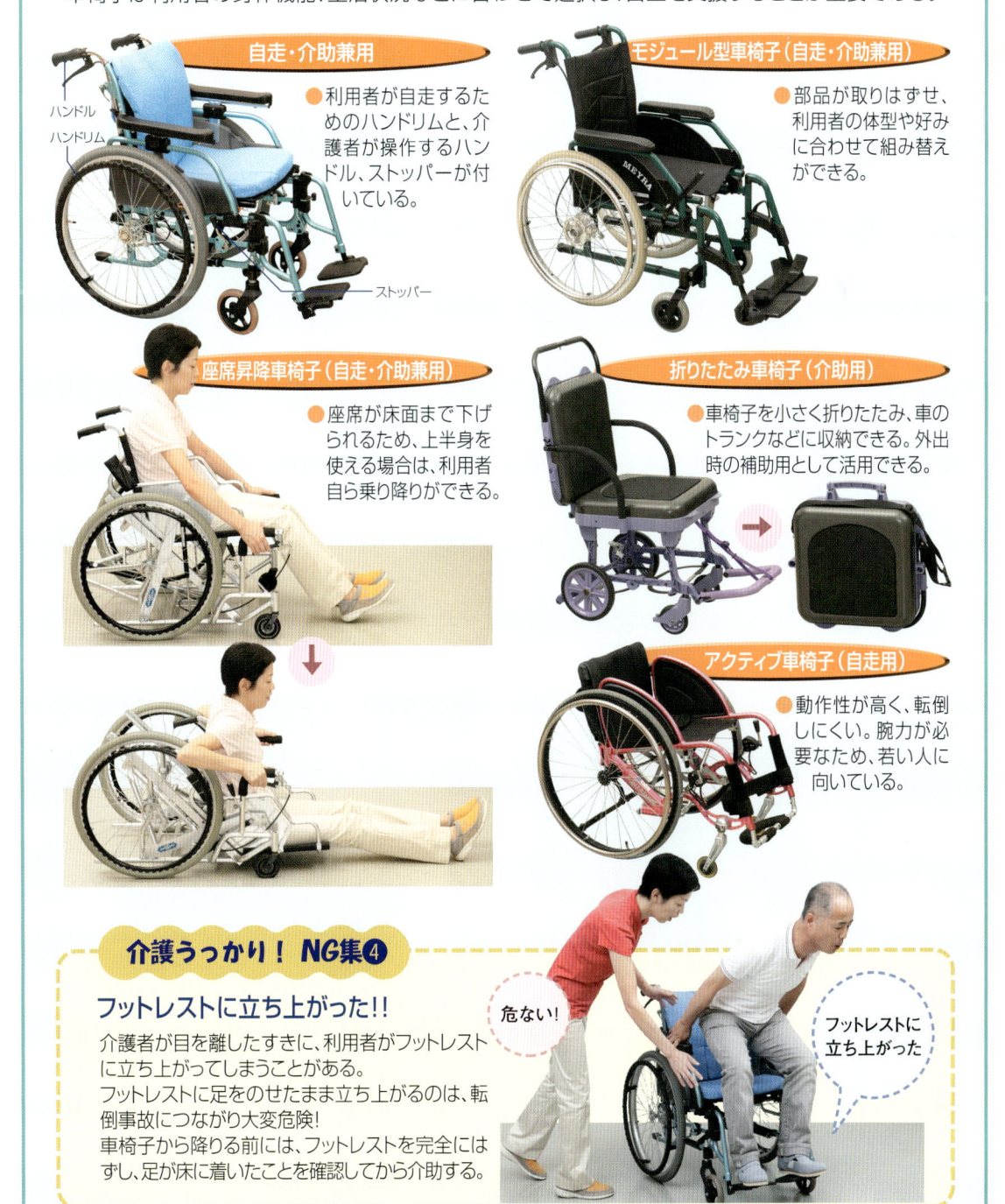

自走・介助兼用

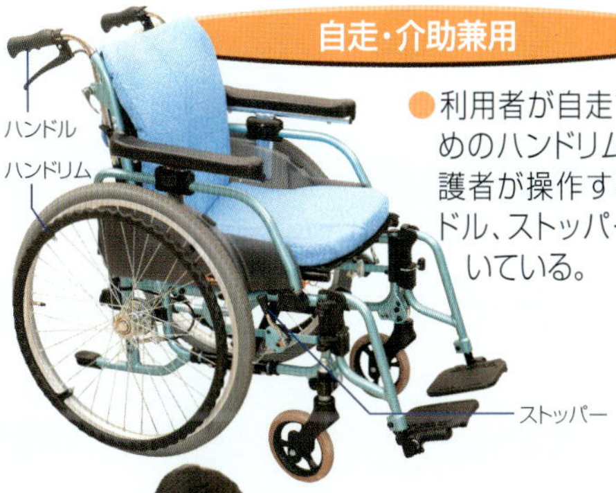

● 利用者が自走するためのハンドリムと、介護者が操作するハンドル、ストッパーが付いている。

モジュール型車椅子（自走・介助兼用）

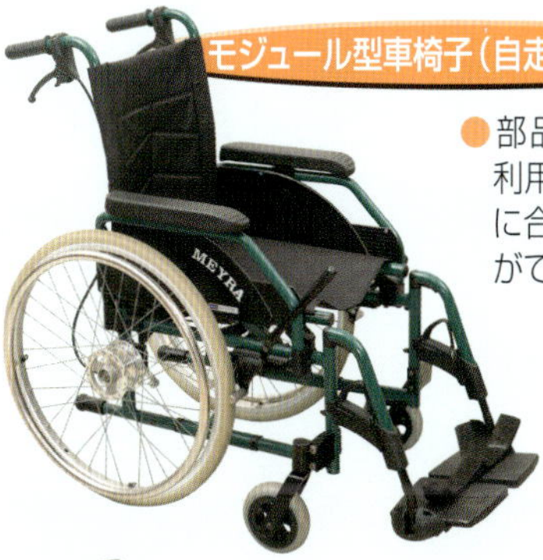

● 部品が取りはずせ、利用者の体型や好みに合わせて組み替えができる。

座席昇降車椅子（自走・介助兼用）

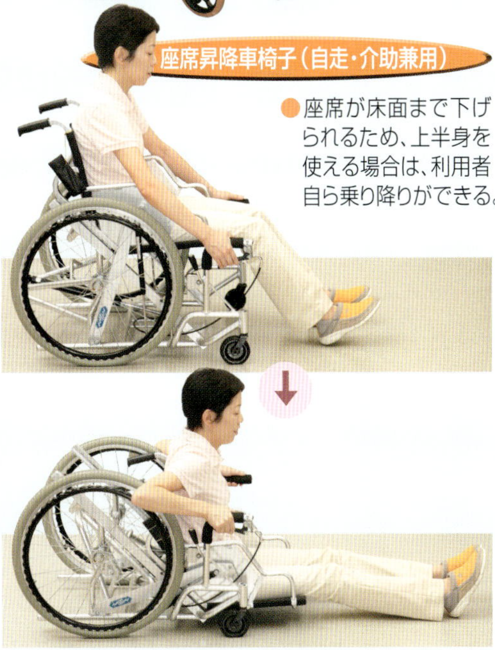

● 座席が床面まで下げられるため、上半身を使える場合は、利用者自ら乗り降りができる。

折りたたみ車椅子（介助用）

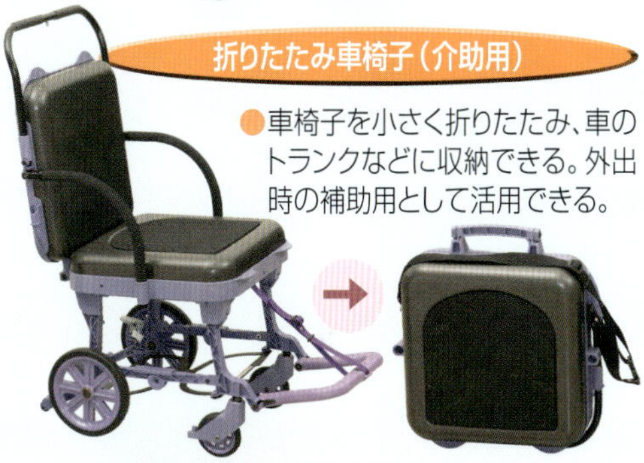

● 車椅子を小さく折りたたみ、車のトランクなどに収納できる。外出時の補助用として活用できる。

アクティブ車椅子（自走用）

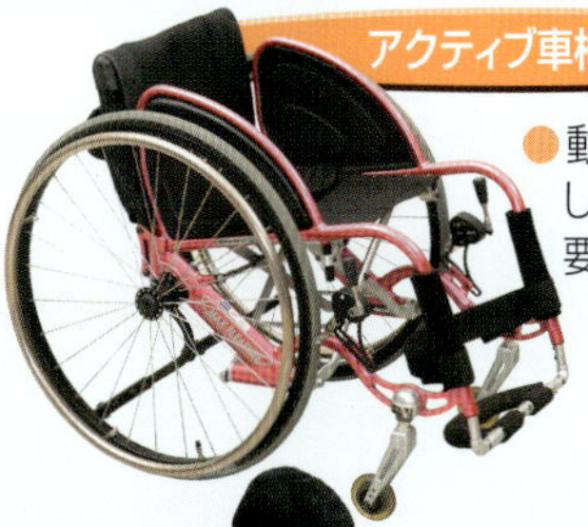

● 動作性が高く、転倒しにくい。腕力が必要なため、若い人に向いている。

介護うっかり！ NG集④

フットレストに立ち上がった!!

介護者が目を離したすきに、利用者がフットレストに立ち上がってしまうことがある。
フットレストに足をのせたまま立ち上がるのは、転倒事故につながり大変危険!
車椅子から降りる前には、フットレストを完全にはずし、足が床に着いたことを確認してから介助する。

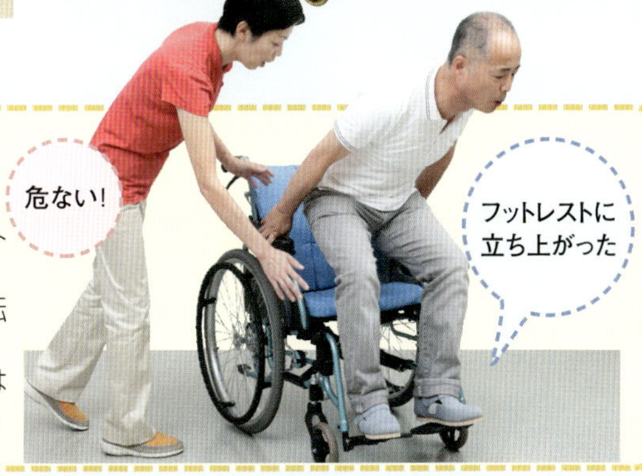

整髪・洗顔・ひげ剃り・爪切り・耳掃除

身だしなみを整える介護

身だしなみを整えると、人は清潔で快適な気持ちを維持でき、清潔な外見が他者との交流を活発にする。高齢者が、心身の健康と社会の一員としての意識を保ち続けるためにも、介護者はその人の生活全体をアセスメントし、個別的な支援をしていく。

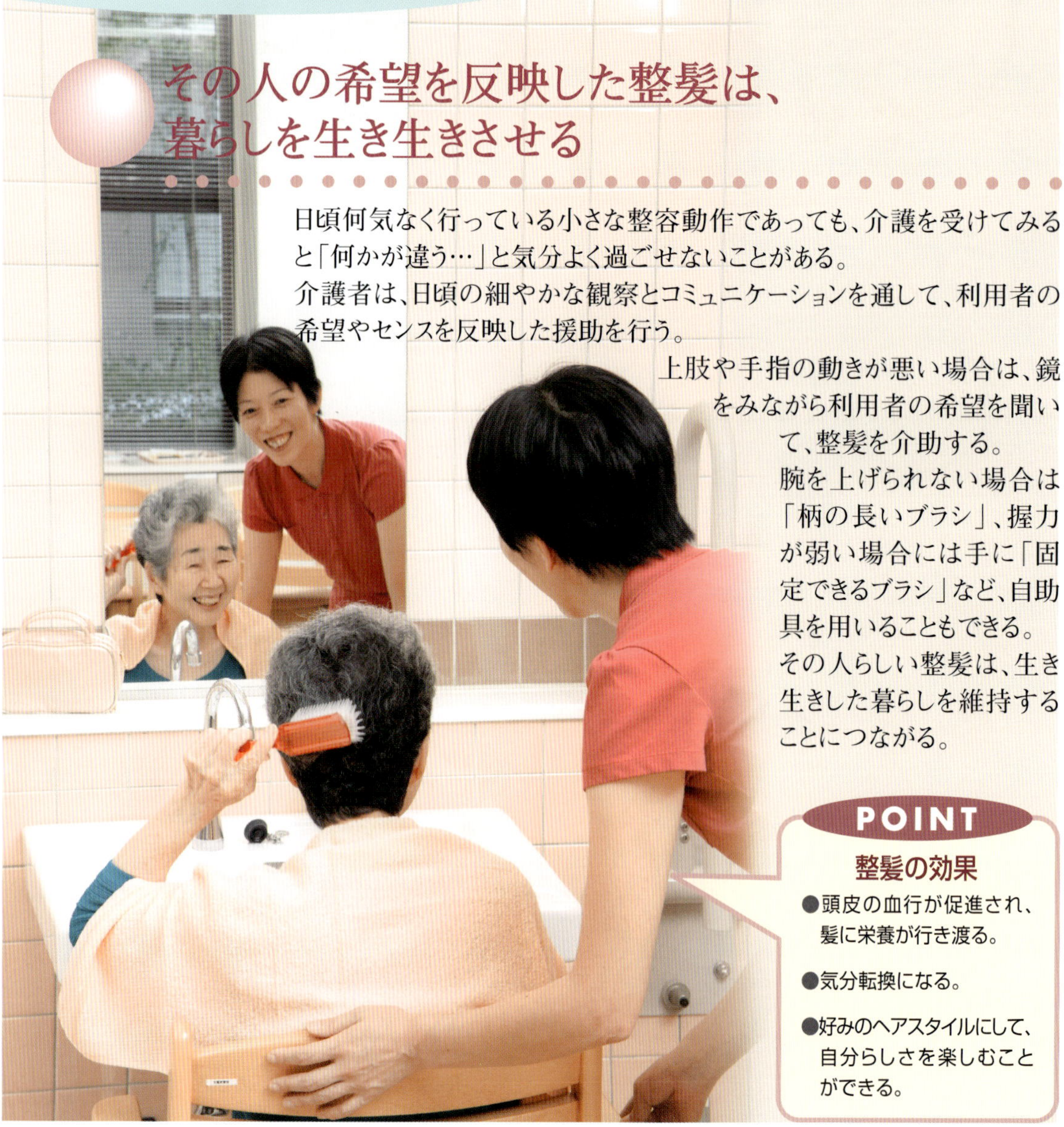

その人の希望を反映した整髪は、暮らしを生き生きさせる

日頃何気なく行っている小さな整容動作であっても、介護を受けてみると「何かが違う…」と気分よく過ごせないことがある。
介護者は、日頃の細やかな観察とコミュニケーションを通して、利用者の希望やセンスを反映した援助を行う。
上肢や手指の動きが悪い場合は、鏡をみながら利用者の希望を聞いて、整髪を介助する。
腕を上げられない場合は「柄の長いブラシ」、握力が弱い場合には手に「固定できるブラシ」など、自助具を用いることもできる。
その人らしい整髪は、生き生きした暮らしを維持することにつながる。

POINT

整髪の効果

- 頭皮の血行が促進され、髪に栄養が行き渡る。
- 気分転換になる。
- 好みのヘアスタイルにして、自分らしさを楽しむことができる。

洗顔は、洗面所へ移動して。できない部分を介助する

歩行が困難であっても、洗顔は洗面所に移動して、できるだけ利用者自身が、自分のペースで行えるよう介助する。杖や歩行器で移動し、椅子に腰かけて洗面をしたり、車椅子で洗面台に移動する。
洗面台に水を張る、タオルを渡すなど、手助けが必要な部分だけを、介護者が援助する。

POINT

洗顔の効果

- 顔面の皮脂や汚れを取り除く。
- さっぱりした気持ちで1日を始めることができる。

スキンケアや化粧は、その人の習慣・好みを尊重して

その人が、日頃行っていたスキンケアや化粧は、介護を受ける状況になっても、できるだけ継続できるよう、援助する。スキンケア用品、化粧品は、その人の習慣・好みを尊重して使用する。

POINT

スキンケア・化粧の効果

- 皮膚を生き生きと健康に保つ。
- 自己表現や社会参加時の自信につながり、生活全体が活性化する。

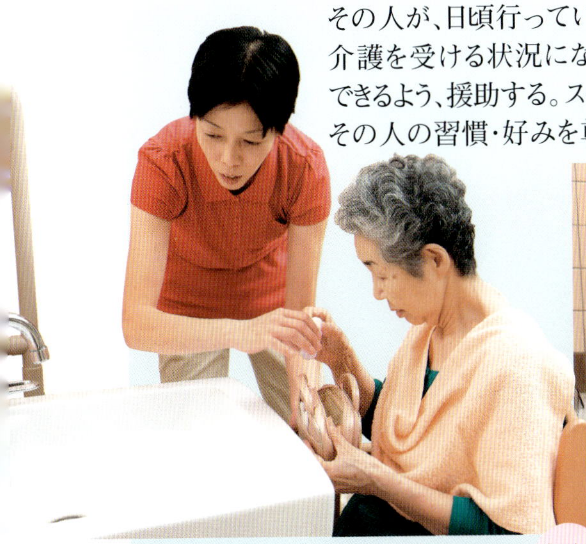

利用者が慣れ親しんだ化粧品を、利用者の好みに合わせた分量・方法で使用。

ひげ剃りは、長年の習慣を尊重。その日の意向を聞きながら介助

ひげは1日に約0.4mmずつ伸びる。ひげを伸ばすことが好きな人、ほどよく残しておきたい人、剃り残しなく常にきれいにしておきたい人など、様々である。

かみそりには電動と手動があり、長年の習慣で好みが決まっている人が多い。

利用者の生活スタイルを十分に理解して、その日の意向を聞きながら必要な部分を介助する。

POINT

ひげ剃りの効果

- 長年の習慣となった方法を維持することで、自分らしさやプライドを保つ。
- 外見の印象もよくなり、他者との交流が活発化する。

安全かみそりでのひげ剃り

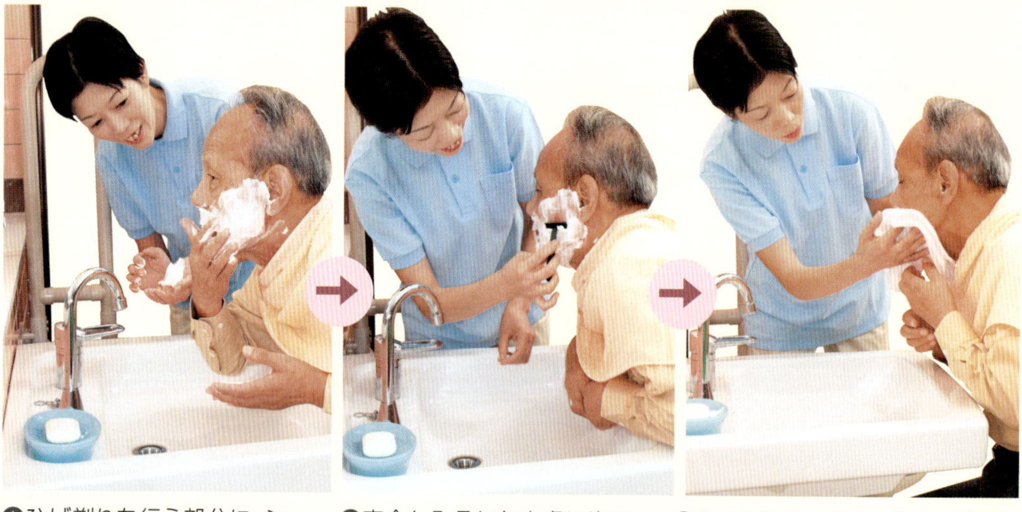

❶ひげ剃りを行う部分に、シェービングフォームをつける。

❷安全かみそりを皮膚に当て、シェービングフォームごと、ひげを剃っていく。

❸タオルを湯で絞り、皮膚に残ったシェービングフォームを拭きとり、ローションなどで皮膚を保護する。

足の爪の伸びすぎに注意。さりげない声かけが重要

爪は1日に約0.1mm伸び、伸びすぎると、衣類や皮膚を傷つけ危険である。
特に足の爪は、伸びすぎると歩行に支障をきたし、爪の間から細菌感染を起こす可能性もある。巻き爪や爪肥厚などの原因にもなるため爪切りをする。爪が柔らかくなる入浴後に行うとよい。

STUDYING

爪の構造、切り方

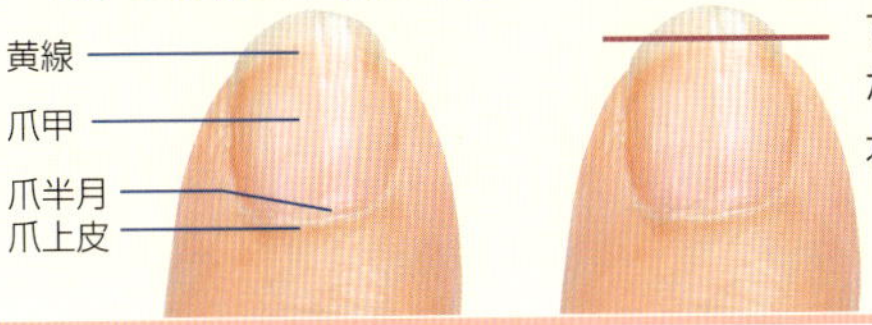
黄線
爪甲
爪半月
爪上皮

爪の端を深く切りすぎると巻き爪になりやすいため、水平に切るとよい。

ニッパーを使用する場合

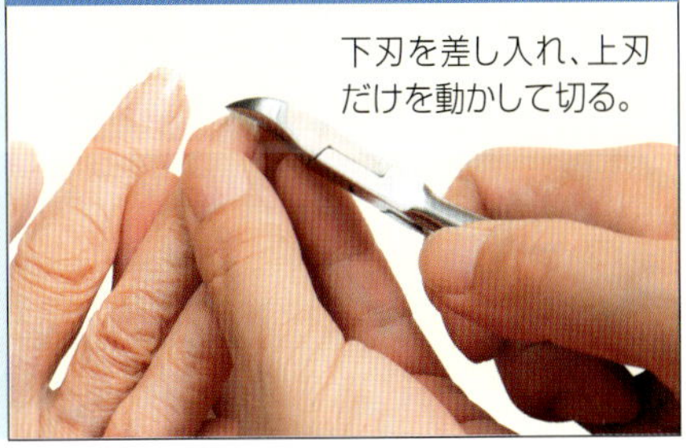
下刃を差し入れ、上刃だけを動かして切る。

耳掃除は、入り口を拭く程度に。綿棒を奥まで入れるのは危険

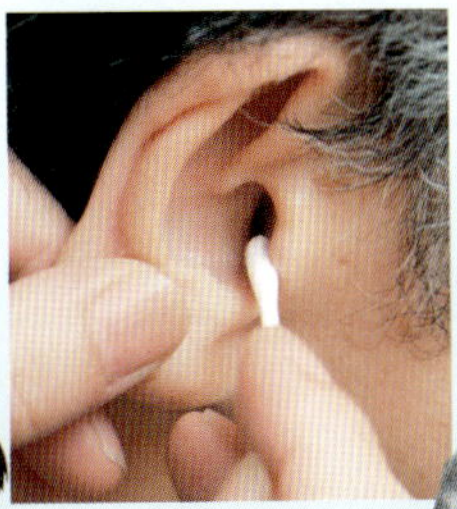

耳垢がたまると不潔であり、聞こえも悪くなる。湿らせたタオルで、外耳道の入り口と耳の周囲を拭く程度でよい。
綿棒を使う場合は、耳介を少し引き、内部がよく見えるようにする。鼓膜を傷つけないように、入口付近をなでる程度にする。
外耳道の奥に耳垢がたまっている場合は、耳鼻科を受診する。

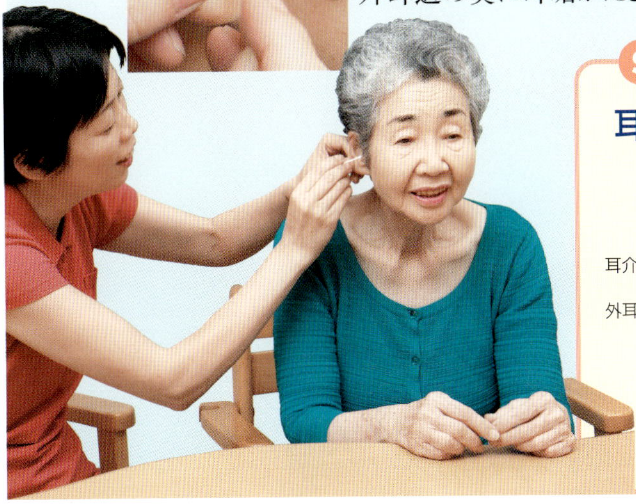

STUDYING

耳の構造

●耳介から鼓膜まで約25mm

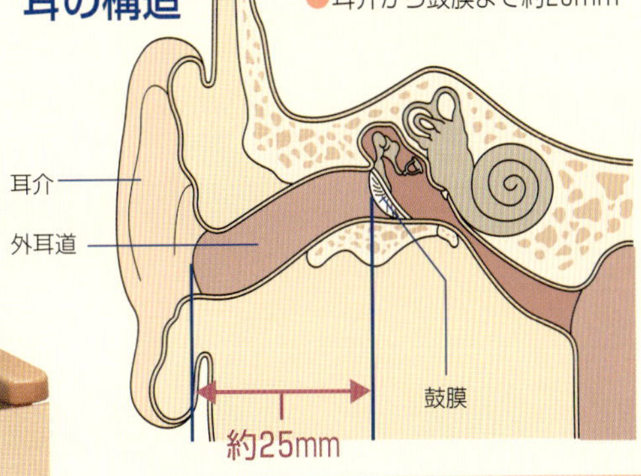
耳介
外耳道
鼓膜
約25mm

誤嚥を防ぎ、おいしく、楽しく！

おいしい食事を提供するために

食事は生命を維持し、成長・活動のため生理的になくてはならないものであると同時に、おいしさや楽しみという精神的な意義もある。料理や食物の開発など文化的意義、人と人を結びつける社会的意義もある。バランスのよい食事を、毎日おいしく、楽しくいただくことは、私たちの生活を支える不可欠な要素である。

栄養の基礎を理解して、バランスのよい食事を提供

人体に必要な物質を取り込むことを栄養といい、食べ物に含まれる成分のうち人体に有益な成分を栄養素という。栄養素は炭水化物、たんぱく質、脂質、無機質、ビタミンの5種類に分類され、これらが5大栄養素である。

食品に含まれる成分の構成が似ているものを1つの食品群に集めて分類したのが、6つの基礎食品群である。6つの基礎食品群の各々の働きを1回の献立の中に組み合わせ、バランスのよい食事をとるよう工夫する。

基礎食品群と栄養素

働き	基礎食品群	食品	主となる栄養素
●内臓や筋肉などをつくる ●エネルギー源となる	第1群	魚貝・肉・卵 大豆・大豆製品	たんぱく質
●骨・歯をつくる ●体の各機能を調節	第2群	牛乳・乳製品 小魚・海草	無機質（ミネラル）
●皮膚や粘膜の保護 ●体の各機能を調節	第3群	緑黄色野菜	ビタミンA（カロテン）
●体の各機能を調節	第4群	淡色野菜 果物	ビタミンC
●エネルギー源となる ●体の各機能を調節	第5群	穀類・イモ類 砂糖	炭水化物 （糖質・食物繊維）
●エネルギー源となる	第6群	油脂類	脂質（脂肪）

高齢者の身体状況は様々。その人に合わせた食生活の援助を

高齢者の身体状況は個人差が大きい。それぞれの状態を把握し、その人に合わせた食生活を支援する。

高齢者の身体状況と食生活の援助

食欲

●加齢とともに基礎代謝や活動量が低下し、食欲が減退。

⇒食欲増進の工夫、食事環境への配慮。

咀嚼・嚥下

●嚥下力が弱くなる。むせやすくなる。唾液の分泌量が減少。

⇒調理形態や調理方法の工夫。口の中でまとまりやすい形態にしたり、とろみをつけるなど。

摂食

●歯が弱くなり、喪失し、義歯のため硬いものが食べにくくなる。
上肢の麻痺や拘縮、握力の低下。味覚機能の低下。

⇒軟菜食やきざみ食、自助具の活用、適切な姿勢保持。適切な食事介助。

消化・吸収

●胃粘膜の萎縮により、胃液分泌が低下。膵液の分泌低下により、脂肪の消化・吸収力が低下。腸の運動機能の低下により消化機能が衰え、便秘がちになる。

⇒消化しやすい食べ物を適量とる。食物繊維の不足、水分不足、運動不足に配慮。

高齢者は、体内の水分量が減少。水分不足になりやすいので注意！

高齢者は、体内の水分量が減少することに加え、のどの渇きなどの自覚症状が低下。水分の摂取量も少なく、回復が遅れがちになる。
高齢者が水分をとる回数が減ったり、食事量が少なくなった場合は、脱水状態を予防するための配慮が必要。1日1000〜1500mLくらいの水分がとれるようにする。

STUDYING

高齢者は、"貯水タンク"の機能が低下

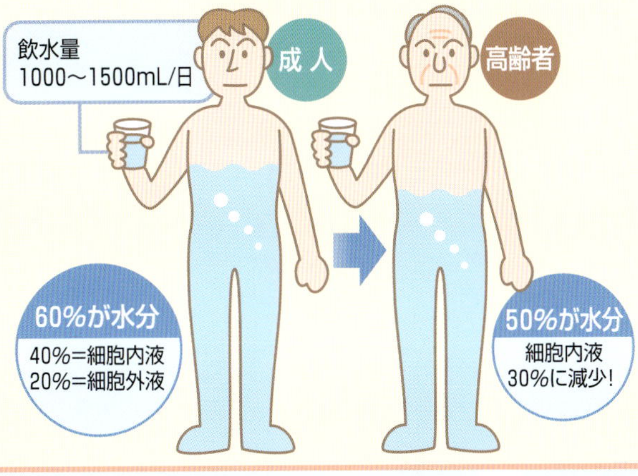
飲水量
1000〜1500mL/日
成人
高齢者
60%が水分
40%=細胞内液
20%=細胞外液
50%が水分
細胞内液
30%に減少!

●成人の体（体重）の約60%は、水で占められる。その水は細胞外液（体重の約20%。血液、リンパ液、細胞と細胞の間にある水分）と細胞内液（体重の約40%）から成り立つ。

●汗をかいたり、発熱、嘔吐、下痢などで水分を失うと、細胞外液が減少する。この時、細胞内液から細胞外液へと水が移動して、不足を解消する。

●高齢者は、体内の水の予備タンクの働きをする細胞内液が、体重の30%くらいにまで減少し、水不足に対して調節機能が低下する。

おいしい食事を提供するために、生活・環境・調理・介助の4つの視点

日々の食事をおいしく提供するためには、調理の工夫だけでなく、生活面・環境面の配慮、適切な介助が必要である。
4つの視点から、“おいしい食事”を提供するポイントをみていこう。

生活面

- 生活リズムに合わせ、1日3回の食事をとる
- バランスのよい食事
- その人に合わせた食生活
- 楽しい会話
- 自分で食べられるように工夫

環境面

- 食事にふさわしい雰囲気
- 換気をし、室温に気をつける
- 食べるものが見えるように、照明などに配慮する
- その人に適したテーブルの高さ、椅子を準備する
- 座る場所が決まっており、安心して食事ができる

介助面

- 覚醒していることを確認する
- 食事前に排泄をすませ、気持ちよく食べられるようにする
- スムーズに食べられるように介助を工夫する
- 状態を把握し、適切な声かけをする
- その人に合わせた援助方法で介助する

調理面

- その人に合わせた調理の工夫をする
- 適温に配慮する
- 旬のもの、彩り、盛りつけに工夫する
- 味付け、脂肪、塩分、糖分に気をつける
- 嗜好を大切にする

STUDYING

食事介助にあたっては、摂食・嚥下のプロセスを理解しよう

- 摂食・嚥下は、気道が閉じて食道が開くという、複雑なプロセスで成り立つ。空気の通り道と食べ物の通り道が交差しているため、構造自体が誤嚥しやすくなっている。
- 食事介助にあたっては、この仕組みを理解することが大切である。

①先行期（認知期）

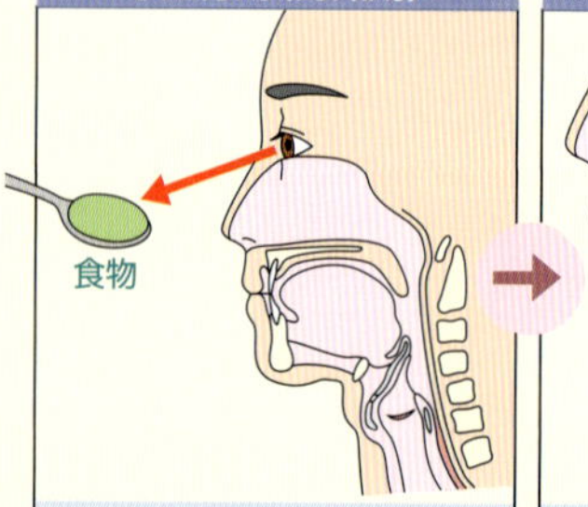

食物の形・量・質などを認知し、唾液の分泌が促される。

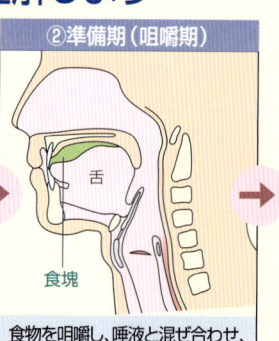

②準備期（咀嚼期）

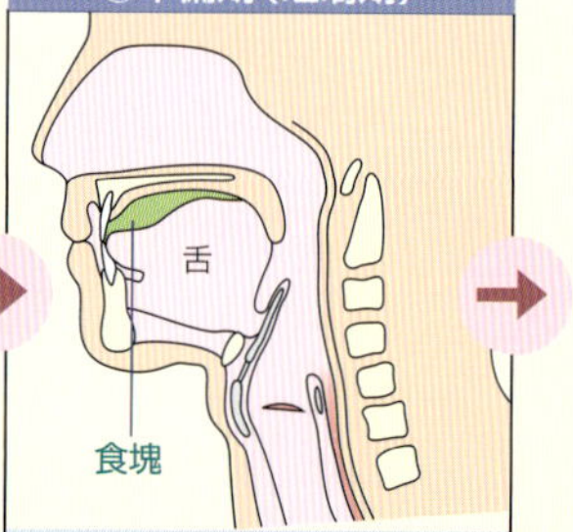

食物を咀嚼し、唾液と混ぜ合わせ、飲み込みやすい食塊にする。

東京都健康長寿医療センター看護部:写真でわかる高齢者ケア.インターメディカ,p21,2010.

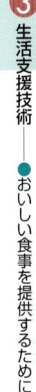

便利な補助具を用いることで、食事が楽しくなる

食事動作が不自由になった人のために、便利な食器が様々に工夫されている。
補助具の助けを借り、自分のペースでいただくことで、食事がさらに、おいしく楽しくなる。

食器が
滑りにくいので
食べやすい

滑らないお盆

滑りにくい材質で作られたお盆。傾けても、食器が滑りにくい。

使いやすい箸・スプーン・フォーク

ピンセットのように使えるばねつき箸。柄が太くて握りやすいスプーン・フォーク。食べやすい角度に柄を曲げられるフォークなどがある。

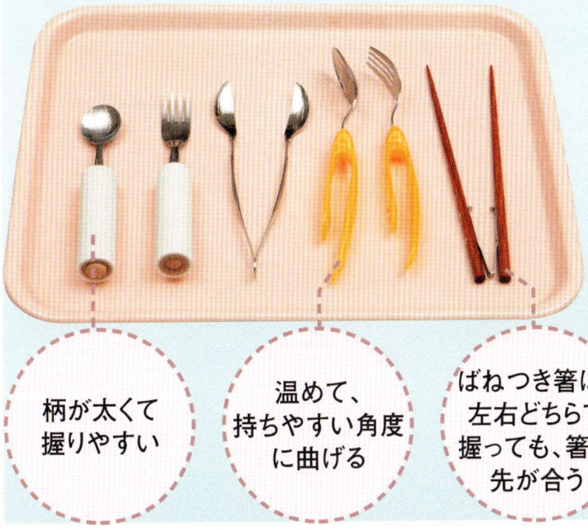

柄が太くて
握りやすい
温めて、
持ちやすい角度
に曲げる
ばねつき箸は、
左右どちらで
握っても、箸の
先が合う

すくいやすい皿

皿のふちが内側に傾斜して、すくいやすい。底にゴムが付いて滑りにくい。

持ち手が
ついて
固定しやすい
皿の縁が
内側に傾斜して
いるので、
すくいやすい

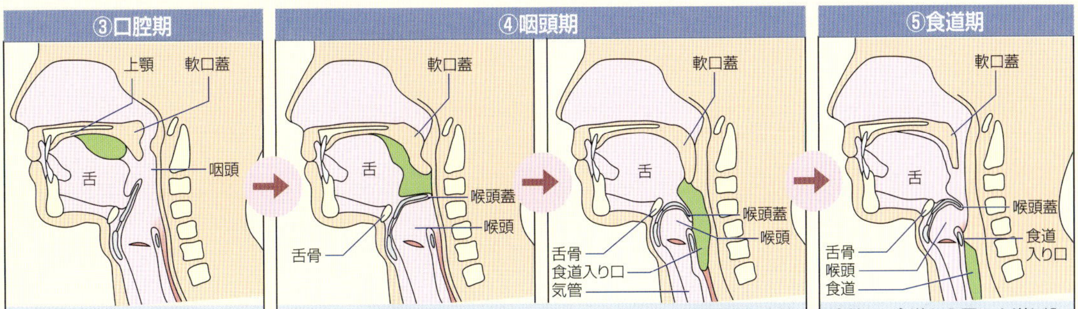
③口腔期
上顎
軟口蓋
咽頭
舌
④咽頭期
軟口蓋
舌
喉頭蓋
喉頭
舌骨
軟口蓋
舌
喉頭蓋
喉頭
舌骨
食道入り口
気管
⑤食道期
軟口蓋
舌
喉頭蓋
食道
入り口
舌骨
喉頭
食道

舌により、口腔から咽頭へと食塊を送る。

連続した反射運動により喉頭蓋が下がって、気管入り口を塞ぎ、食塊が食道へと送り込まれる。

食塊は、食道から胃へと送り込まれる。

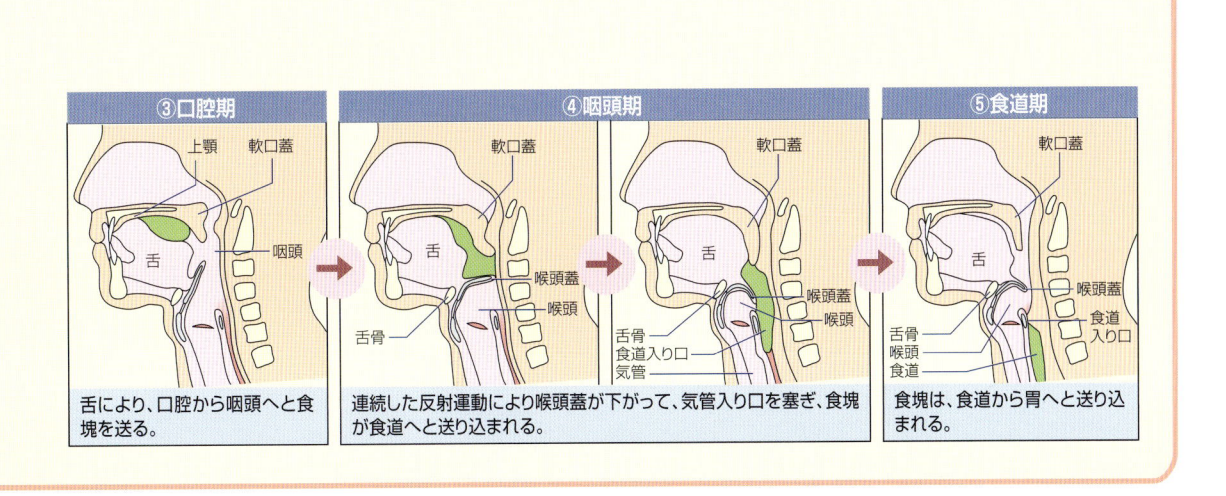

食事前には環境を整え、適切な体位をとることが大切

食事の前には、利用者の体調を観察したり、環境を整えて、おいしい食事を提供できるよう準備する。誤嚥を防ぎ、安心して食事を楽しむため、あごを引いた前傾姿勢となるよう体位を整える。

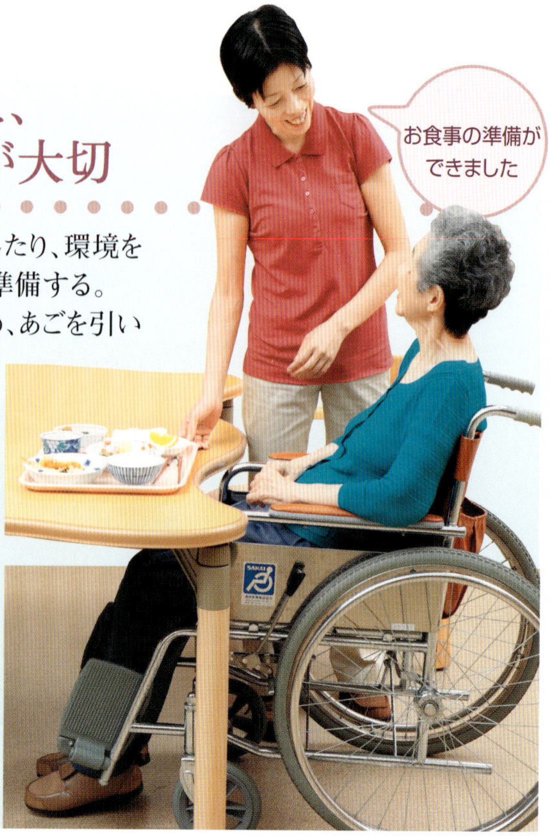
お食事の準備ができました

食事の準備（座位姿勢）

体調の観察
- 体調や食欲を観察し、排泄をすませる。

食事環境
- 必要な物品を揃える。
- 温度や照明の調整。テーブルや椅子の高さを調整。

移 動
- 食事の場への移動は、利用者の力を活用。歩行を見守り、転倒に注意。

手洗い
- 自力で手洗いができない場合は、おしぼりを用意。

配 膳
- 食べ物が見え、取りやすい位置に配膳する。魚の骨や果物の皮など、食べやすいように配慮。

座位姿勢
- あごを引き、前傾姿勢を保つ。足底が床に着いている。
- 体とテーブルの間隔はこぶし1つくらい開ける。テーブルの高さは、肘の高さ。

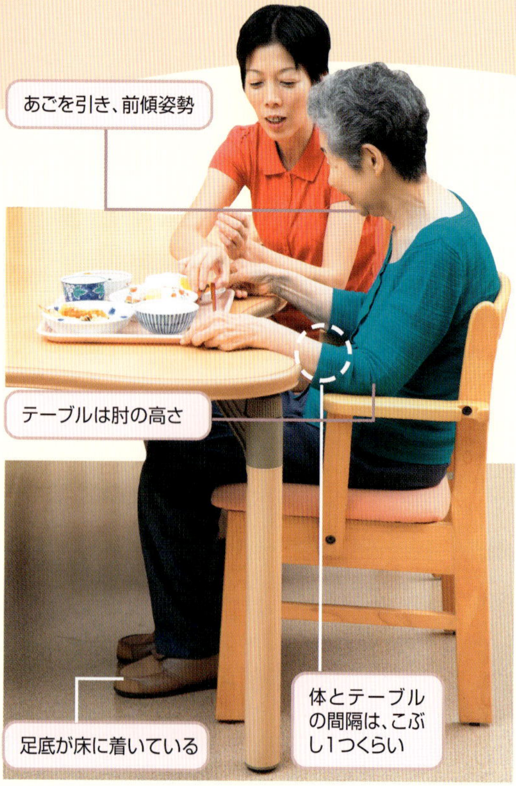
あごを引き、前傾姿勢
テーブルは肘の高さ
足底が床に着いている
体とテーブルの間隔は、こぶし1つくらい

介助時は目線の高さを合わせ、上を向かせないよう注意

食事介助の際には、目線を合わせ、利用者が上を向かないようにするのがポイント。あごを上げた状態で食べ物を飲み込むと、誤嚥の危険がある。また、声かけは食べ物が口に入っていない時に行い、誤嚥の誘発を防止する。

食事の介助（座位姿勢）

1 介護者は、利用者と目線の高さを合わせ、利用者のあごが下がるようにする。利用者の健側に座る。

根拠 頸部の角度が飲み込みに影響する。上を向いた状態では、前頸筋が緊張し、気道が開いた状態で、食べ物が気管に流れ誤嚥しやすい。

のどをうるおしましょう

2 のどをうるおし、食べる準備をする。

根拠 唾液の分泌が少ないと、むせやすい。

3 スプーンは、水平に下口唇にのせる。吸い飲みは、吸い口を口角から入れ、少しずつ流し込む。

根拠 上からスプーンを口に入れると、顔も上向きになり、食べ物を前歯・上口唇で取り込むことになり、頸部が伸展して誤嚥の原因となる。

スプーンは水平に

4 スプーンを下口唇にのせ、利用者が口を閉じたら、水平に引き抜く。

根拠 スプーンを上に引き抜くと、顔も上向きになり、口唇が閉じにくい。

5 声かけは、食べ物が口腔内に入っていない時に行う。咀嚼中は声をかけない。

根拠 声かけに応じようとすると、咀嚼がスムーズに行えず、誤嚥を誘発する。

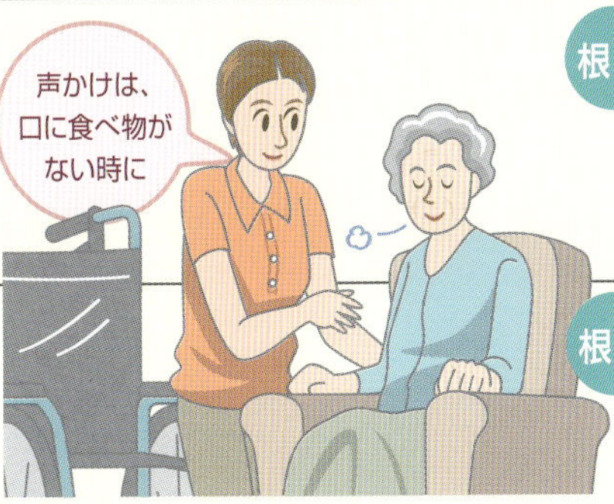
声かけは、口に食べ物がない時に

6 食後は、状態に応じて安楽にし、腹部を圧迫しないようにする。

根拠 胃・食道逆流や誤嚥を防止する。

介護うっかり！ NG集❺

忙しいから、立ったままで食事介助？

忙しいから、立ったままで、次々に食べ物を口に入れる——うっかり、こんな介助をしたことはないだろうか？
立ったままの食事介助、飲み込まないうちに次の食べ物を口に入れる介助は、次のような理由から、避けたい介助である。

- あごが上がり、誤嚥の危険がある。
- 頸部が伸展すると、飲み込みにくい。嚥下困難を促しているようなもの。
- 食べ物が次々口に入ってくると、スムーズに咀嚼できず、誤嚥しやすい。
- 楽しいはずの食事が、単なる“生命維持”活動に。

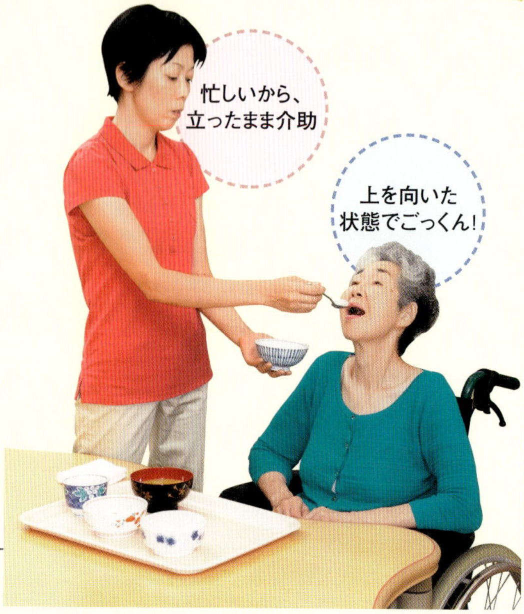
忙しいから、
立ったまま介助
上を向いた
状態でごっくん！

楽しくしようと
したのに
ゴホゴホ！

楽しくしようと話しかけたら、むせてしまった！

声をかけながら楽しくと思い、食べ物が口に入っているのに、話しかけてしまい、利用者は答えようとしてむせてしまった！　こんな失敗はないだろうか？
食事中の会話は、次のように行いたいもの。

- 口に入っている時は、飲み込んだことを見計らい、次の食べ物を口に入れる前に話しかける。
- 答えを求めるような言葉かけではなく、聞くだけでよい話題を選ぶ。

食後はアセスメントと口腔ケア。記録も忘れずに

食事がすんだら、食事の摂取量や水分量、食べ残しの量や内容、誤嚥の状況、おいしく食べられたかなどを観察し、記録する。スムーズに介助できなかった場合はアセスメントをし、次の援助に向けて原因を探る。
義歯の洗浄や歯磨き、うがいなど、口腔ケアを促し、援助を行う。

記録のポイント

- 食べ方の変化、嚥下状態やむせの状態。
- 食べ物の好みの変化。
- 咽頭違和感・食物残留感。
- 声の変化、痰の量や質の変化。
- 食欲の低下、時間のかかり方、体重の変化など。

摂食・嚥下障害のある人にとって、食事は危険と隣り合わせ

食事中むせる、時間がかかる、いつまでも口を開けない、口から食物がこぼれる、食べると疲れるといった状態の利用者がいる。こうした摂食・嚥下障害がある利用者にとって、食事は危険と隣り合わせであることを意識して、介助を行う必要がある。

摂食・嚥下障害のある人に起こりやすいトラブル	
誤嚥	気管に食物が入ると、むせや咳をし、入った食物を外に出そうとする反射が起こる。加齢により、その反射が減退・消失し、誤嚥の要因となる。
窒息	食物により気道が閉塞し、呼吸ができない状態。高齢になると反射が弱くなり、咀嚼する筋力が低下、丸のみなどで窒息が起こる。
脱水	水分は、口に入ってからのどに到達するまでのスピードが速い。摂食・嚥下障害のある利用者には摂取が難しく、むせやすい。

摂食・嚥下障害のある人への援助

姿勢

- 様々な筋肉が協調し合い、食べる行為となるため、無理な姿勢は筋肉の動きを妨げ、飲み込みを悪くする。
- 頸部の角度に気をつけ、足底を床に着ける。体が前後左右にふらつかないように、食事中は同じ姿勢を保持。
- 舌を使って食物を送る動きが弱い場合は、頭の後ろにマットやタオルを入れて頭を前に起こす。
- 体幹の安定性、頸部の角度、膝関節・股関節の角度、食卓の高さと距離がポイントになる。

食形態

- 食物は唾液と混ざりあい、飲み込みやすい食塊となり、舌によって口からのどに送られる。
- 筋力低下などで押しつぶしや噛む動きが弱い場合は、まとまりやすい、飲み込みやすい食形態を工夫する。硬さ、大きさ、まとまりやすさがポイントになる。

介助方法

- 1回に口に入れる量は、ペースト状のものは4～5gを目安に、ティースプーン1杯くらい。実際は、大きめのスプーンに半分か3分の2ぐらいが食べやすい。
- 口腔周囲の筋力が低下しているため、口の動きが緩慢で、食物の保持力が弱くなり、意思に反してだらだらと食物が流れて咽頭部にたまることがある。
- のどの動きを見ながら、その人のペースで介助する。ひと口の量、介助ペース、適切な食事用具などがポイントになる。

嚥下体操

高齢者は、咀嚼・嚥下にかかわる筋肉などが衰え、むせや飲み込みにくさから、誤嚥を招きやすい。
嚥下体操は、食べることにかかわる筋肉の動きをよくしたり、唾液の分泌を促し、嚥下をスムーズにする。
継続して毎食前に行うと、安全においしく食事を楽しむ効果が期待できる。

深呼吸

●鼻や口からゆっくり息を吸い、お腹を膨らませ、口をすぼめてゆっくり息を吐く。（5回）

唾液腺マッサージ（頬）

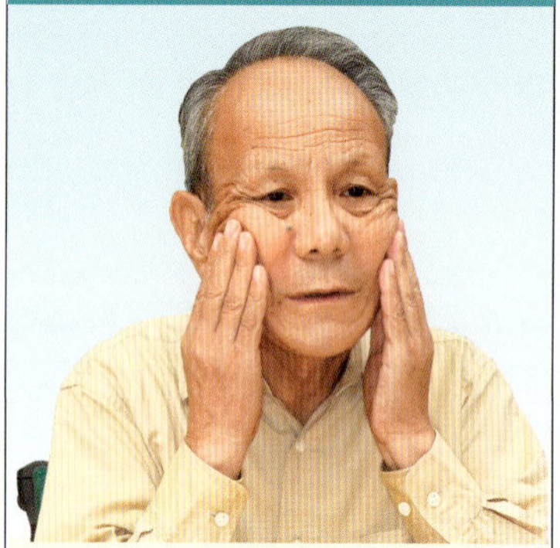

●両手で頬をゆっくりマッサージ。（5回）

首運動

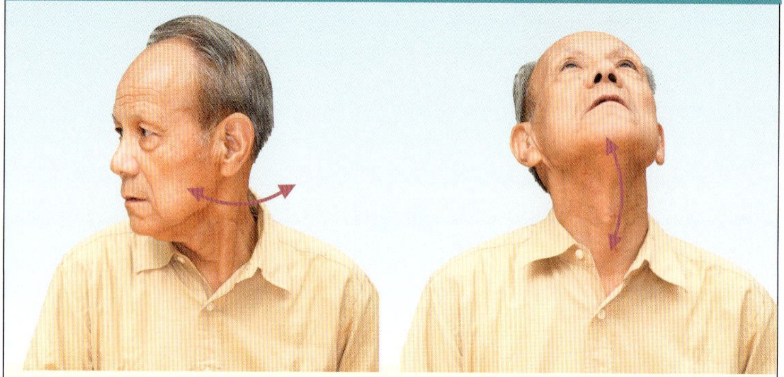

●左右にゆっくり首を振る。（2回）

●前後にゆっくり首を倒す。（2回）

咳嗽訓練

●お腹に力を入れて、「ゴホン」と強く咳払い。

肩上げ運動

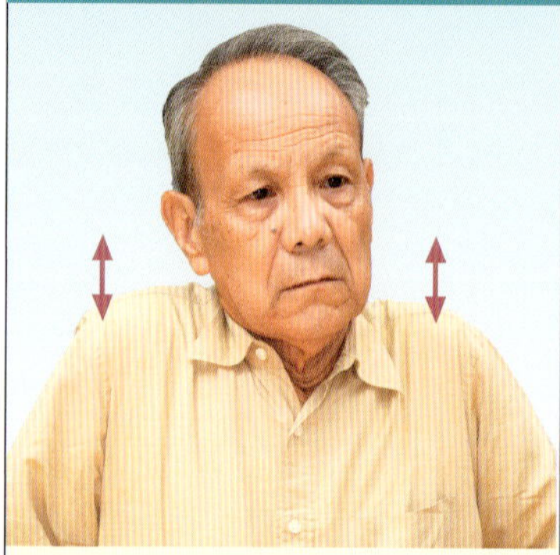

●ゆっくりと肩を上げたら、力を抜いて「ストン」と落とす。（2回）

唾液腺マッサージ（顎の下）

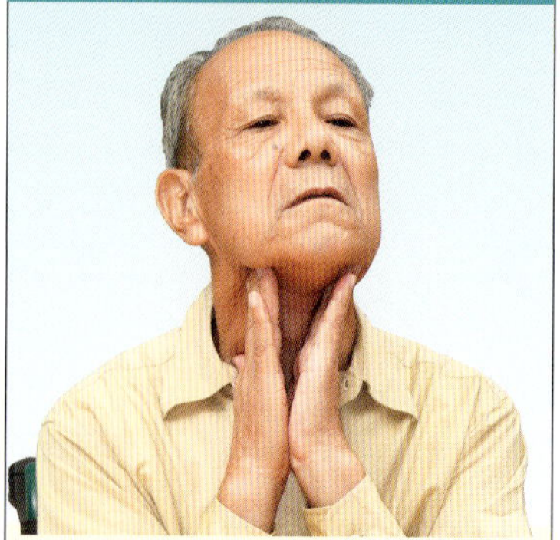

●あごの下の唾液腺をゆっくりマッサージ。（5回）

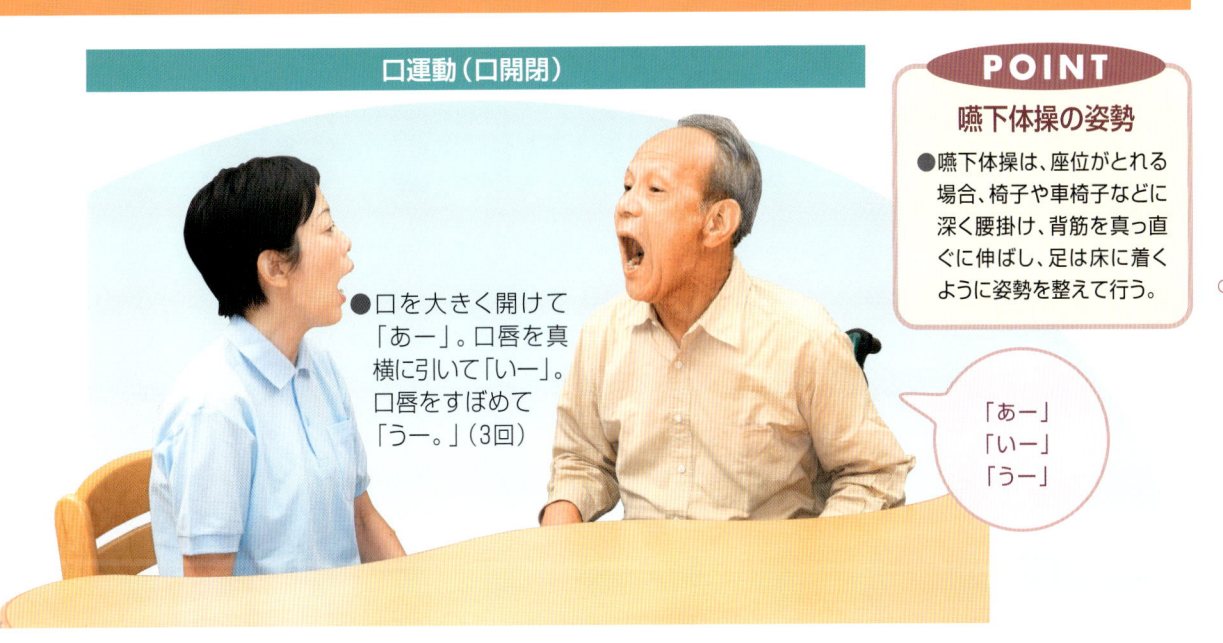

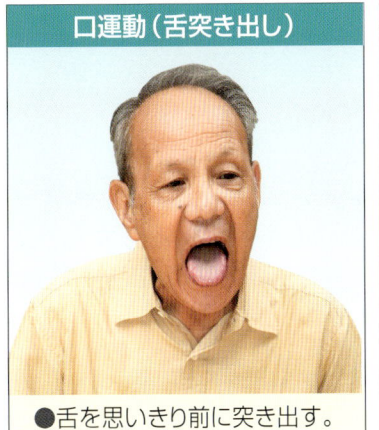

口運動（口開閉）

●口を大きく開けて「あー」。口唇を真横に引いて「いー」。口唇をすぼめて「うー。」（3回）

「あー」
「いー」
「うー」

POINT

嚥下体操の姿勢

●嚥下体操は、座位がとれる場合、椅子や車椅子などに深く腰掛け、背筋を真っ直ぐに伸ばし、足は床に着くように姿勢を整えて行う。

口運動（舌突き出し）

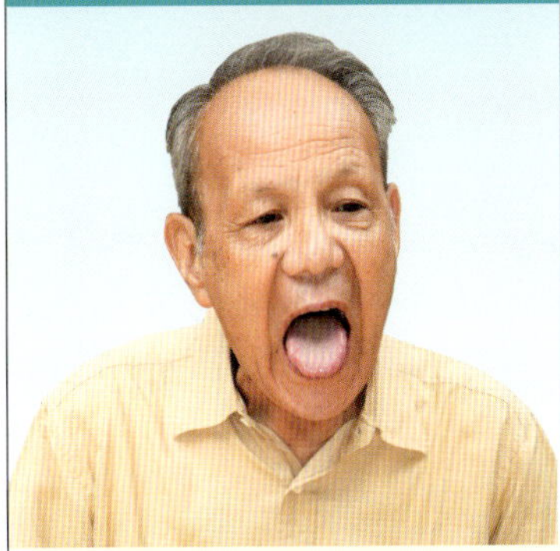

●舌を思いきり前に突き出す。（2回）

口運動（舌横出し）

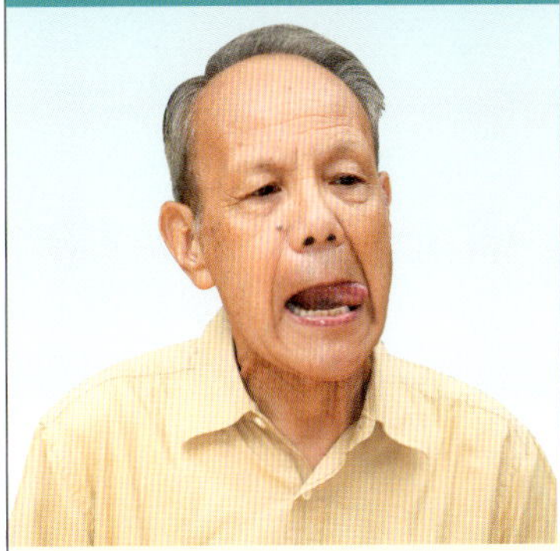

●口唇の左右両端に、舌先をぴったりくっつける。（2回）

頬運動

●口唇は閉じ、頬を膨らませる。（2回）

手押し

「エイ、エイ」
「オー」

●両手を合わせ、力を入れて、「エイ、エイ」「オー」。

発　声

「パパパパダカラ」
「ピピピタカラ」
「パパパパパンダノタカラ」

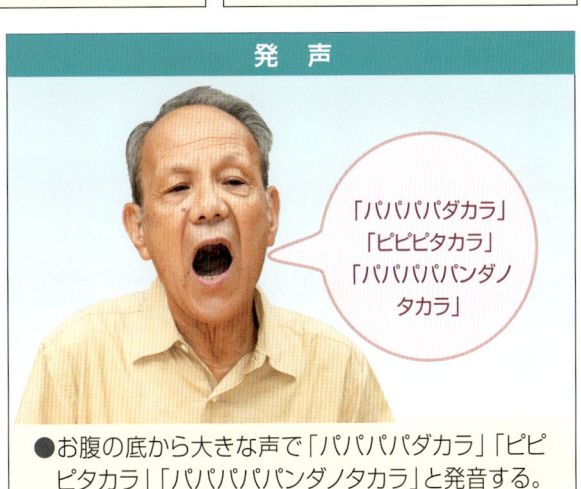

●お腹の底から大きな声で「パパパパダカラ」「ピピピタカラ」「パパパパパンダノタカラ」と発音する。

歯磨き・口腔清拭・義歯洗浄

口腔をさわやかにする介護

食べることは、楽しみの一つであり、健康の源でもある。“おいしく食べる”ためには、毎日の口腔ケアが欠かせない。
口腔ケアには、虫歯などの予防はもちろん、全身疾患の予防、咀嚼・嚥下・発語機能の維持など、様々な意義がある。

口腔ケアは、虫歯予防以外に、様々な機能の維持・回復につながる

口腔内には食べ物の残渣が存在し、37度前後に保たれるため、微生物が繁殖しやすい。口腔内には350種類以上の常在菌が存在し、それが原因で肺炎や心臓疾患を起こすこともある。口腔ケアは、虫歯や歯周病などの予防はもちろん、これらの疾患の予防につながる。

また、味覚の改善、咀嚼・嚥下・発語機能の維持などを目的に行われることもある。さらに、口唇・舌・口輪筋への刺激は、脳を覚醒させ、嚥下訓練ともなる。洗面所までの移動や歯磨きは機能訓練でもあり、口腔ケアには様々な意義がある。

POINT

口腔ケアのポイント

- 利用者の麻痺の有無、できること、できないことを把握する。
- 利用者に適した用具を準備し、手順を確認しておき、効率よく行う。
- ケアを実施する前に、覚醒していることを確認する。
- 介護者は、利用者の恥ずかしさや不安な気持ちを汲み取り、安心できるように言葉をかける。
- 介護者は利用者と目線を合わせ、利用者が少しあごを引いた状態で行って誤嚥を防止する。

歯磨きは口腔ケアの基本。利用者に適した方法を選択

歯磨きは口腔ケアの中で、最も基本となる方法である。麻痺や嚥下障害の有無などを確認し、利用者に適した姿勢と方法を選択する。
歯ブラシは柄がまっすぐで、適度な刺激となる柔らかさのものを選ぶ。歯に直角に当て、細かく磨いていく。

歯磨きは、麻痺や嚥下障害の有無など、利用者に応じて方法を選択する。

うがいができない場合などは、口腔清拭が必要

うがいができない場合や、口腔内に炎症や潰瘍がある場合は、介護をする。歯ブラシや綿棒、スポンジなどを用い、汚れを拭き取る。
口腔の複雑な構造を理解し、歯と歯の隙間、歯肉、舌に合った用具を選択する。

介護者が行う場合

覚醒状態を確認

利用者が、覚醒していない状態で口腔ケアを行うと誤嚥しやすい。必ず、覚醒していることを確認してから行う。

恥ずかしさに配慮を

食べ物の残渣が残っている状態で、口の中をみられることに、恥ずかしさや抵抗を感じる利用者は少なくない。また、他人の手が口に入ることや誤嚥に対して不安を感じることもある。安心できる言葉かけを。

上からの介護は禁物!

介護者が立った状態で口腔ケアを行うと、利用者のあごが上向きになり、唾液や口腔ケア用の洗浄剤が気管に入り、誤嚥する恐れがある。
介護者は利用者と同じ目線の高さで、ケアを行う。

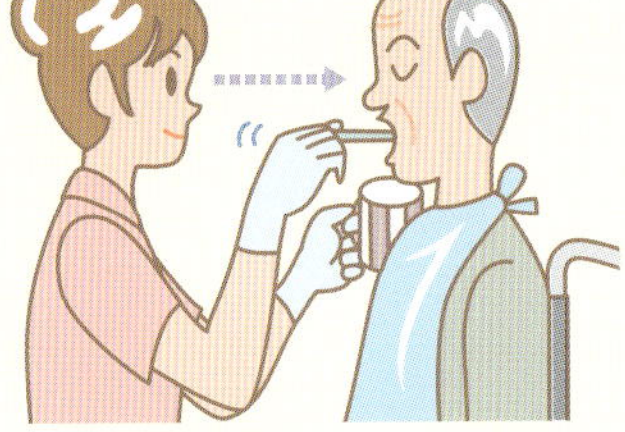

麻痺側に注意!

麻痺側を磨く場合は、誤嚥しないよう、また磨き残しがないように注意する。
麻痺側から唾液が流れる場合は、利用者が気にしないよう唾液を拭き取りながら行う。

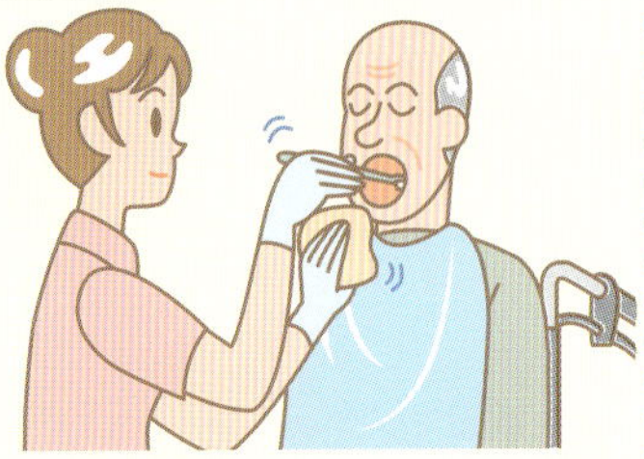

義歯は、専用ブラシで洗浄。保管は水を入れた専用ケースで

義歯は、口腔内で長時間装着するため、細菌が繁殖しやすく口臭の原因にもなる。
プラスチックと金属で精巧に作られているため、義歯専用ブラシを使い、研磨剤を使わずに洗浄する。熱湯をかけたり、強くこすると変形するため、ぬるま湯でやさしく洗浄する。
長時間はずす場合は乾燥しないよう、水を入れた専用ケースで保管する。

記録のポイント

- 義歯のはずし方（上あごから下あごの順に、少しねじりながらはずす）。
- 義歯の磨き方（強く磨かない、ぬるま湯による洗浄）。
- 利用者ができたこと、利用者が行うように促したこと。

義歯の歯磨き（自立）

1

専用ブラシで
洗浄

義歯を取りはずし、義歯専用のブラシで磨く。この際、研磨剤は使わず、ぬるま湯のみでやさしく洗浄する。

2

口腔内も
きれいに

義歯をはずした状態で、口腔内をきれいに磨く。

3

口腔内を
確認

介護者は口腔内を確認し、磨き残しがあれば、自分自身で行うよう促す。

4

両手で持って
装着

義歯が左右平行になるよう両手で持ち、ねじるようにして口に入れ、装着する。

個浴・シャワー浴

気持ちのよい入浴のための介護

入浴は身体の清潔を保つ生活習慣であり、同時に楽しみの一つでもある。入浴をすることにより、疲れを癒し、気分転換になる。生活にメリハリが出て、外出など社会への参加意欲の向上につながる。

CHAPTER 3 生活支援技術 ● 気持ちのよい入浴のための介護

入浴は、心身に様々なよい影響を与える

通常、行われる浴槽につかる入浴方法には、様々な効果がある。
①血流がよくなり疲労回復に効果があり、②肩こり・関節の痛みが軽減し、③腸を刺激して便通がよくなり、④精神的に安定することで安眠効果が得られる。
また、身体や皮膚を清潔にすることは、爽快感があるばかりでなく、感染予防につながる。

入浴介助のポイント

1 利用者に説明し、同意を得る。

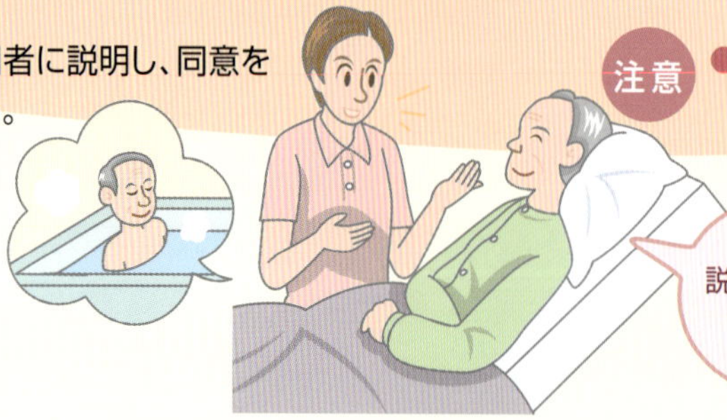

注意 ●入浴拒否がある場合は、無理に勧めずに、入浴を拒否する原因を把握する。
利用者の意見を踏まえて対応する。

2 利用者の表情や顔色を観察し、必要時バイタルサインを測定し、医療と連携する。

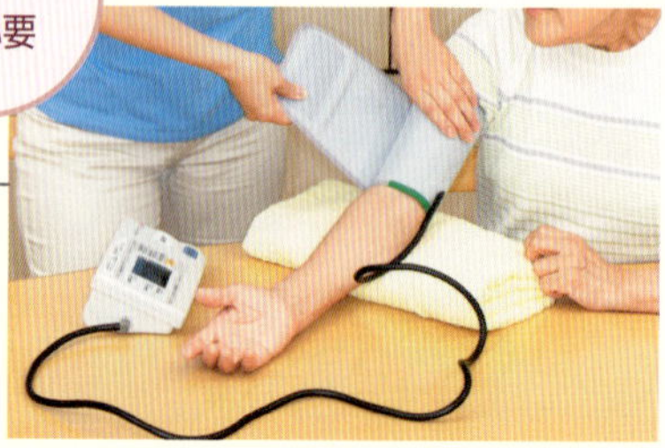

3 食前・食後の1時間は入浴を控える。

根拠 ●空腹時は脳貧血を起こしやすく、また、食後すぐに入浴すると消化・吸収が妨げられる。

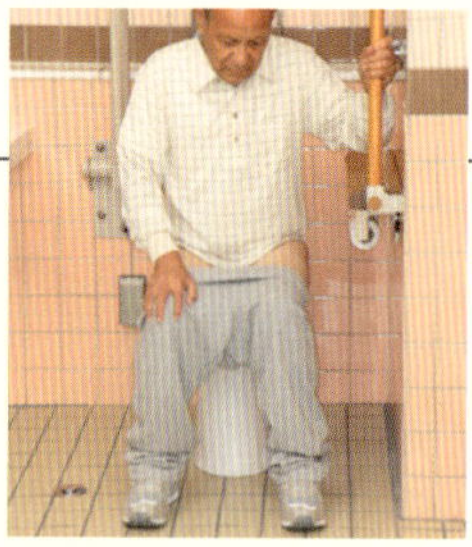

4 入浴前に排泄をすませておく。

根拠 ●温浴は腸の蠕動運動により便通を促すため、入浴前に排泄をすませ、ゆっくり入浴できるようにする。

5 室温は22度から26度に設定。浴室と脱衣場の急激な温度差がないように気をつける。

根拠 ●急激な温度差は、血圧の急激な上昇を招く。

6 肩から胸、陰部にタオルをかけ、不必要な露出を避けてプライバシーを保護する。

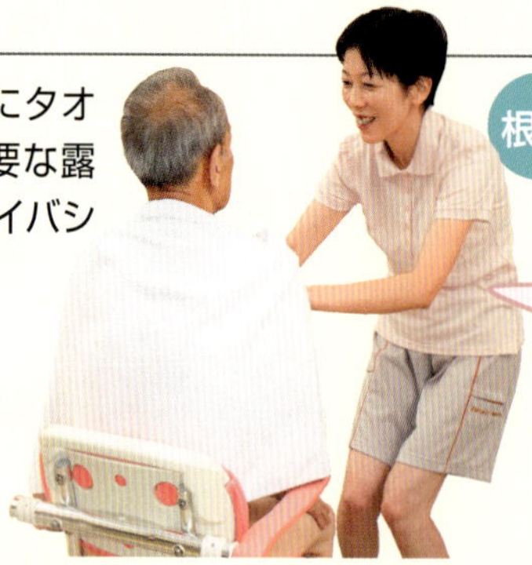

根拠 ●不必要な露出は、利用者に羞恥心を抱かせる。

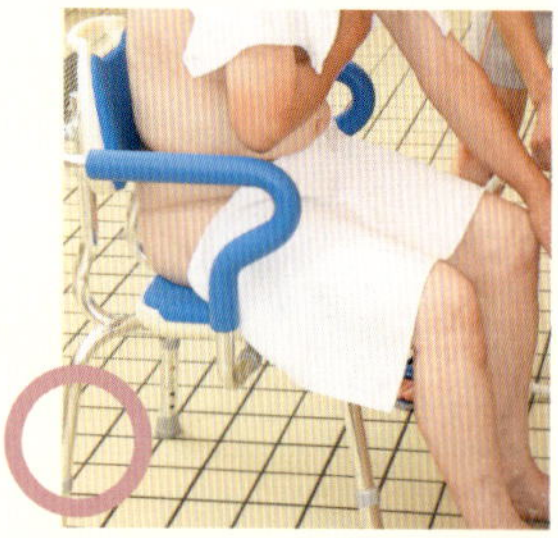

7 介護者が湯温を確認してから、利用者も湯温を確認する。

根拠 ●高齢になると触覚が鈍くなりやすい。熱さを感じにくいので、介護者が先に湯温を確認してから利用者が確認する。

●麻痺側は湯温を感じにくい。健側で確認するように促す。

8 末梢（足先）から中枢（心臓）に向かって、シャワーをかける。

根拠 ●心臓に遠い部分から湯をかけていくことで、心臓への負担を軽減し、急激な血圧の上昇を防ぐ。

9 湯温は40度前後にし、入浴の時間は15分前後にする。

根拠 ●湯温が高すぎると、血圧が上昇する。

●入浴は体力を消耗するので、15分前後を目安とする。

湯温40℃前後
入浴時間は
15分前後

10 湯量は、心臓の高さより低く設定する。

根拠 ●静水圧で心臓に負担がかからないようにする。

11 利用者の全身状態をよく観察し、皮膚疾患や虐待の早期発見に努める。

根拠 ●入浴時は利用者の肌や全身状態を観察しやすい。

注意 ●皮膚に異常がある場合は、医療職に報告する。また、虐待の疑いがある場合は、多職種と連携しながら対応する。

12 環境を整えることで、安全面に注意する。

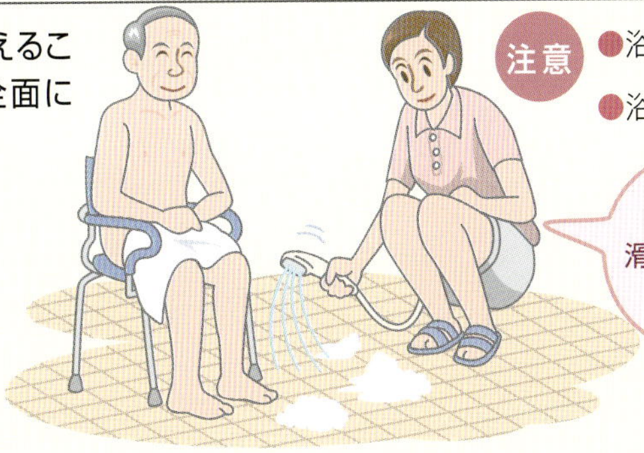

注意 ●浴室は滑りやすく、転倒の危険がある。

●浴室の床に、洗剤が残らないよう洗い流す。

床が
滑らないよう
注意!

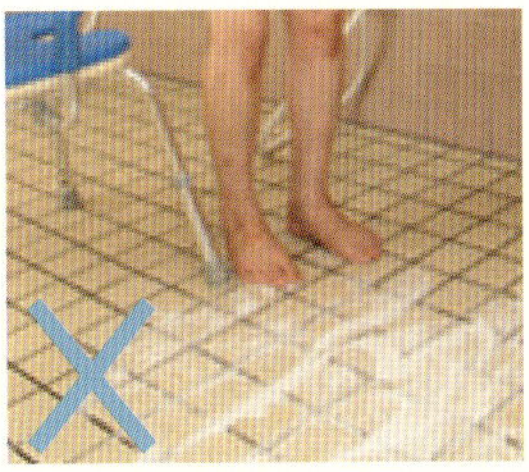

13 できることは利用者自身が行うようにして、自立を支援する。

根拠 ●利用者の麻痺や可動域、「できること」と「できないこと」を的確に把握し、できるところは自分で行うように援助することが自立支援につながる。

14 入浴後は水分を補給し、脱水を予防する。

根拠 ●高齢者は脱水になりやすく、のどが渇いていることを感じにくい。

注意 ●自ら訴えない性格の利用者には、介護者のほうから水分補給を促す必要がある。

個浴を行う場合は、浴槽のタイプと補助具に注意

個浴は、家庭にある一般的な浴槽を使用して行う入浴方法である。
半埋め込み式の和式浴槽は、縁にバスボードを置いて腰をかけ、浴槽に出入りできるため、筋力の低下している高齢者や障害者とって使用しやすい。
また、シャワーチェアは、浴槽の縁と同じ高さのものを選ぶと移乗時の負担が軽減できる。
バスボード、入浴用手すり、滑り止めマット、浴槽台などの補助具を有効に活用することで、安全で安楽な入浴ができる。

STUDYING

浴槽の種類

- 浴槽には、和式浴槽、洋式浴槽、和洋折衷型浴槽の3種類がある。

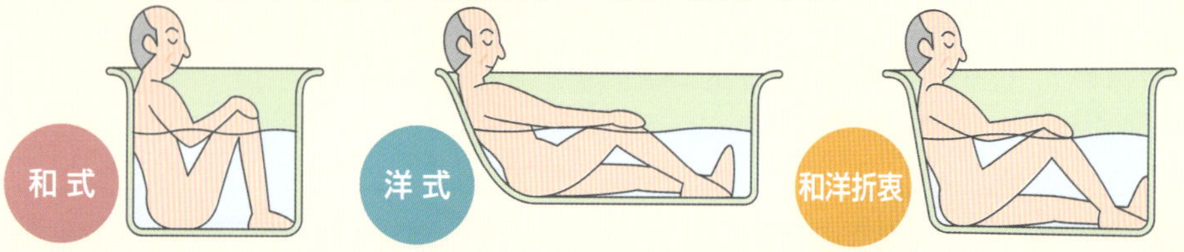

- **和式浴槽**:浴槽の幅が狭く、深いタイプの浴槽。浴槽の形が直角に近いため、浴槽から立ち上がりやすい。
- **洋式浴槽**:足先が届かないため、立ち上がりにくい。また、背もたれが斜めになっているため、入浴中にずり落ちやすく、おぼれる危険がある。
- **和洋折衷**:和式と洋式の特徴を合わせた浴槽。背もたれが斜めになっているため、湯につかっている時に臀部が滑りやすい。

浴室での補助具の活用

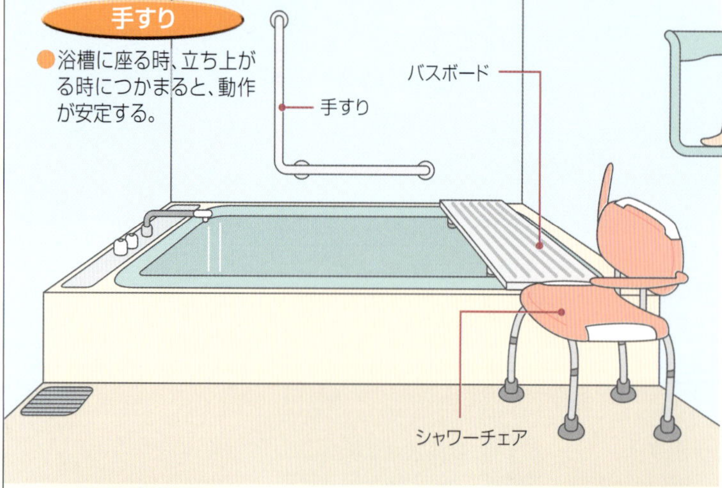

手すり

- 浴槽に座る時、立ち上がる時につかまると、動作が安定する。

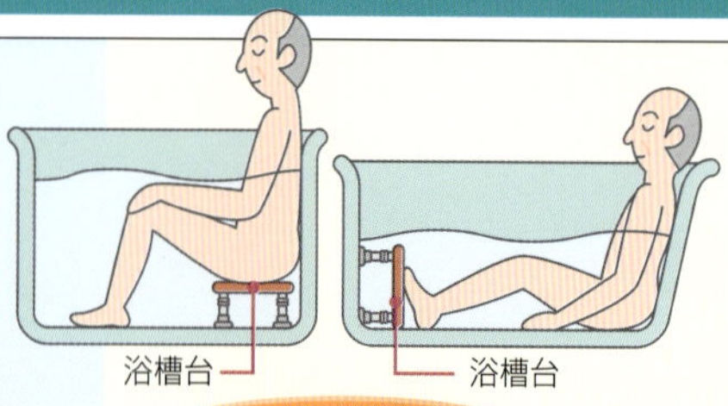

浴槽台

- 浴槽内で姿勢が不安定な時、立ち上がりが難しい時などに使う。座椅子や踏み台のほか、浴槽の幅を利用者の体に合わせて調節するためのつい立てにもなる。

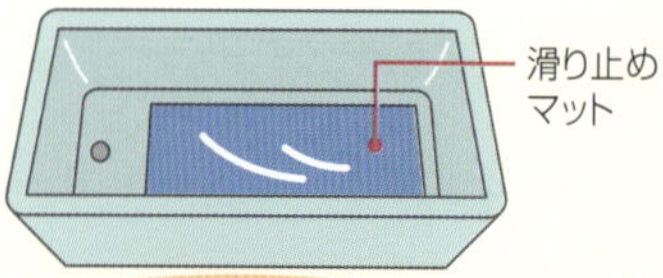

バスボード

- 浴槽の縁が狭い時や、縁がない場合にはバスボードを利用するとよい。浴槽の上に渡すことで、利用者がいったんバスボードの上に座り、安定した状態で浴槽に入ることができる。

シャワーチェア

- 浴槽の縁と同じ高さのシャワーチェアを置くと、浴槽への移乗が行いやすい。

滑り止めマット

- 浴槽の底にマットを敷いて臀部が滑るのを防止する。お尻から足の下までに敷くと、滑りにくい。

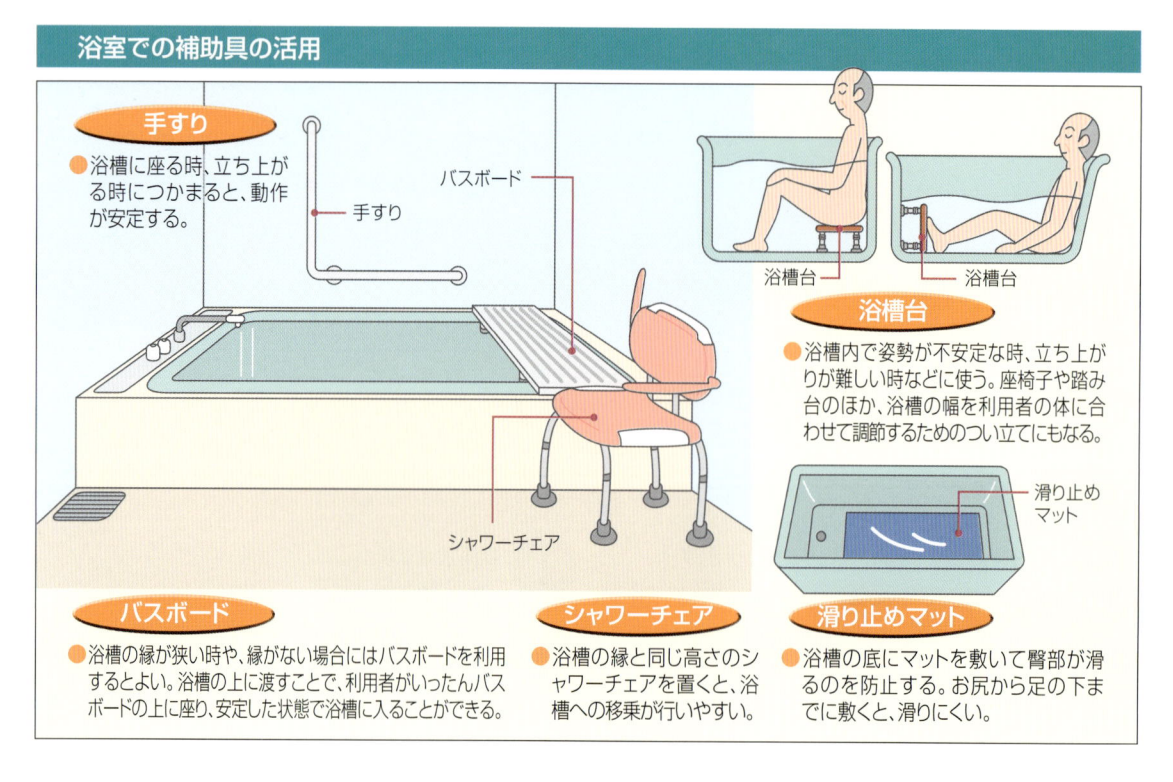

右片麻痺の人の入浴介助（個浴）・・・浴槽に入る

1

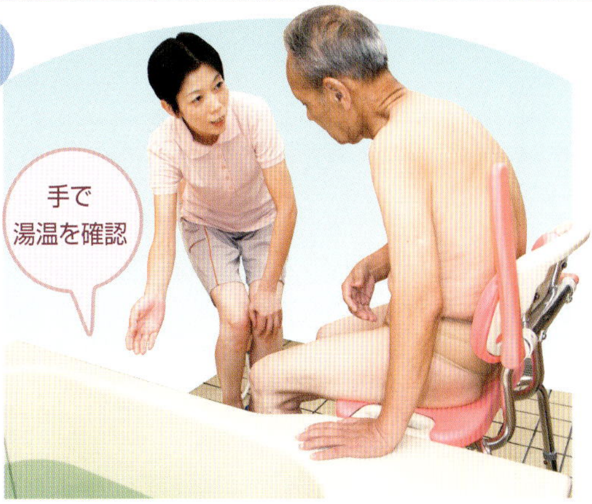
手で
湯温を確認

入浴することを説明し、了解を得る。介護者が手で湯温を確認してから、利用者も湯温を確認する。足元からかけ湯をする。

2

健側から
浴槽の縁に
移乗

臀部が洗い台に着いているか、足底部が床に着いているか確認。健側の手を浴槽の縁に置き、洗い台から浴槽に重心を動かしながら移乗する。

3

安定して足を
入れられるよう、
少し支える
健側の
足を入れる

介護者が利用者の右肩を支え、利用者は健側の足から湯に入れる。

4

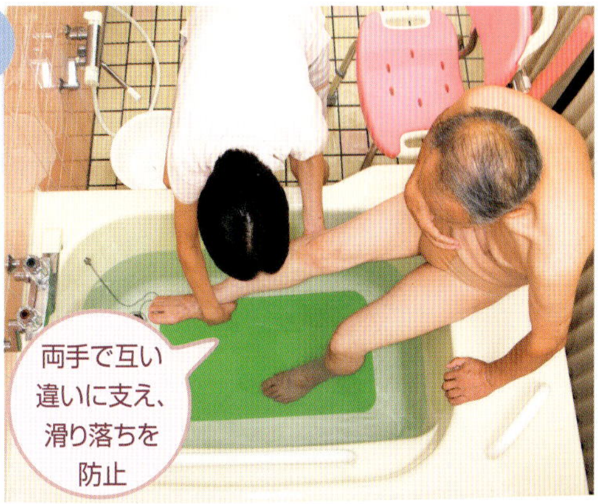
両手で互い
違いに支え、
滑り落ちを
防止

足底部が浴槽の底に着いていることを確認。患側の膝下部と足首を両手で互い違いに支え、湯に入れる。

5

臀部を支えて、
浴槽内に座る

足底が浴槽の床に着いていることを確認。利用者に前かがみになるよう促し、臀部を支えながら浴槽の中に座らせる。

6

ずり落ちない
よう見守り

湯につかる間は、ずり落ちておぼれることがないよう、声をかけて見守る。

右片麻痺の人の入浴介助（個浴）・・・浴槽から出る

1

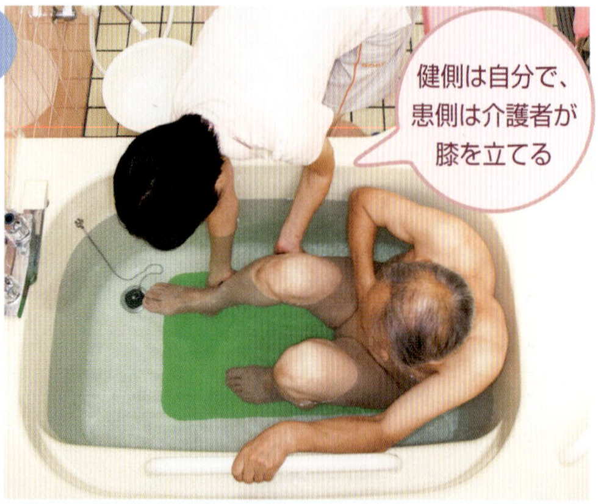
健側は自分で、
患側は介護者が
膝を立てる

健側で手すりにつかまり、健側の膝を立てて体に寄せる。患側は、介護者が膝下部と足首を支えて膝を立たせ、体に寄せる。

2

前かがみで
臀部を
浮かせる

前かかがみになり、臀部が浮かんできたら、介護者が両手で臀部を支える。

3

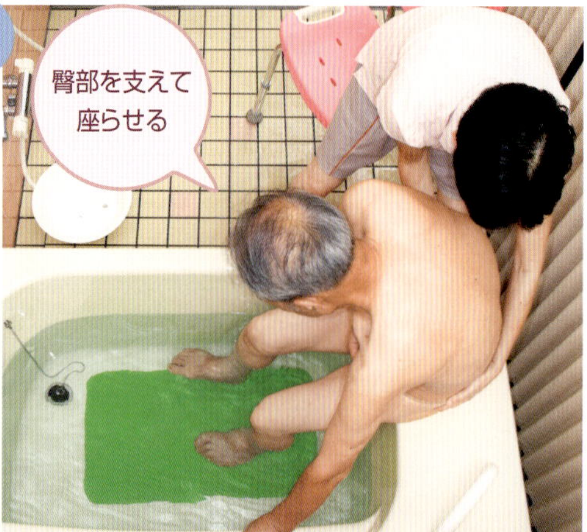
臀部を支えて
座らせる

介護者が両手で臀部を支え、浴槽の縁に座らせる。

4

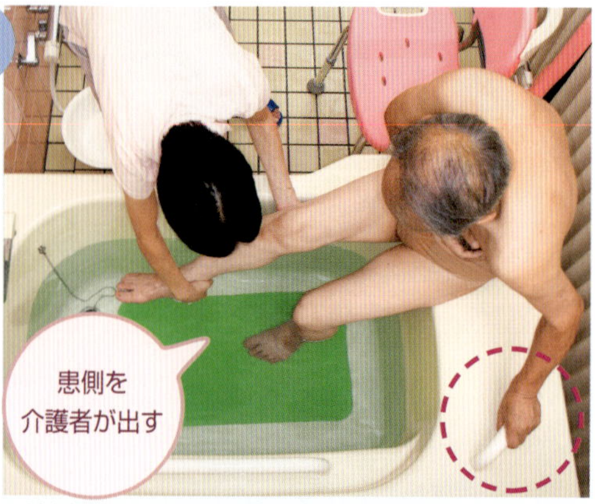
患側を
介護者が出す

健側の手で手すりを持ち替え、臀部を洗い台の近くに動かす。介護者が患側の膝下部と足首を支え、浴槽から出す。

5

健側を
自分で出す

健側の足は、利用者が自分で浴槽から出す。

6

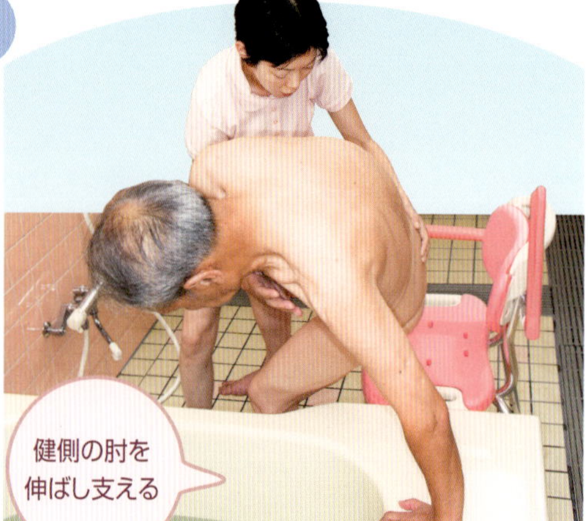
健側の肘を
伸ばし支える

足が床に着いていることを確認。健側の肘を伸ばして体を支え、洗い台に重心を動かして座る。

シャワー浴を行う場合は、保温に細心の注意を

シャワー浴は、心臓疾患や傷などで浴槽につかることができない、浴槽をまたぐことのできない場合などに用いられる。

シャワー浴は、一時的に皮膚表面しか暖まらず、気化熱が奪われやすい。そのため、①室温を調整し、②シャワーチェアを湯で温め、③肩や大腿部にタオルをかけこまめにお湯をかけるなど、保温に細心の注意を払う。

外気温が低い場合は、室内温度や湯温を少し高めに設定し、足湯を併用して体を温めるように工夫する。

シャワー浴を実施する場合は、まず利用者に説明し、了解を得る。肩から胸、大腿部にタオルをかけて不要な露出を避け、保温を図る。

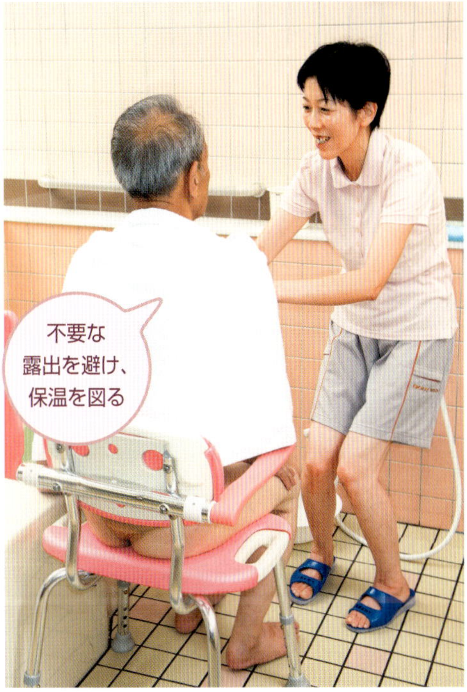
不要な
露出を避け、
保温を図る

シャワー浴

1

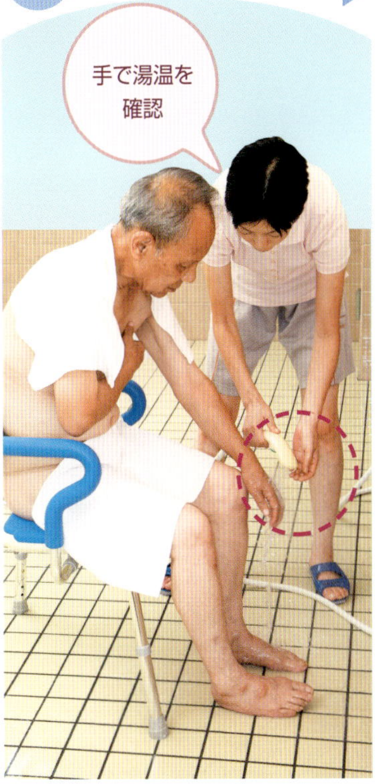
手で湯温を
確認

介護者が手で湯温を確認してから、利用者も手で湯温を確認する。

2

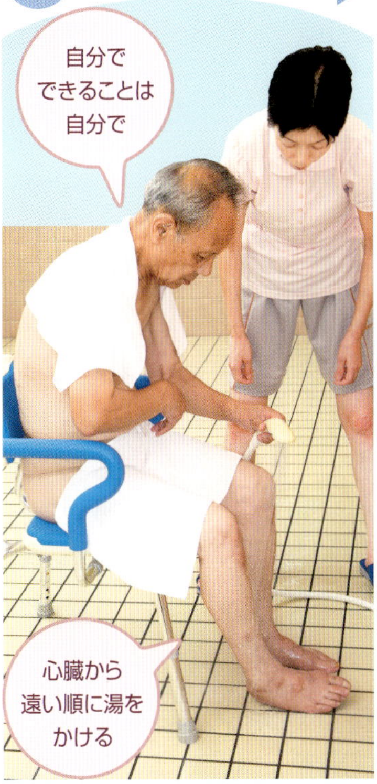
自分で
できることは
自分で
心臓から
遠い順に湯を
かける

心臓から遠い順に足、手、体幹へと湯をかける。

3

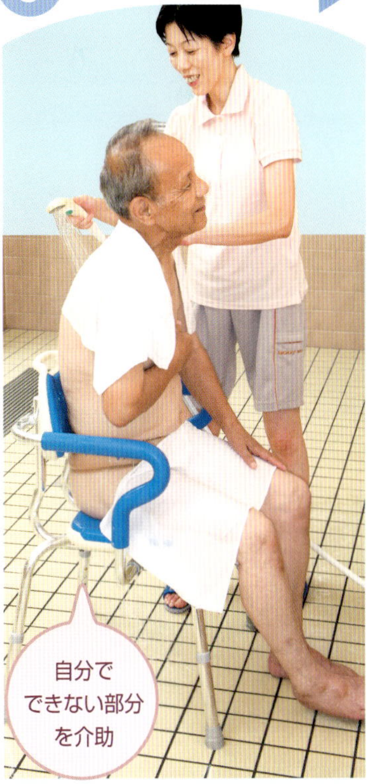
自分で
できない部分
を介助

利用者の手の届かないところは介護者が洗う。

記録のポイント

個浴の場合

- 浴槽へ入る際の介助方法(健側の足が先)。
- 浴槽から出る際の介助方法(患側の足を支えながら先に出す)。
- 浴槽から洗い台への移乗方法(健側の肘を伸ばして体を支える)。
- 利用者ができたこと、利用者が行うように促したこと。

シャワー浴の場合

- 湯温の確認(介護者が確認してから利用者も確認)。
- シャワーのかけ方(末梢から中枢)。
- タオルによる保温とプライバシーの保護(肩から胸、大腿部)。
- 利用者ができたこと、利用者が行うように促したこと。

介護うっかり! NG集❻

いきなり頭上にシャワー?

湯温の確認、不必要な露出、保温に配慮せず、いきなり利用者の頭にシャワーをかけるのは、うっかりではすまされない、やってはいけない介護。利用者は心の準備ができていない状態で、呼吸の調整も難しくなるばかりでなく、心臓に大きな負担をかけてしまう。

▼

- 湯をかける前に、介護者が湯温を確認してから、利用者自身にも湯温を確認してもらうことで、利用者は体を洗うための心の準備ができる。
- 心臓への負担を軽減し、循環をよくするために、末梢から中枢に向かって洗っていくように心がける。

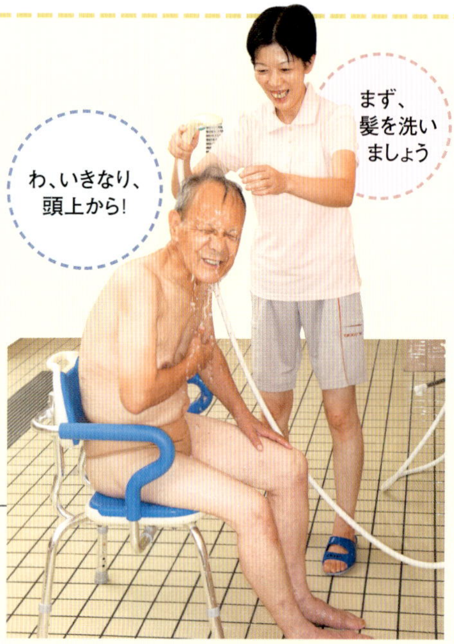
わ、いきなり、頭上から!
まず、髪を洗いましょう

利用者の行く手に迫る、石けんの泡・・・

利用者の介助に夢中の介護者。その足元には…、石けんの泡が広がっている…。
利用者の行く手に迫る転倒の危機! ツルッ! 足を滑らせた!

▼

- 浴室は滑りやすく転倒の危険がある。利用者が歩く前に、石けんが残らないように床を洗い流す心がけを。

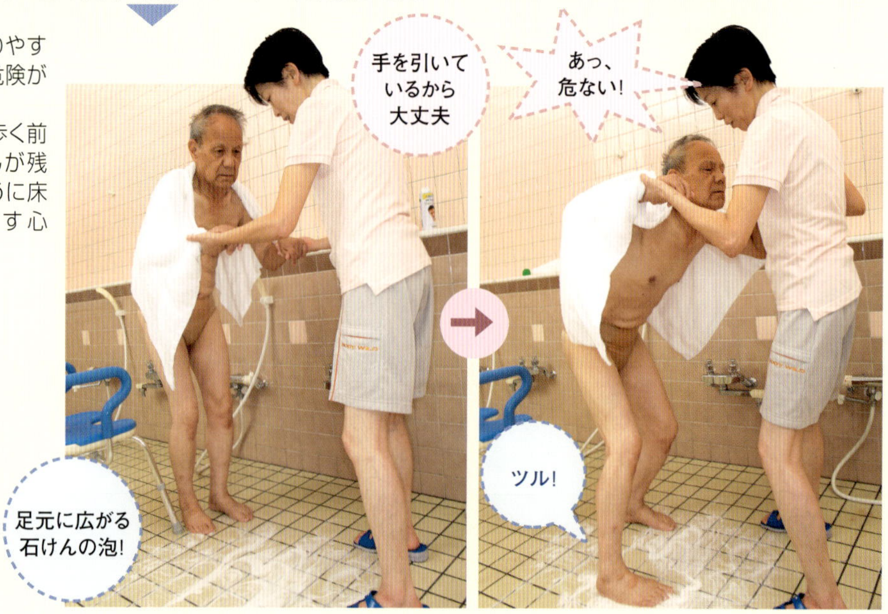
手を引いているから大丈夫
足元に広がる石けんの泡!
あっ、危ない!
ツル!

排泄の介助、おむつ交換

心地よい排泄のための介護

排泄は健康のバロメーターといわれるように、定期的に適度な量の排尿・排便があることで、人は心身ともに健康に暮らすことができる。また、人はだれでも「最後まで人の世話になりたくない、トイレで排泄したい」と思い、排泄介護を受けることに対する抵抗感が強い。介護が必要になっても、健康で、かつ人として尊厳ある生活を維持していくために介護者が担う役割は大きい。

排泄介護が必要になる要因は、身体機能から認知機能まで様々

高齢者に、排泄介護が必要になる要因は様々である。
排泄機能そのものの低下だけでなく、トイレへの移動が困難、衣類の上げ下ろし動作がうまくできないといった日常生活動作の低下、さらに生活環境も問題となる。認知機能の低下が、排泄の自立を妨げる場合も多い。

生活全体を十分にアセスメントして、個々の利用者の状態に応じた排泄介護を提供することで、排泄だけでなく心身機能全般を維持することにつながる。

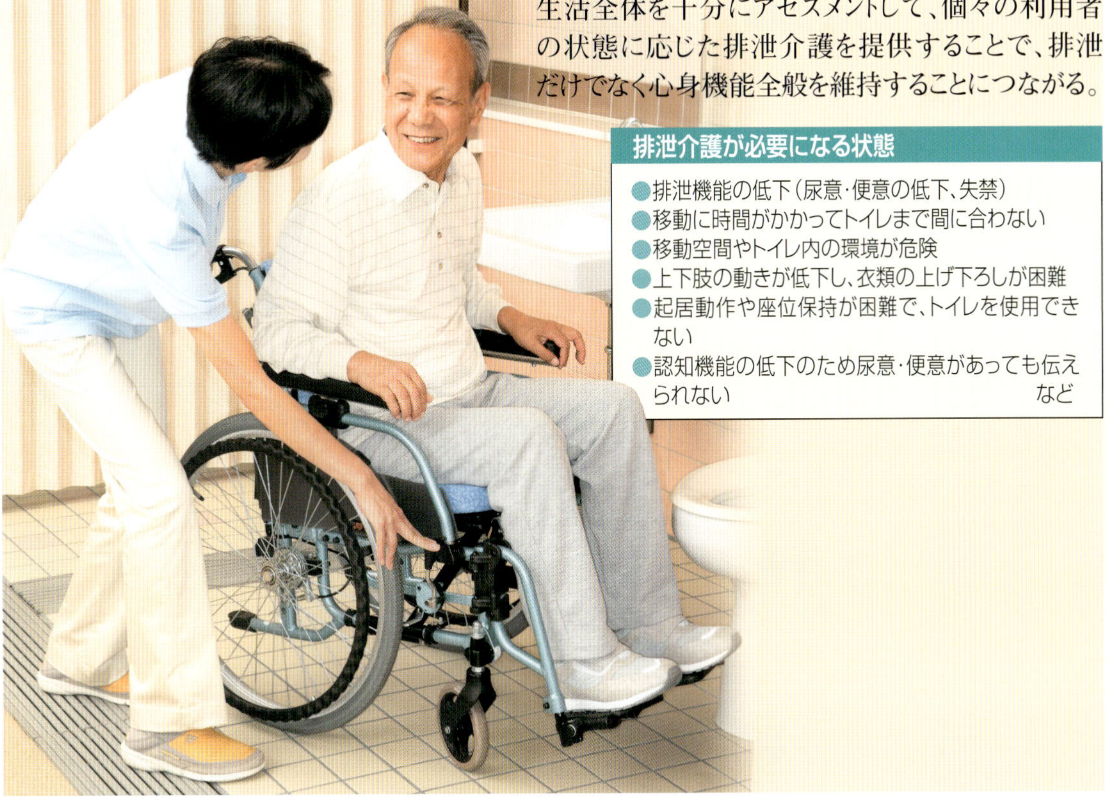

排泄介護が必要になる状態

- 排泄機能の低下（尿意・便意の低下、失禁）
- 移動に時間がかかってトイレまで間に合わない
- 移動空間やトイレ内の環境が危険
- 上下肢の動きが低下し、衣類の上げ下ろしが困難
- 起居動作や座位保持が困難で、トイレを使用できない
- 認知機能の低下のため尿意・便意があっても伝えられない　　など

排泄のメカニズムを理解して、排尿・排便を観察

排泄の介護は、利用者の排尿・排便状態を観察する機会でもある。
利用者の排泄状態を観察し、異常の発見につなげるには、成人の1日の排泄量や回数、排尿・排便のメカニズムを理解しておくことが大切である。

排尿のメカニズム

尿意（排尿反射）と排尿回数

尿意（排尿反射）	●膀胱に尿が200～300mLぐらいたまると脊髄の下にある排尿中枢に刺激が伝わり、尿意を感じる。
排尿回数	●健康な人の排尿回数は日中で4～8回、夜間で0～2回。 ●高齢になると、膀胱容量が縮小し、膀胱括約筋の弛緩によって尿をためておけなくなる傾向があり、排尿の回数が多くなりやすい。

健康な成人の1日に必要な水分量、排泄される尿量（体重60Kgの人の例）

水分摂取量		水分排泄量	
お茶などの水分	1,300mL	尿	1,500mL
食事に含まれる水分	900mL	便に含まれる水分	100mL
代謝による水分	300mL	不感蒸泄（汗など）	900mL
摂取　計	2,500mL	排泄　計	2,500mL

排便のメカニズム

便意（排便反射）と排便のリズム

便意（排便反射）	●直腸内に便が運ばれ直腸内圧が高まると、この刺激が骨盤神経を介して脊髄から大脳に伝わり、便意をもよおすとともに排便反射が起こる。
排便のリズム	●健康な人は食事をしてから24～72時間後に排便があり、平均1日150～200g排出される。 ●健康な成人の多くは、2日に1～2回排便がある。 ●腸内の蠕動運動が起床後に活発化することから、一般に排便は朝食後に多い。

できるだけトイレでの排泄を継続し、日常生活のリズムを維持

高齢になると膀胱容量の縮小や括約筋の低下から、尿意・便意をがまんできなくなる傾向がある。しかし、安易におむつを使用すると、環境や方法の変化の影響を大きく受け、ストレスや遠慮などにより排泄リズムが乱れやすく、さらに尿意・便意の低下にもつながる。
心身に障害があっても、環境整備や介護方法を検討し、トイレの使用を継続できれば、日常生活のリズムを維持していくことができる。

排泄介護の方法

排泄リズム
排泄リズムを把握する

- たった1度の失禁でも、利用者の心身に与えるダメージは大きい。個々の排泄リズムを把握し、尿・便意を感じる頃にタイミングよく声をかける。
- 排泄と関連する水分や食事摂取量、運動量を併せて把握する。

プライバシー
プライバシーを守る

- 排泄介助を受けることは、自尊心が傷ついたり、羞恥心や介護者への遠慮など精神的負担が増大する可能性がある。プライバシーへの十分な配慮が求められる。
- カーテンやスクリーンの設置、においや音もれへの対応などを行う。

環 境
安全に排泄できる環境を整える

- 利用者の持っている機能を最大限活用できるよう、トイレまでの移動、トイレ内での移乗や衣類の上げ下ろしが安全にできる環境を整備する。
- 利用者の状況に合わせた下着、尿とりパッド、おむつを選択する。

介護技術
適切な介護方法を選択する

- 心身状態や排泄介護が必要になった要因を踏まえて、現在ある機能を最大限活用できる介護方法を検討する。
- 無理はせず、利用者の意向を踏まえて安全・快適・安楽に総合的な方法を選択する。
- 適切な声かけ、体調の観察、後片づけ、換気にも配慮する。

観察・記録
排泄物の状態を観察・記録

- 排泄間隔や排泄物の形状・量・色・におい、皮膚の状態を継続的に観察し、記録することは、利用者の生活の全体像を把握するための基本である。
- 必要に応じて看護師や栄養士などと情報を共有する。
- 利用者が心地よく排泄できる環境や介護方法をチーム内で申し送り共有することで、利用者の安心感や信頼関係も強固になる。

トイレ 移動が可能なら、トイレで排泄

歩行や車椅子などでトイレへの移動が可能なら、トイレでの排泄を行い、プライバシーを守ると同時に、これまでの生活リズムの継続を図る。

安全なトイレ環境

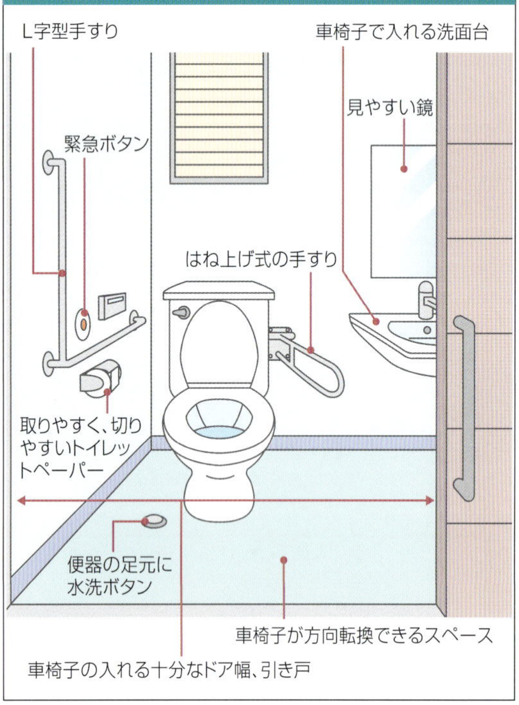
L字型手すり
車椅子で入れる洗面台
見やすい鏡
緊急ボタン
はね上げ式の手すり
取りやすく、切りやすいトイレットペーパー
便器の足元に水洗ボタン
車椅子が方向転換できるスペース
車椅子の入れる十分なドア幅、引き戸

トイレまでの移動空間の整備

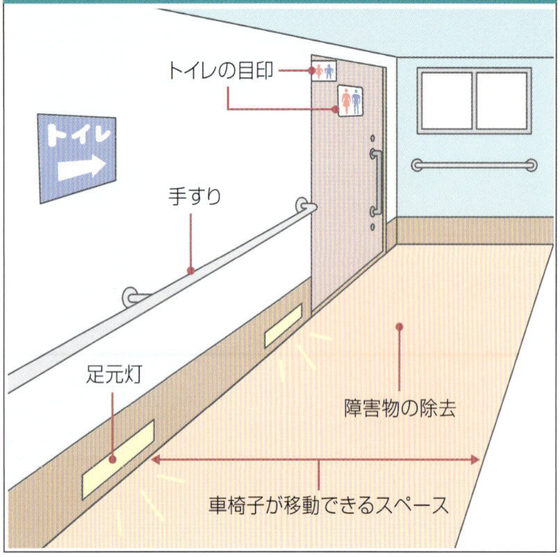
トイレの目印
トイレ
手すり
足元灯
障害物の除去
車椅子が移動できるスペース

トイレ内での排泄介助（車椅子・便座間の移乗）

1

車椅子は、便座の斜め前

車椅子を便座に対して斜めの角度に置き、ストッパーをかける。

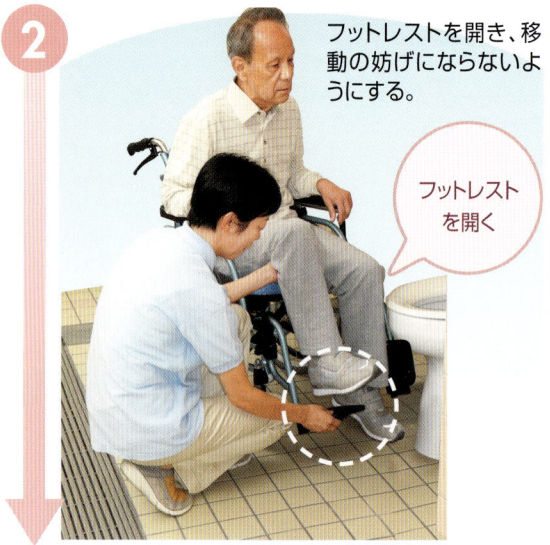

2

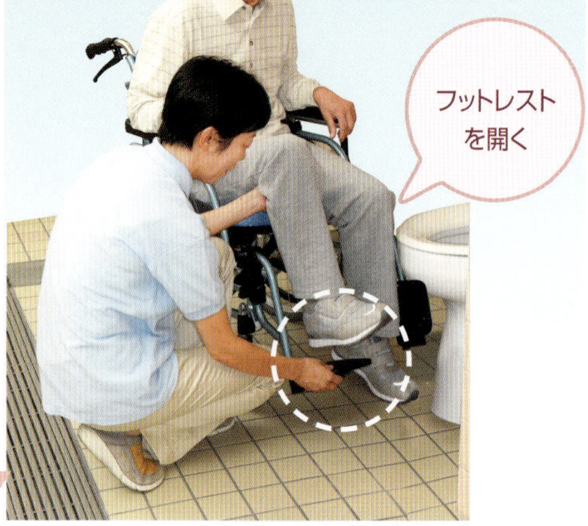
フットレストを開く

フットレストを開き、移動の妨げにならないようにする。

3

手すりを持って腰を上げる

利用者はL字手すりをしっかりつかみ、介護者が腰を支えて立ち上がる。

4

立ち上がり、立位を安定させる。

5

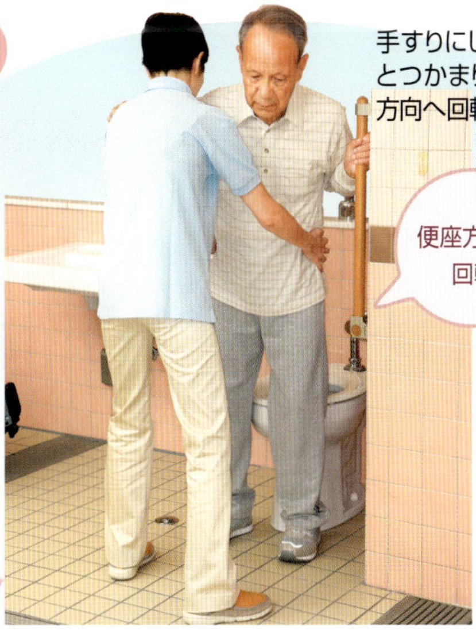

手すりにしっかりとつかまり、便座方向へ回転する。

6

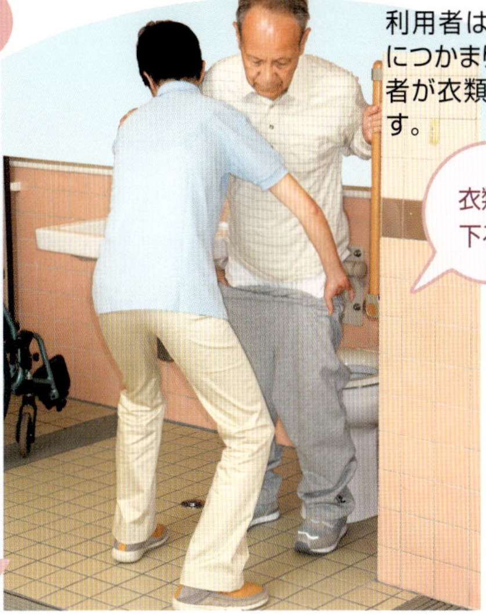

利用者は手すりにつかまり、介護者が衣類を下ろす。

7

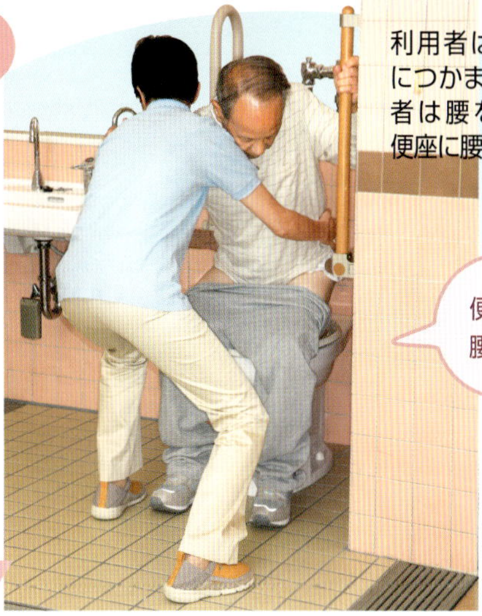

利用者は手すりにつかまり、介護者は腰を支え、便座に腰かける。

8

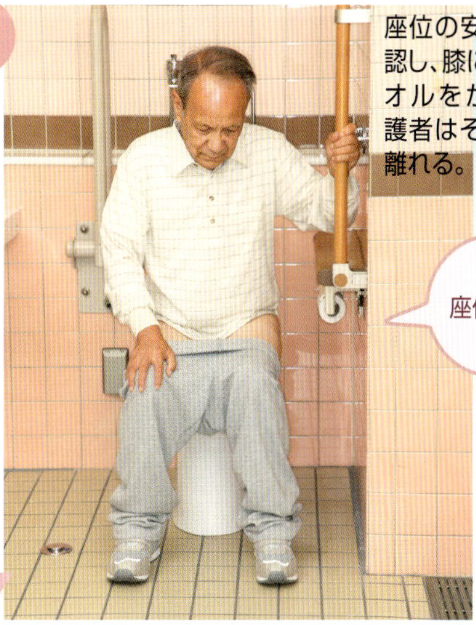

座位の安定を確認し、膝にバスタオルをかけ、介護者はその場を離れる。

POINT

排泄中の配慮

- プライバシーの保護、保温のため、膝にバスタオルなどをかける。
- 必要なら、トイレットペーパーをカットして渡す。
- 介護者はその場を離れていても、排泄中・排泄後の血圧変動や意識低下に十分注意する。
- いったん排泄が終了しても、膀胱・肛門に残尿・残便があり、立ち上がった時に漏れてしまうことがある。利用者を焦らせず、ゆっくり時間をとるようにする。
- 可能なら、介護者はその場を離れ、排泄終了後に呼んでもらう。

排泄中・排泄後の観察と記録

● 排泄前の利用者の様子	➡ 尿意・便意の訴えの有無、体調・顔色・表情など
● 排泄中の利用者の様子	➡ 腹痛・排尿痛の有無、血圧変動による体調変化の有無
● 排泄物の観察	➡ 量・色・形状・においなど
● 陰部および周囲の皮膚の状態	➡ 発赤・ただれ・かぶれ・湿疹などの有無
● 排泄後の利用者の様子	➡ 体調変化の有無

介護うっかり！ NG集⑦

車椅子と便器の位置関係に注意!

車椅子を便器と平行にするなど、移乗しにくい位置に置くと、介護者も利用者も四苦八苦する結果に…。始めに車椅子を置く位置で、移乗動作は全く変わってくる。

●車椅子は、便器に向かって斜め（90度以内）に置く。

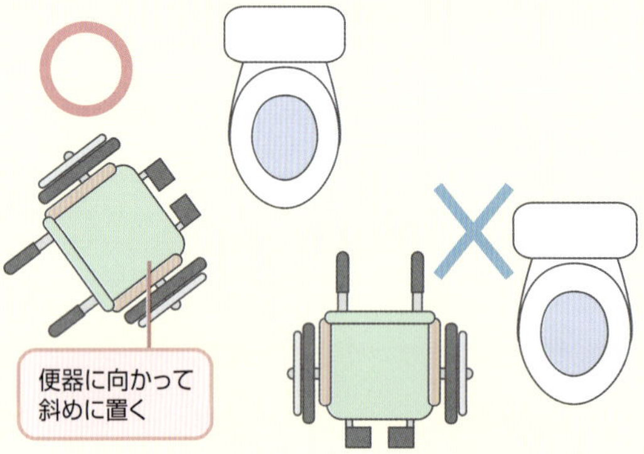
便器に向かって
斜めに置く

アームレストが
じゃまで、乗り
移れない!

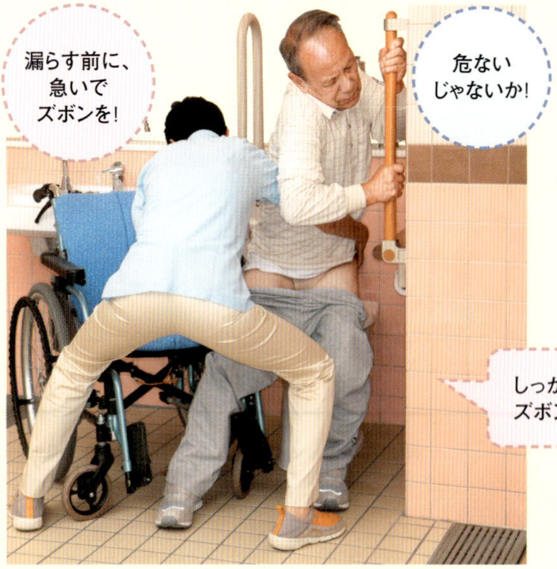
漏らす前に、
急いで
ズボンを!
危ない
じゃないか!
しっかり立っていないのに、
ズボンを下ろすのに夢中!?

このままでは、共倒れの危険が!

利用者がしっかり立っていない状態で、ズボンを下ろそうとすると…、利用者・介護者ともにバランスをくずしやすく危険!!

●立位が安定したことを確認してから、ズボンを下ろす。

●立位が安定していると、ズボンを下ろす動作もスムーズにできる。

ポータブルトイレ

トイレに移動できない場合は、ポータブルトイレを使用

トイレまで排泄をがまんできない場合、移動時やトイレ内での安全確保が難しい場合には、居室内でのポータブルトイレ使用を検討する。夜間のみ使用する人も多い。
ポータブルトイレは、安定した姿勢で移乗できるよう、形態や置く位置を十分に検討する。
また、利用者自身や周囲の人に不快感をもたらす可能性があるので、プライバシーを保護し、音やにおいに注意する。

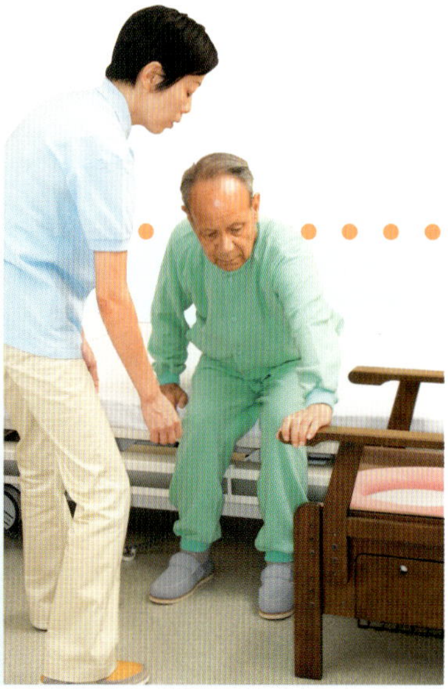

ポータブルトイレの種類

標準型（プラスチック製）

長所：軽量で移動しやすく掃除が簡単。

短所：足を引くスペースがなく、立ち上がりにくい。軽量なので不安定感がある。

ベッドサイドポータブルトイレ

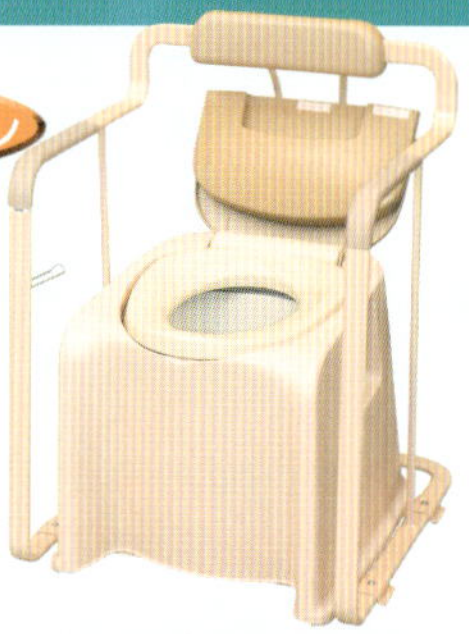

長所：柵で囲われ安定性があり、柵につかまって移乗ができるので安全。

短所：保管スペースをとる。重量があって持ち運びしにくい。

木製いす型

長所：見た目が家具調で生活空間になじむ。足を引きやすく立ち上がりやすい。

短所：重量があり、移動が大変。周囲を汚した場合、シミなどが残りやすい。

コモード型

長所：座面の高さが簡単に調整できる。足を引いて立ち上がりやすい。移動が容易で掃除しやすい。

短所：見た目ですぐにトイレとわかってしまう。

ポータブルトイレの選び方

安定性

- 移乗時に足を引っかけて動いたり、トイレごと転倒することがあるので、安定性のよいものを選ぶ。
- ベッドサイドポータブルトイレや柵つきスタンドを活用してもよい。
- プラスチック型、金属製など材質によって重量も違う。

便座

- ベッド上での端座位と同じくらいの高さ、または利用者の膝と同じ高さがよい。高さ調節機能があるとよい。
- 便座は冷えやすいのでカバーなどをつけて皮膚への刺激を防ぐ。

肘かけ

- 座位の安定を図ったり、立ち上がり時に握ったりするために必要。
- しっかり固定されているものや、移乗時に跳ね上げてスペースを確保できるようにしたものもある。

蹴込み

- 立ち上がり時に足を後ろに引くスペースがあるとよい。

ポータブルトイレでの排泄介助（ベッド・便座間の移乗）

1

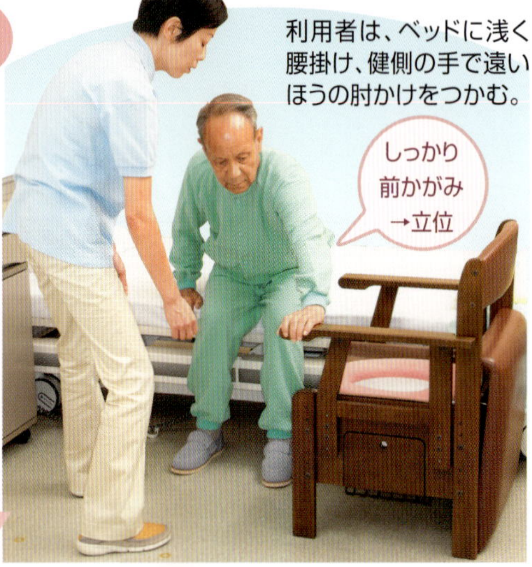
しっかり
前かがみ
→立位

利用者は、ベッドに浅く腰掛け、健側の手で遠いほうの肘かけをつかむ。

2

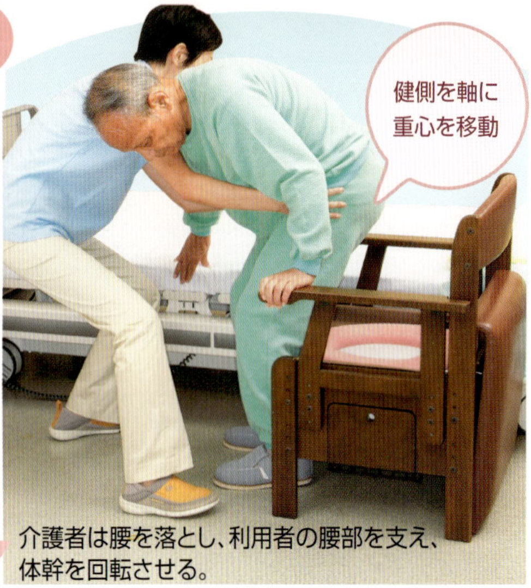
健側を軸に
重心を移動

介護者は腰を落とし、利用者の腰部を支え、体幹を回転させる。

3

立位の
バランスを
キープ

利用者は肘かけにつかまり、介護者はズボン・下着を下ろす。

4

臀部を
突き出す
ように

そのまま前かがみになり、ゆっくりと便座に腰かける。

5

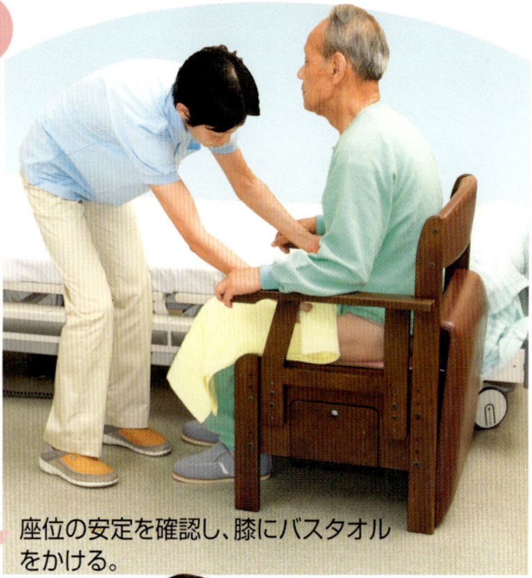

座位の安定を確認し、膝にバスタオルをかける。

6

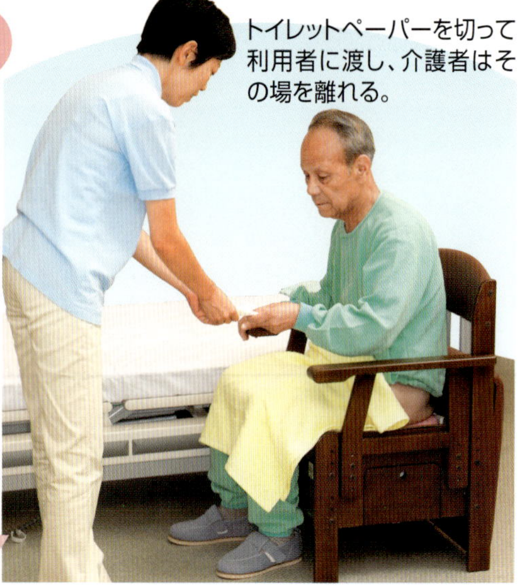

トイレットペーパーを切って利用者に渡し、介護者はその場を離れる。

7 排泄がすんだら、おしぼりで利用者の手を拭く。

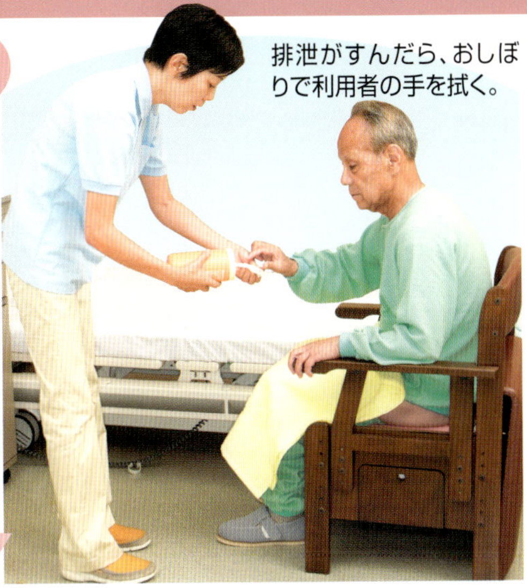

8 利用者は前かがみになり、介護者が腰部を支え、立ち上がる。

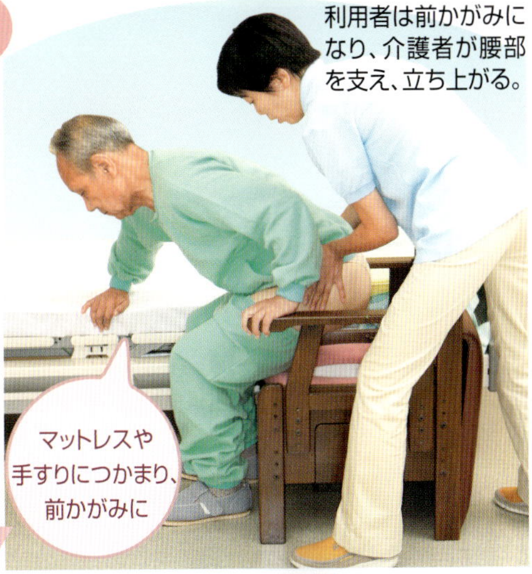
マットレスや
手すりにつかまり、
前かがみに

9 立位が安定したら、介護者はズボン・下着を上げる。

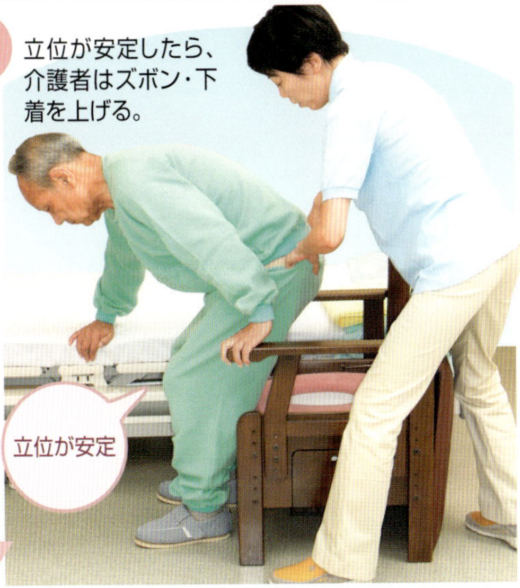
立位が安定

10 介護者は腰を落とし、腰部を支えながら体幹を回転させる。

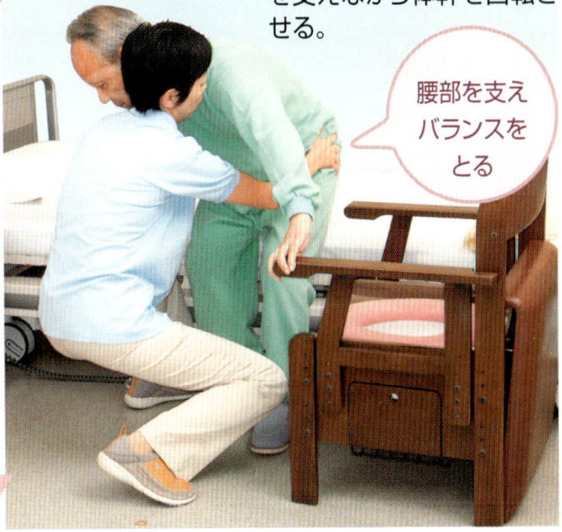
腰部を支え
バランスを
とる

11 ベッドに深く腰かけ、安定した座位をとる。

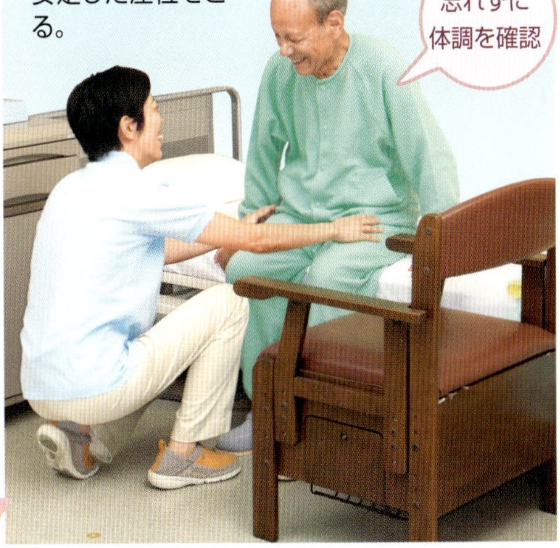
忘れずに
体調を確認

POINT

ポータブルトイレでの排泄介助の注意点

- 利用者のADLに合わせ、適切な形態・サイズのポータブルトイレを選択する。
- ポータブルトイレを置く位置、距離、角度を十分に検討する。
- ポータブルトイレを夜間など一部の時間しか使用しない場合は、日中の保管スペースを考慮する。
- 必要に応じ、消臭剤、消臭スプレーを利用し、においに配慮する。
- 使用のたびに排泄物の処理、こまめな室内換気をし、利用者が気持ちよく使用できる環境を整える。
- トイレの内面に、排泄物が飛び散ることもあるので、念入りな清掃、こまめな手入れを心がける。

尿器・便器

移乗や座位が困難な場合は、尿器・便器の使用を検討

移乗や座位保持が困難な場合や、尿意・便意をがまんできずベッド上で排泄を行う場合、臥位のままで使用できる尿器や便器の使用を検討する。

夜間など、起き上がりや移乗に時間がかかって失禁の可能性がある場合のみ使用することもある。

使用にあたっては、排泄物をベッド上にこぼしてシーツや衣類を汚さないよう注意する。また、利用者や周囲の人に不快感をもたらす可能性があるので、プライバシー保護とともに、尿漏れ、音もれに注意する。こまめに換気を行う。

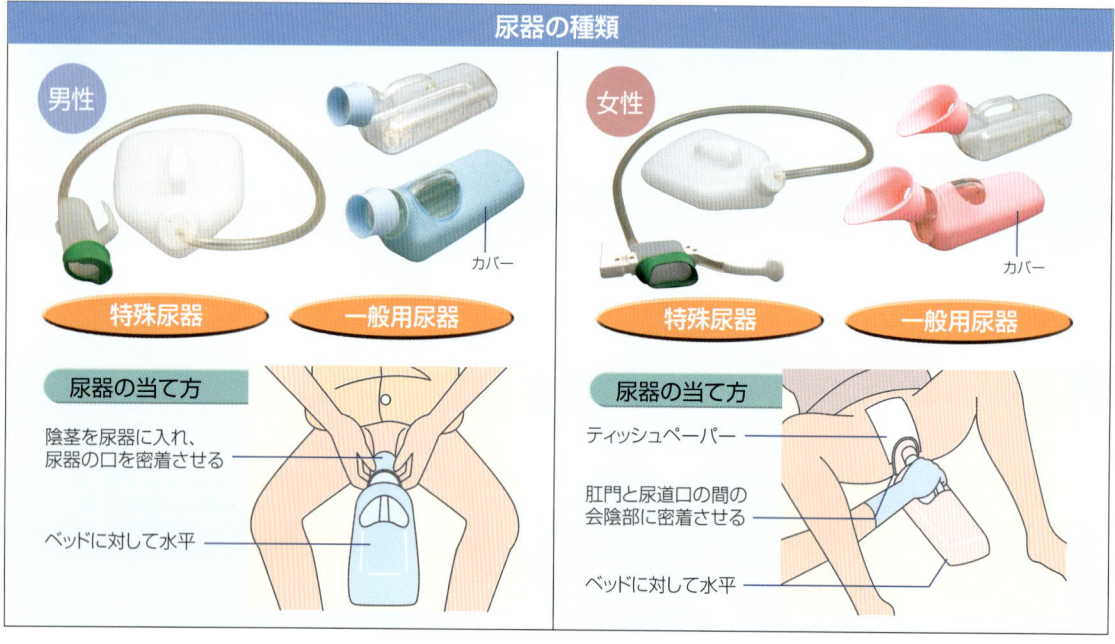

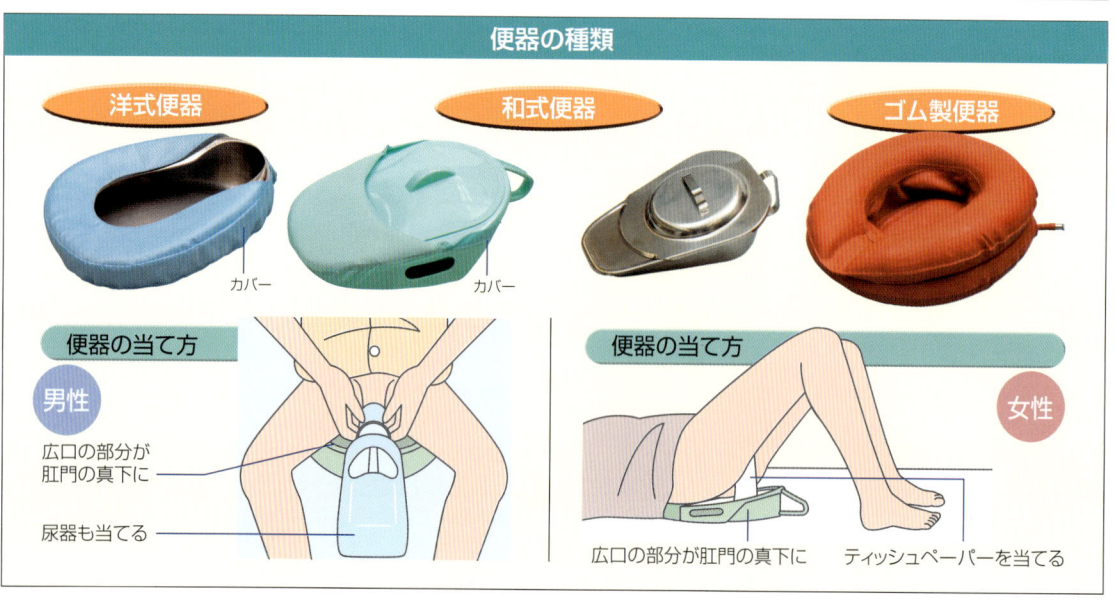

尿器の種類

男性

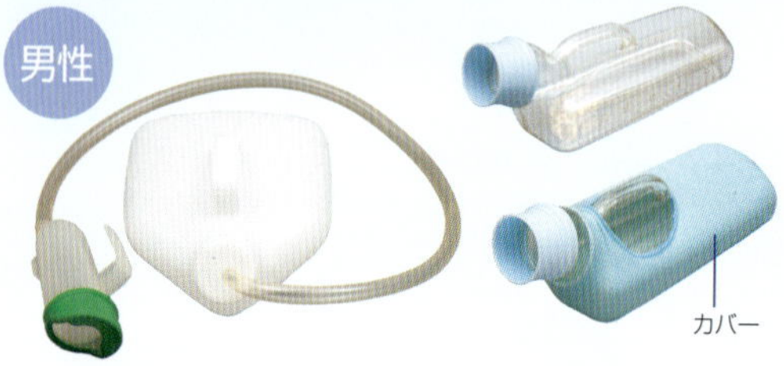
カバー

特殊尿器　一般用尿器

尿器の当て方

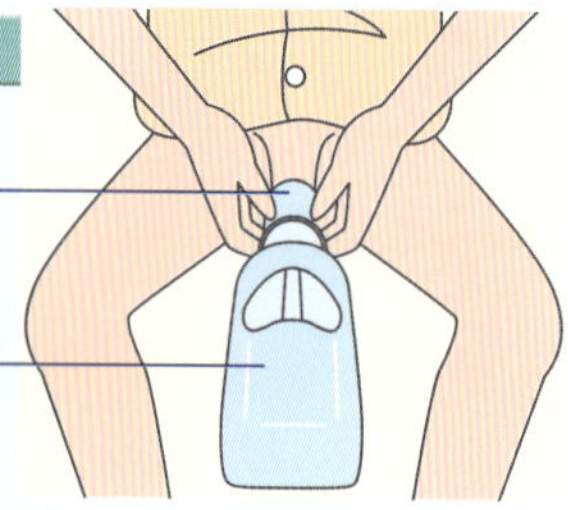
陰茎を尿器に入れ、
尿器の口を密着させる
ベッドに対して水平

女性

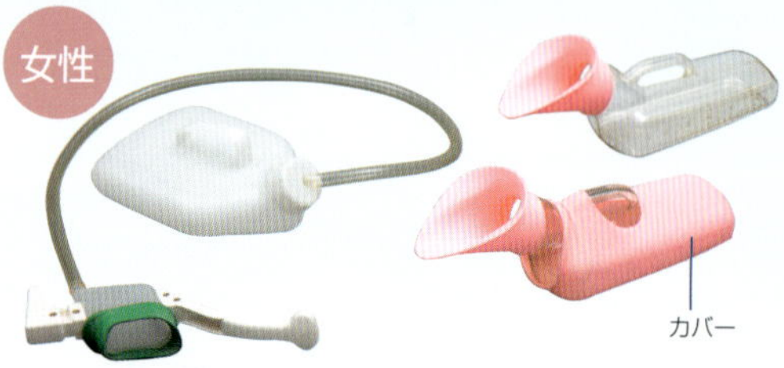
カバー

特殊尿器　一般用尿器

尿器の当て方

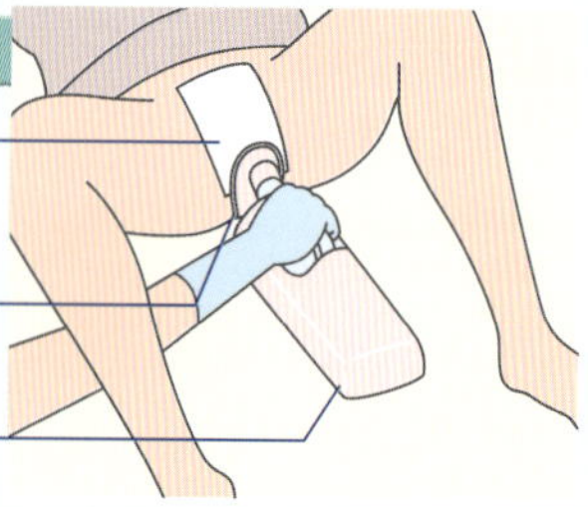
ティッシュペーパー
肛門と尿道口の間の
会陰部に密着させる
ベッドに対して水平

便器の種類

洋式便器　和式便器　ゴム製便器

カバー
カバー

便器の当て方

男性

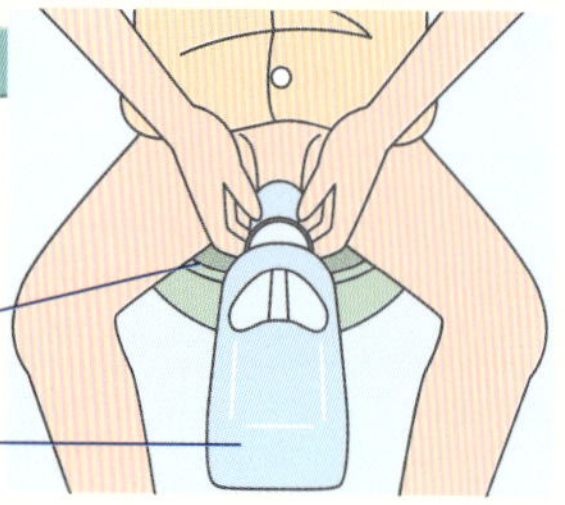
広口の部分が
肛門の真下に
尿器も当てる

便器の当て方

女性

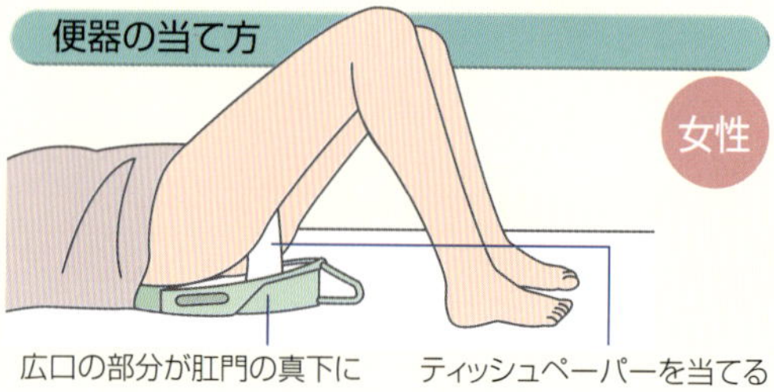
広口の部分が肛門の真下に
ティッシュペーパーを当てる

失禁時のケア

失禁は生活全体への影響が大きい。個々に合った対応を

尿失禁・便失禁は、清潔や健康上の問題と同時に、外出がおっくうになり自尊心が傷つくなどダメージが大きく、生活全体に影響を与える。周囲の精神的支えや介護者による適切なサポートが必要である。失禁の要因や背景を生活全体からアセスメントし、排泄間隔に合った声かけ、トイレ誘導、食生活の改善、適度な運動やレクリエーションを通じたストレスの発散など、個々に合った対応を行う。

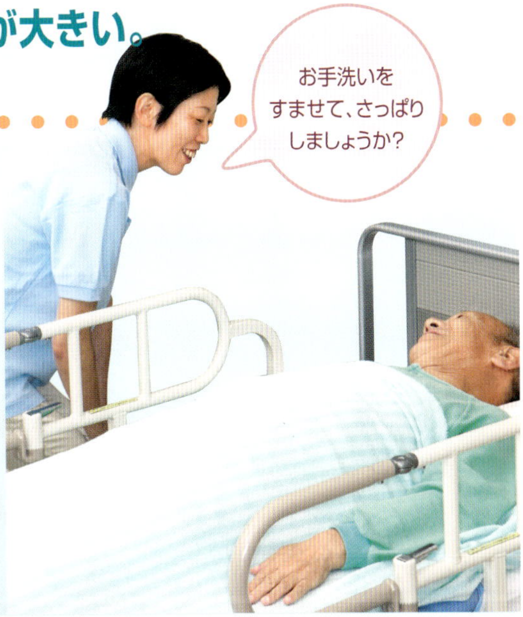

尿失禁

尿失禁の種類と原因

種　類	状　態	原　因
腹圧性尿失禁	●咳やくしゃみ、重いものを持ち上げた時など、腹圧が急にかかった時に尿が漏れる。	●骨盤底筋群の緩みによって尿道が閉まらない。女性に多い。
切迫性尿失禁	●急に起きる尿意切迫感が生じて、トイレまで間に合わない。	●脳血管障害、前立腺肥大、中枢神経疾患などにより膀胱が勝手に収縮。
溢流性尿失禁	●排尿困難のため膀胱内に残尿がたまり、溢れ出てくる。	●前立腺肥大、脳血管障害、骨盤内手術など。
機能性尿失禁	●排尿機能以外の要因で失禁につながってしまう状態。	●移動機能の低下やトイレまで遠くて間に合わない、尿意があっても伝えられない、認知機能低下によりトイレの場所がわからないなど、環境不備、運動機能障害や認知症が原因。

便失禁

便失禁の種類と原因

種　類	状　態	原　因
漏出性便失禁	●便意を感じないまま、自然に便が漏れる。	●加齢による内肛門括約筋の低下。
切迫性便失禁	●便意をもよおすとがまんできずに漏れてしまう。	●直腸がん、分娩、肛門の手術後の外肛門括約筋の損傷、下痢など。

失禁ケア用品

失禁パンツや各種パッドを上手に活用

失禁しても、吸収性の高い下着やパッドを使用することで快適に過ごせ、安心して日常生活を送ることが可能である。また、紙おむつの中に尿とりパッドを当て、パッドのみ適宜交換すると、身体的にも経済的にも負担が軽くすむことが多い。
しかし、パッドなどを当てることで下半身に違和感を持ったり、外見から気づかれてしまうこともあるので、形状や素材を十分考慮して選定する。また、介助する時はさりげなく声をかけ、自尊心を傷つけないよう十分に配慮する必要がある。

失禁パンツ　失禁パンツには様々なタイプがある

パンツタイプ

●外見は普通のパンツで、内側に尿とりパッドを取り付けて使用する。体にフィットして漏れにくく、安心感がある。パッドケースはマジックテープで取り外しが可能。

外側

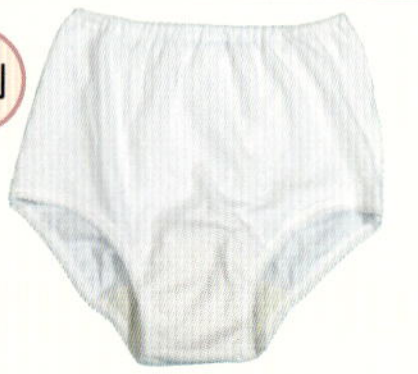

内側

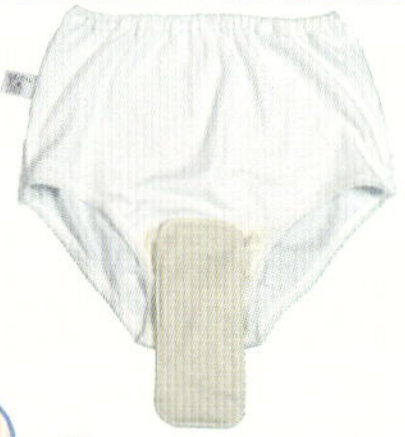

トランクスタイプ

●外見は普通のトランクスで、内側に厚手の布パッドがある。下肢の動きを妨げず、ゆったりしているが、漏れやすいので注意。

外側

内側

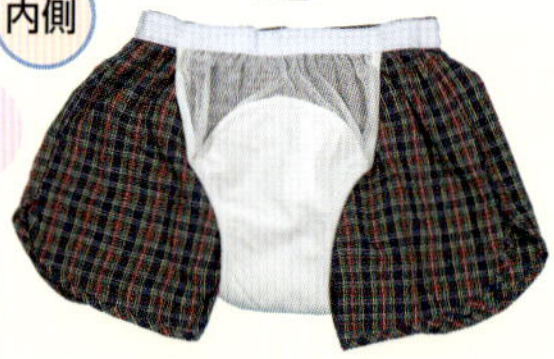

オープンタイプ

●前面から開くことができ、中に当てている尿とりパッドを簡単に交換することができる。

外側

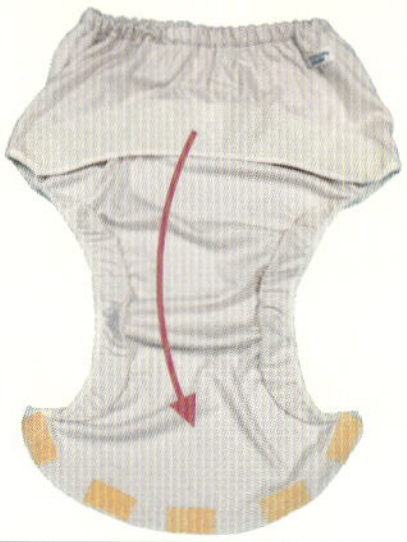

尿とりパッド　尿とりパッドを上手に活用

尿とりパッド各種

●尿とりパッドには多種多様なタイプがある。尿量、身体状況、併用するおむつや下着に応じて使い分ける。

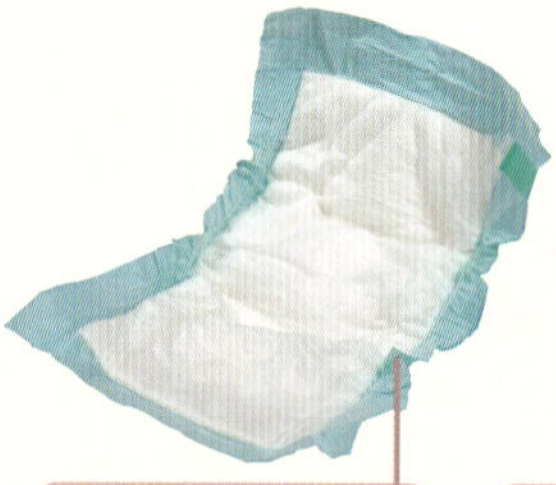

股間部にギャザーがついていて、体にフィットする

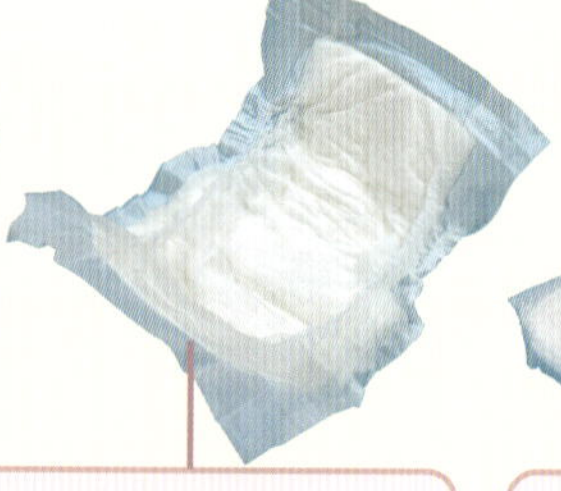

後部（臀部）が幅広になっていて、尿を吸収しやすい。裏面にずれ止めテープつき

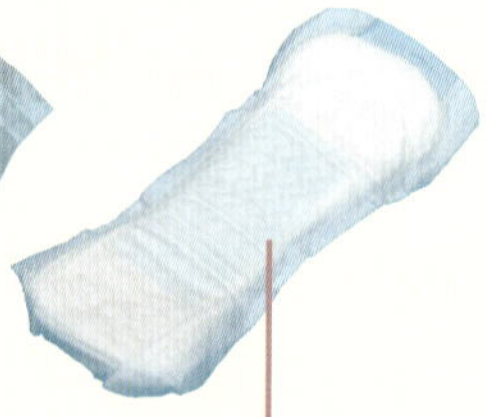

薄型で吸収性が高い。下着や失禁パンツの中に使用する人も多い

男性用尿とりパッド

●陰茎を差し込むことで、姿勢が変わってもずれず、尿を吸収できる。

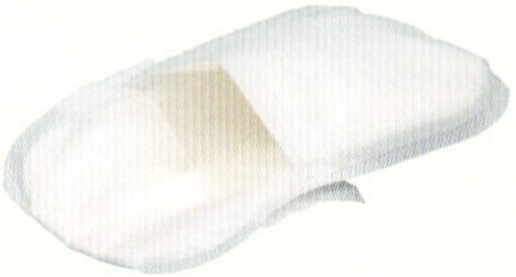

おむつ

おむつのデメリットを知り、長期使用を避ける

長期の安静が必要であったり、座位・立位・移乗ができない利用者には、おむつの使用を検討する。
しかし、おむつは自尊心を傷つけるだけでなく全身の動きを制限するなどのデメリットがある。こまめに交換し、長期の使用をできる限り避けるよう気をつける。

おむつ使用の長所・短所

長　所	短　所
●長期安静の必要な利用者にとって、排泄時の身体的負担が最小限ですむ。 ●介護者にとって、陰部や周囲の皮膚状態が観察しやすい。	●不自然な姿勢での排泄となるため、腹圧をかけづらく、健康な排泄リズムが乱れる可能性がある。 ●大部分の利用者にとっては、もっとも自尊心の傷つく排泄方法である。 ●尿意・便意が低下したり、廃用による心身機能全般の低下につながりやすい。 ●介助時は数回の体位変換を伴うため、利用者の身体的負担を最小限にするよう注意する。 ●おむつ内の湿潤や排泄物の刺激が、皮膚トラブルの原因となる。

おむつの種類と選択

パンツ型紙おむつ

- ●リハビリパンツ。一部介助や時間がかかっても移動ができる人など、運動性の高い人に向いている。
- ●ギャザーがついていて漏れを防げる。

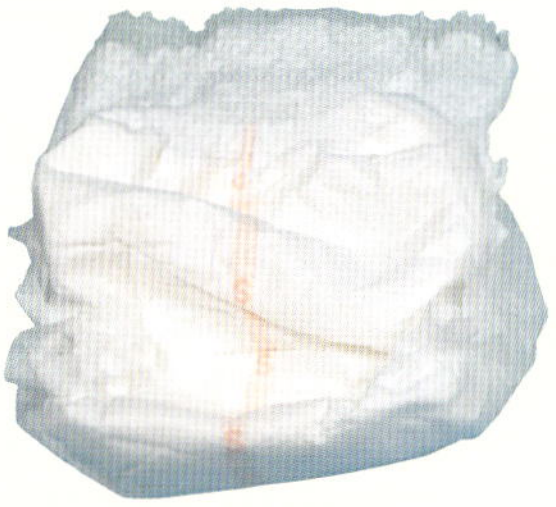

テープ型紙おむつ

- ●尿量の多い人や長時間交換できない人に向いている。特に吸収量が高く、ギャザーがついていて漏れにくい。
- ●繰り返しつけはずしができるので、中にパッドを当て、尿量に応じてパッドのみ交換することもある。

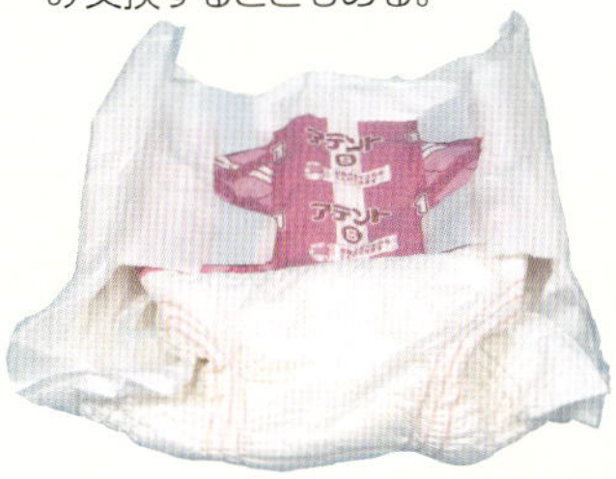

フラット型紙おむつ

- ●おむつカバーと併用する。
- ●形を整えやすいので利用者の体型を選ばず広く使われる。

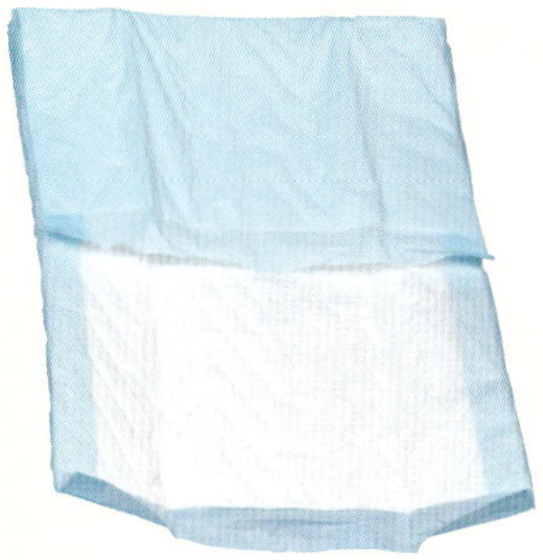

布おむつ

- ●厚手の生地で吸収するフラット型のもの。尿量や漏れの方向によって1枚や2枚をT字型に重ねて使用する。
- ●洗濯で繰り返し使える。
- ●おむつカバーと併用する。

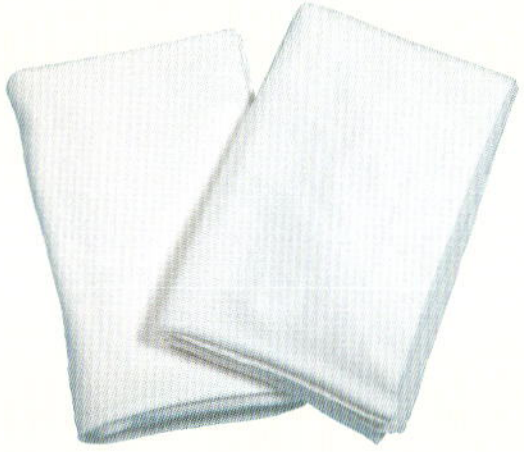

おむつカバー

- ●フラット型紙おむつ、布おむつのカバーとして使用する。
- ●マジックテープで開閉する。ギャザーがついていて漏れを防ぐ。

おむつの交換

1

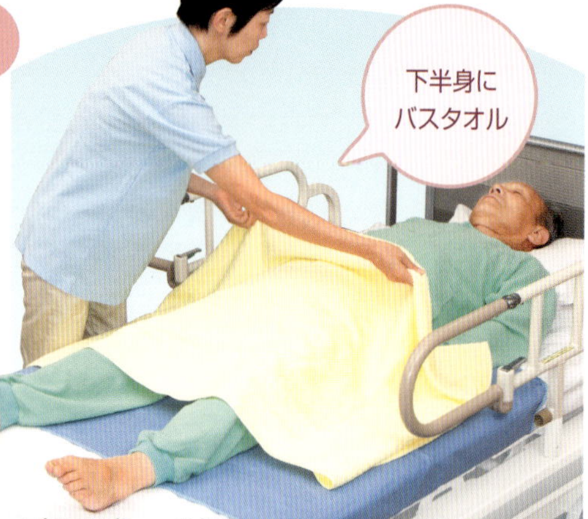
下半身に
バスタオル

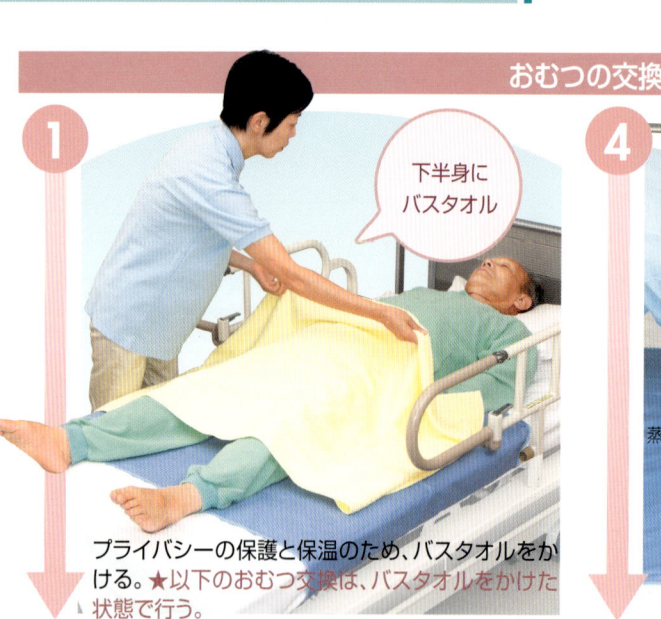

プライバシーの保護と保温のため、バスタオルをかける。★以下のおむつ交換は、バスタオルをかけた状態で行う。

2

おむつを開き、陰部洗浄を行う。

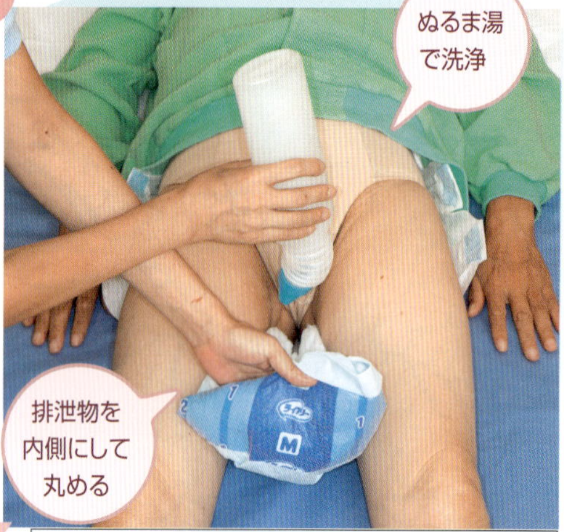
ぬるま湯
で洗浄
排泄物を
内側にして
丸める

実際には、バスタオルをかけた状態で行なっている。

3

利用者は側臥位。排泄物を包むように、おむつを丸める。

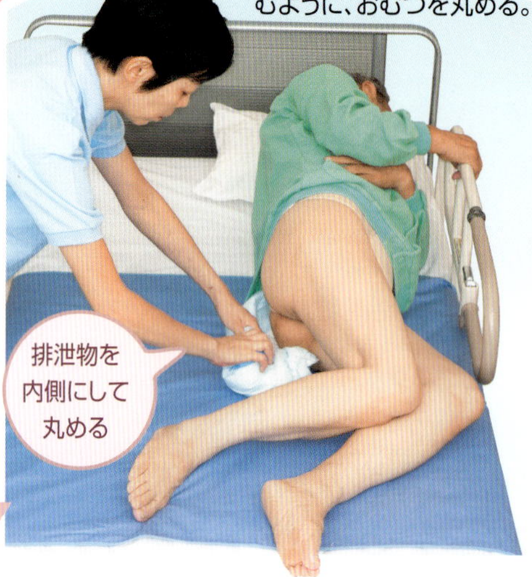
排泄物を
内側にして
丸める

4

臀部の広い範囲を清拭し、皮膚の状態を観察する。

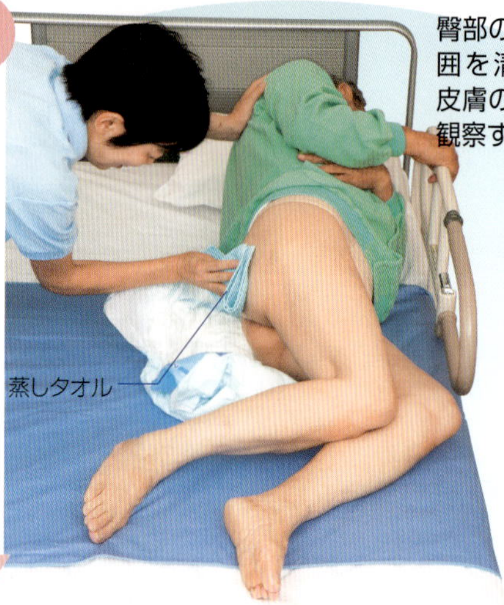
蒸しタオル

5

新しいおむつを広げる。

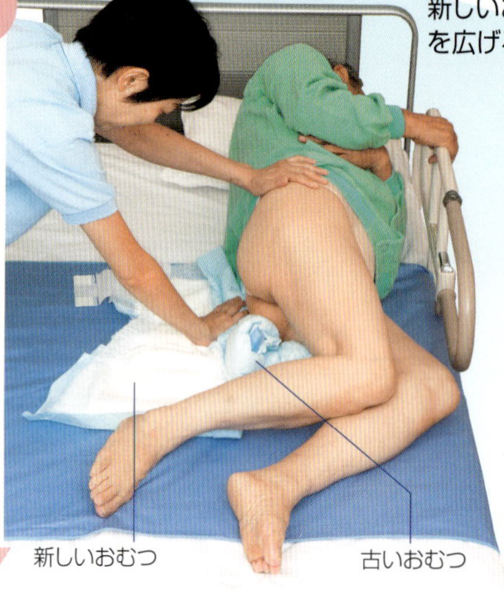
新しいおむつ
古いおむつ

6

利用者は反対側の側臥位。新しいおむつを引き出し、古いおむつをはずす。臀部を清拭する。

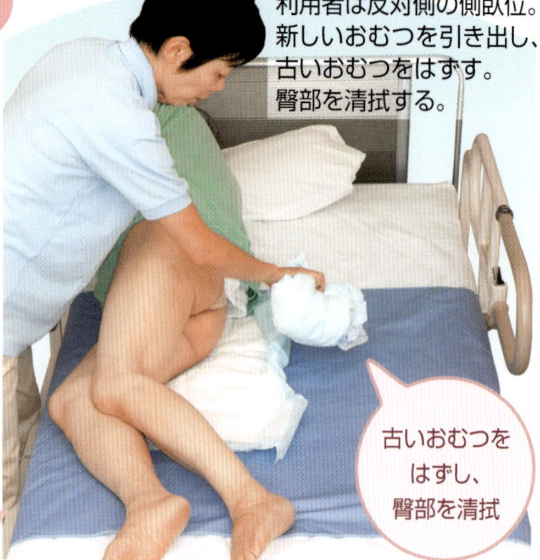
古いおむつを
はずし、
臀部を清拭

7

しわやたるみをなくす

紙おむつの中心、ウエストの位置を確認し、新しいおむつをきれいに広げる。

8

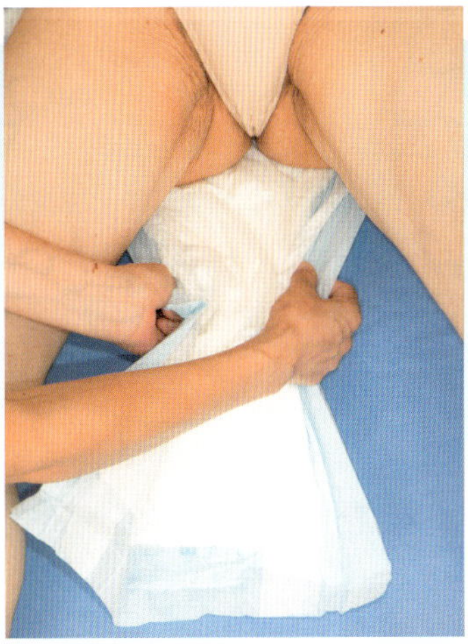

利用者は仰臥位。介護者は、おむつの外側のギャザーを広げて持つ。

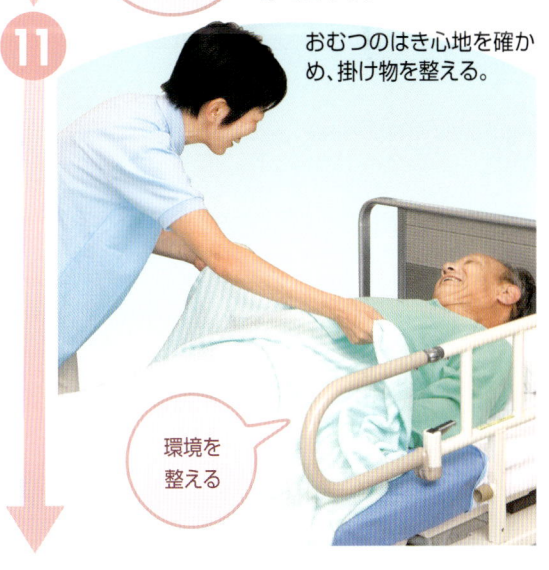

9

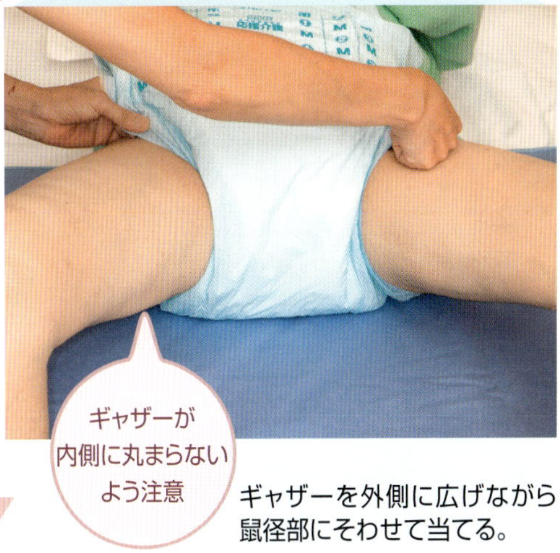
ギャザーが内側に丸まらないよう注意

ギャザーを外側に広げながら鼠径部にそわせて当てる。

10

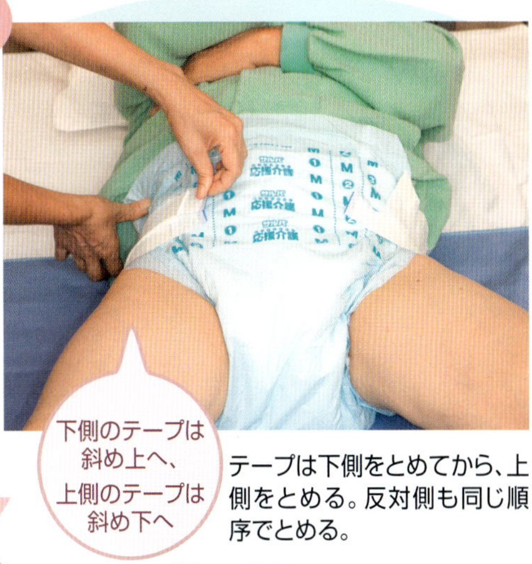
下側のテープは斜め上へ、上側のテープは斜め下へ

テープは下側をとめてから、上側をとめる。反対側も同じ順序でとめる。

11

おむつのはき心地を確かめ、掛け物を整える。

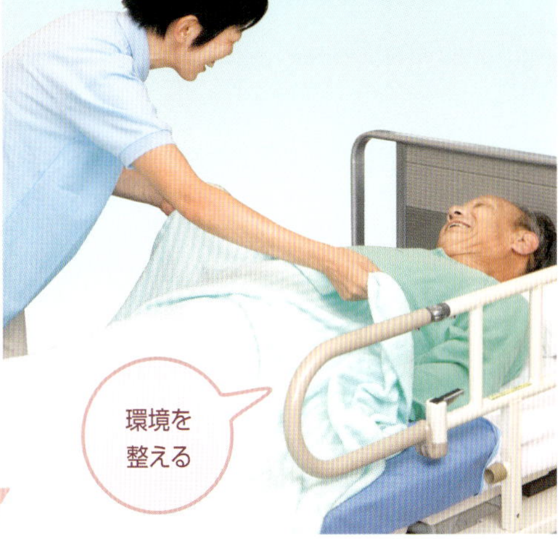
環境を整える

記録のポイント

- その日の体調・心理状態、尿・便意の有無、声かけに対する反応。
- 起居動作や、体位変換時の体調変化の有無・状態（顔色、表情などの観察結果、利用者からの訴えなど）。
- 性状（量、色、形状、においなど）。
- 排泄にかかった時間（スムーズに行えたかなど）。
- 陰部やその周囲の皮膚の状態（湿疹の有無など）。
- 他職種へ申し送った内容。
- 排泄後の過ごし方や、体調変化の有無。

心身ともにリフレッシュ

気分転換のための介護

最近では、介助者が付き添って外出をしている高齢者や障害者を見かける場面が増えている。これは、介護技術の確立とともに、杖や車椅子など福祉器具の性能の向上が影響している。
介助が必要な人であっても、安全性・快適性を確保しながら外出を楽しみ、日常生活をリフレッシュすることができる。

外出を楽しんで、心身ともにリフレッシュ

加齢や障害により介助が必要になると、日常生活における行動範囲が狭くなり、周囲との交流や刺激も減少する。心身機能が低下し、室内で閉鎖的な生活を送る傾向がある。
健常者にとっては、外出は特別なことではなく、移動や買い物などによる気分転換は、生活そのものである。たとえ、介助の必要な高齢者や障害者であっても、適切な介助により外出を楽しみたいものである。

気候のよい時期などは、外出により気分も高揚し、新鮮な空気をお腹いっぱいに吸い、新緑を感じ、心身ともにリフレッシュできる。
しかし、一歩外に踏み出すことは危険も伴う。段差や道路の状態によっては転倒の危険があり、重大な事態へと発展することもある。
外出にあたっては目的地の決定とともに、アクセスや道路状況、段差や坂道、トイレの場所、緊急時の対応や連絡方法など、入念な打ち合わせが必要である。

“自分のほしいもの”を、買いに行ける環境を整えよう

POINT

●自分の買いたいものを選び、自分でお金を支払うことは、社会参加につながる。

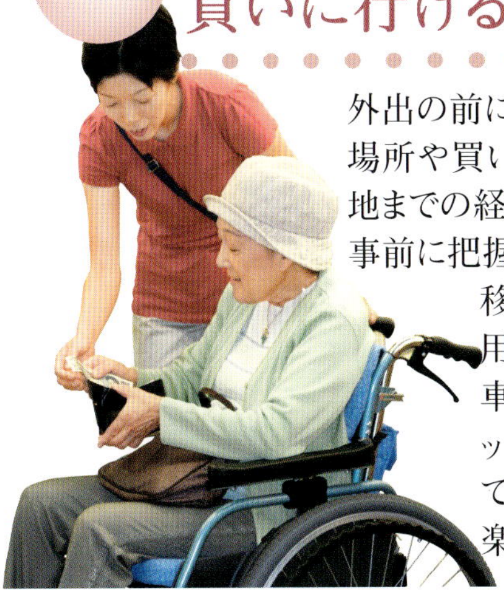

外出の前に、利用者の行きたい場所や買いたい物を聞き、目的地までの経路や道中の安全を、事前に把握しておく。

移動の際に使用する用具（杖の先端のゴム、車椅子のタイヤやストッパーなど）を点検しておき、安全に外出を楽しめるよう注意する。

外出介助には、移動だけでなく、生活全般の介護技術が必要

外出を介助するにあたっては、歩行や移動の介助だけでなく、食事、衣服の着脱、整容、排泄の介護、応急処置など、生活全般にわたる介護技術を身につけておく必要がある。さらに、利用者ひとり一人の意志を尊重した介護が求められる。

外出介助の計画とポイント

外出の予定が決まったら、何よりも大切なことは、安全に実行するための念入りな計画と準備である。一般には、次のような流れで進めていく。

1 利用者の意志確認

利用者から外出の希望や、行き先の要望などを確認し、できる限り実現できるように計画を立てる。

2 外出計画の作成

目的や場所に合わせ、利用者の身体の状態に注意しながら、外出計画を立てていく。

3 責任者・担当者、介護者の決定

利用者の状態をもっともよく把握している介護者が責任者になる。また、ボランティアを含め、外出に付き添う介護者の人数を無理のない範囲で決める。

4 移動手段の決定、器具の安全点検

車椅子や杖など必要な器具の安全点検を行う。自動車やバスを利用する場合は、乗降時の転倒防止のための確認などを行う。

5 服装や持ち物などの準備（利用者へのオリエンテーション）

利用者と相談しながら、外出の目的に合わせた服装や持ち物を準備する。利用者の安全を第一に考えるとともに、外出に向け前向きな気持ちを引き出していく。

6 各部署への連絡

各部署に外出日時、外出計画の詳細を連絡する。

7 緊急時の連絡方法

たとえ、入念な計画を立てての外出でも、万一の場合に備え、緊急時の連絡方法を明確にしておく。

8 個々に応じた対応

例えば、これまでなじみのない場所を訪れたり、利用者の特別な依頼にこたえる場合など、個々に応じた対応を検討する。

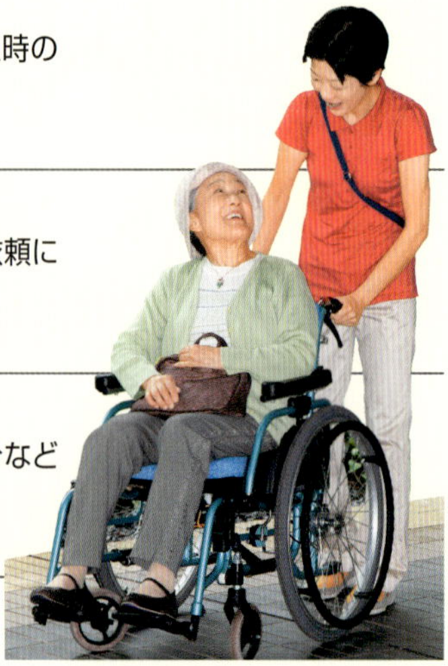

9 外出当日

利用者の体調や睡眠状態、朝食の有無、外出に対する現在の気分などを確認する。

杖

杖は利用者の身体の一部。自分に合った杖で快適に！

自分に合った杖を見つけ、どんな時にも自由自在に使いこなすことができたら、こんなうれしいことはない。しかし、歩行がスムーズになってきたり、痛みが緩和されてくると、利用者が杖を使わなくなる場合がある。

杖を使わないでいると、関節痛が治らない、状態が悪化するなどの場合がある。杖は、身体の一部。利用者には、愛着を持って杖の必要性を理解してもらうよう働きかける。

杖の種類

高齢者になくてはならない杖。最近では、軽くて丈夫なカーボン製の杖、色鮮やかでおしゃれな杖など、材質・デザインともに豊富にそろっている。

さまざまな種類の杖の中で、基本は一本杖（一支点）、もしくは四支点杖である。

安定性から考えると四支点杖がよいが、四支点杖は真上からの過重にのみ対応できるという欠点がある。最近では、三支点杖が現れ、あらゆる方向の加重に対応できることから、人気が出ている。

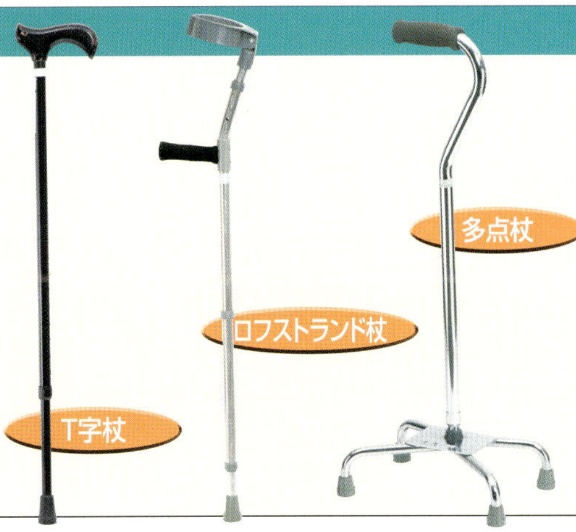
多点杖
ロフストランド杖
T字杖

介護うっかり！ NG集⑧

ズボンを持つ介助は、ちょっと待って！

よく見かけるズボンをつかむ介助。この方法は、利用者の腹位を締めつけ、一瞬、足元がふらつくなど、利用者はこわい思いをする。擦過傷の原因になったり、すでに腹部から臀部に傷がある場合には、治りにくくなる。どうしても身体の中心部を介助しなければならない時は、「介助ベルト」を使用する。

お腹が
苦しい…
ズボンが
持ちやすい
から

さあ、
早く、早く
行きましょう！
強引
なんだから…

腕をつかんで、無理やりおでかけ!?

利用者の腕をつかみ、「さあ、行きましょう！」と半ば強引に歩む介護者。これでは、楽しいはずの外出がだいなしに…。

杖歩行の利用者を介助する際は、杖を持っていないほうの肘に手を添えるだけで十分。必要に応じ、軽く背中に手をそえることもある。

車椅子

車椅子を押し始めるのは、利用者に声をかけてから

車椅子を使用しての外出も、めずらしいことではない。車椅子は、新しいタイプ、電動式など種類が豊富に出回っている。電動式車椅子を利用しての外出もみかけるが、ここでは、直接的に介助を必要とする利用者の車椅子での外出についてみていこう。

車椅子を押す時に大切なことは、移動を開始する際の配慮。突然、自分の座っている車椅子が動き始めれば、だれでも驚いてしまう。
車椅子を押す前には、必ず利用者にその旨を伝えてから介助にあたる。

POINT

- 外出先では、予測のつかないことが起きる場合もある。傘、おむつ、着替え、飲み物、傷への対応ができるように救急セット（絆創膏など）を事前に準備することも大切。

段差越え　車椅子での介助・・・段差のある所

段差を越える前に、利用者に声かけ

平坦な道での会話がはずみ、気分も高揚しているさなかに、突然、ガクンと段差に乗り上げることは、利用者を不快な気持ちにさせる。
車椅子で段差を越える時は、あらかじめ利用者にその旨を伝えることが大切である。ティッピングバーを踏み込んで前輪を上げ、できるだけ衝撃が伝わらないよう静かに前輪を下ろす。
常に周囲の環境に注意を払い、気持ちよく車椅子での外出を楽しみたいものである。

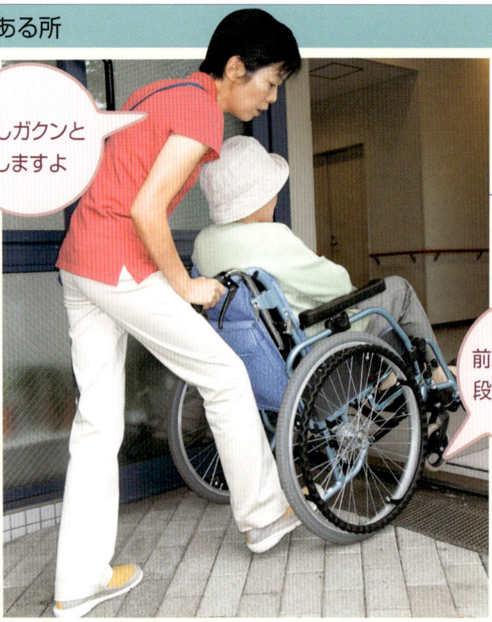
少しガクンとしますよ
前輪を上げて段差を越える

坂道　車椅子での介助・・・坂道

下りは後ろ向きに、注意深く

平坦な道が下りに入るなど、状況が変わる際には、必ず利用者に声をかける。
さらに、車椅子による坂道の下りには、細心の注意を払う。
介護者は車椅子のハンドルを体に近づけ、肘を引いて握る。後ろ向きに、時々進行方向を確認しながら、一定の速度で移動する。
速度が変則的であると、利用者に不快な感じを与える。

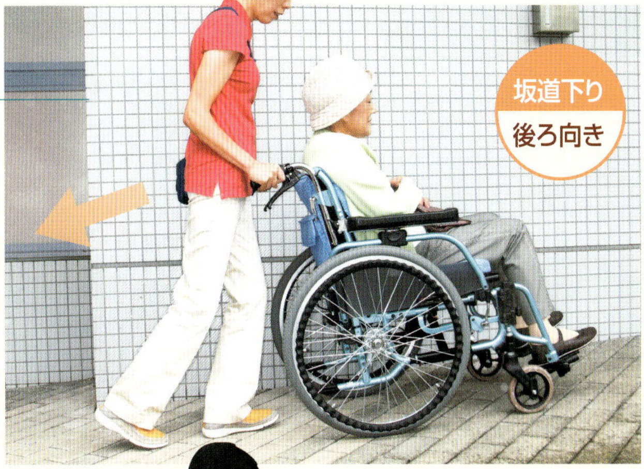

上りは前向き、進行方向を見ながら

平坦な道が上りに入る際には、必ず利用者に声をかける。
介護者は、肘を伸ばして車椅子のハンドルを握り、前傾姿勢で上っていく。下を向かず、進行方向を見て、安全を確認しながら進む。
移動速度は、できるだけ一定にすると、利用者に安心感を与える。

STUDYING

高齢者のアクティビティ

福祉機器の開発により、高齢者が外出する機会が増えている。また、施設ごとの利用者の暮らしも多種多様となり、これまで引きこもりがちだった人が、活気ある生活を送っている姿が見受けられる。
その一つが、施設などにおけるレクリエーションを取り入れた豊富なアクティビティである。
日常業務に加え、さらにアクティビティの提供となると、介護者にはかなりの負担がかかる。しかし、少しでも自立支援の足がかりになるなら、惜しみなく提供したいものである。

在宅であれ、入所・通所の施設利用者であれ、意欲の低下に伴う外出拒否は、身体的・精神的に決してよいことではない。しかしながら、利用者が望まないのに、外出やアクティビティに参加させるのは考えものである。
要は、外出やアクティビティに参加したくなる気持ちにすることが大切である。言葉で語るのは簡単であるが、実際に参加への動機づけを行うには、ひとり一人に対して、ていねいに接していくしかない。
焦る必要はない。自分ひとりの部屋から出て、集団の間へ。次は屋外で可憐に咲く花を見にいくなど、一歩、また一歩と前進していってほしい。

清潔のケア、体位変換、ベッドメーキング

ベッド上生活を余儀なくされる人への介護

高齢者が寝たきりになる三大要因は、脳血管障害などの神経疾患、大腿骨頸部骨折などの運動器疾患、身体の不活動状態により生じる廃用症候群である。終末期や急性期は安静が必要であるが、長期化すると様々な機能低下を招くことを念頭においてケアを行う。
ベッド上での生活は思うように動けない苛立ちや不安、だれかの手を借りなければならないストレスから内向的になり、疎外感を感じやすい。介護者は利用者の全身状態を十分に把握しながら、心理面にも配慮する。

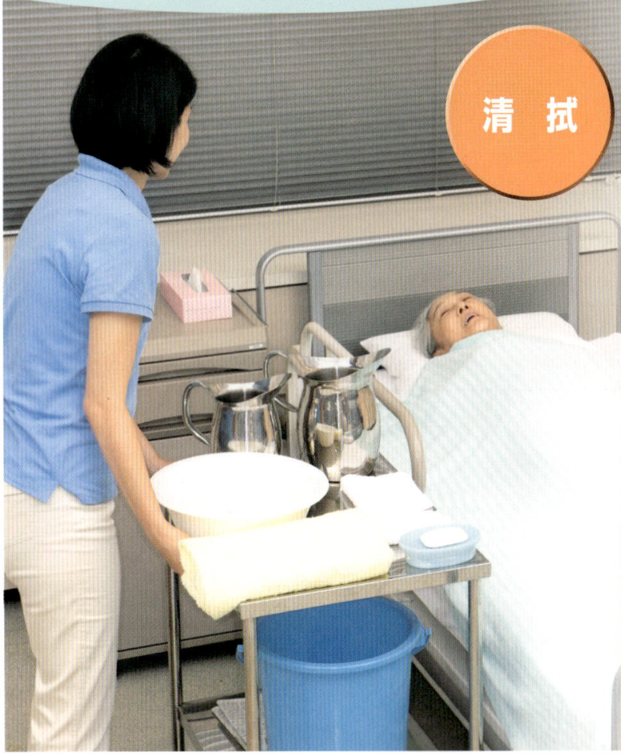

清拭

入浴ができない人には、清拭のケアを

入浴ができない人の体を拭いて清潔を保つことを清拭という。
清拭は皮膚の汚れを取り除き清潔を保つだけでなく、血液の循環を促進しマッサージ効果も得られる。さらに、苦痛の緩和、身だしなみを整えることで意欲が高まるなどの効果がある。
その日の利用者の体調や気分に配慮し、無理のない方法で行う。

必要物品

- バケツ2個（汚水入れ・55℃の湯）・洗面器
- ピッチャー（大=70℃の湯　中=水）
- バスタオル・フェイスタオル（下用は別に用意）
- 石けん（清拭剤）・水温計・新聞紙
- 着替え・タオルケット（または綿毛布）

ケアのポイント

- 声かけを適宜行い、コミュニケーションをとりながら行う。
- 不必要な露出は避ける。
- 清拭には、全身清拭と部分清拭がある。利用者の状況に合わせて行う部位と方法を決め、短時間で負担をかけずに行う。
- 蒸しタオルを部位全体に当て、その上を乾いたバスタオルで覆ってしばらく暖めると、血行が促進され、爽快感も得られる。
- 清拭剤を使う方法と、石けんをつけて拭いた後、蒸しタオルで2～3回拭き取る方法がある。
- 皮膚が重なっている部位は汚れがたまりやすいので、ていねいに拭き取る。
- 発赤や褥瘡がある場合は擦らない。
- 全身の皮膚の状態を確認し、必要に応じてクリームなどを塗る。

清拭の方法

1

事前に健康状態を確認し、必要な場合は主治医に相談する。
窓を閉め室温を調整、カーテンを閉めるなどプライバシーに配慮する。
必要物品は効率よく配置し、ベッドの高さを調整する。

POINT

- 事前に、顔色・食事・排泄・睡眠・バイタルサインなど健康状態を観察。
- 室内の適温は、22～24℃。

2

掛け布団を足元に折りたたみ、タオルケットをかける。清拭する部位のみ衣類を脱ぎ、バスタオルで覆う。

POINT

- 清拭部位はバスタオルで覆い、保温とプライバシーの保護に留意。

3

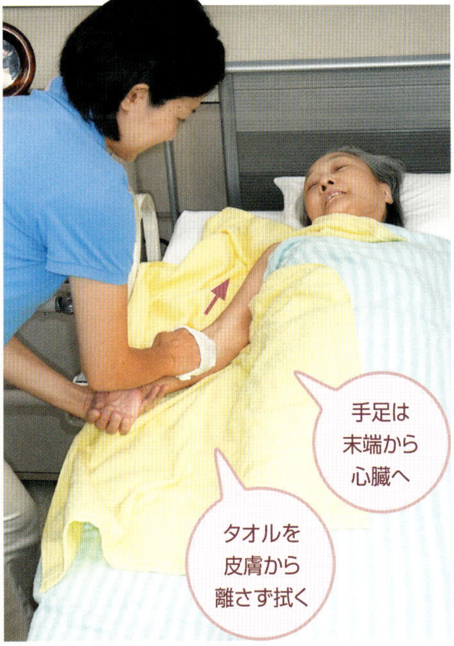
手足は
末端から
心臓へ
タオルを
皮膚から
離さず拭く

洗面器に55度前後の湯を入れ、タオルを絞る（または、水で絞ったタオルをビニール袋に入れ、電子レンジで3分ほど加熱、冷めないよう乾いたタオルでくるむ）。
利用者の体に当てる前に、介護者の前腕内側でタオルの温度を確かめる。

▼

手足は末端から心臓に向かって拭く。そのほかの部位は筋の走行に沿って拭く。

▼

腹部は腸の走行に従って「の」の字に拭く。

根　拠

■**タオルの温度**:気持ちよく感じるタオルの温度は50℃程度。45℃を下回ると肌に当てた時に冷たく感じる。冷めることを考慮し、手で絞れる最高温度55℃の湯で絞る。

■**拭き方**:手足は末端から心臓に向かって血液を戻すことで、血行が促進される。
腹部は「の」の字に拭くと、腸の蠕動運動を助け、排便を促す効果がある。タオルを肌から離さずに拭くと、暖かく気持ちがよい。

4

清拭後は、体についた水分で冷えないよう、すぐに乾いたタオルで拭く。

▼

衣服や寝具を整え、清拭が終わったことを伝える。
体調を確認し、水分補給をする。

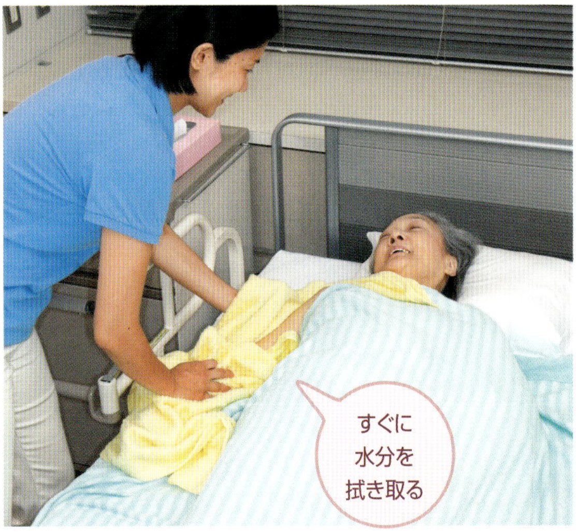
すぐに
水分を
拭き取る

記録のポイント

- 実施時間、所要時間。
- 清拭した部位と実施方法。
- 皮膚の状態（発赤・褥瘡の有無）。
- 利用者の訴えや反応、疲労の有無、体調の変化など（実施前・後のバイタルサイン）。

足浴

足浴は全身の血行を促進。リラックス効果がある

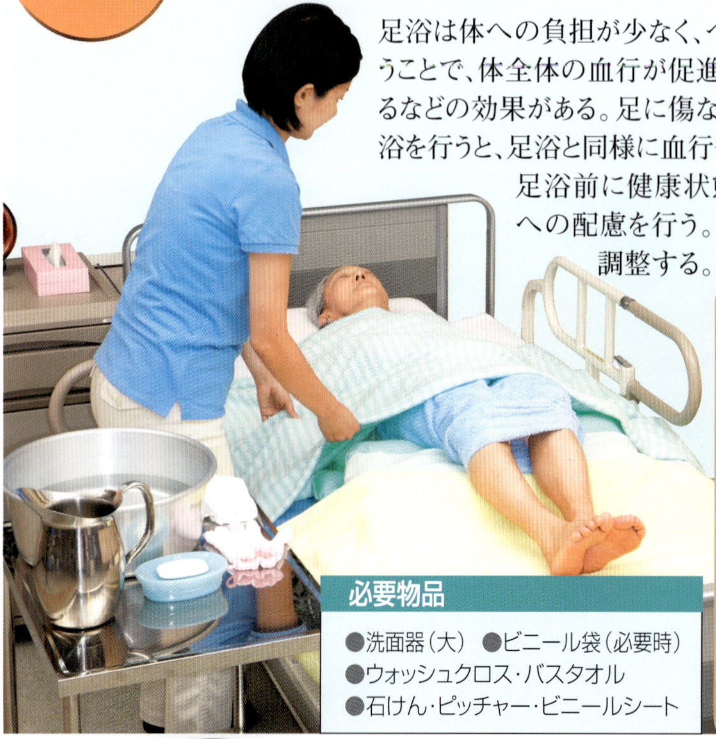

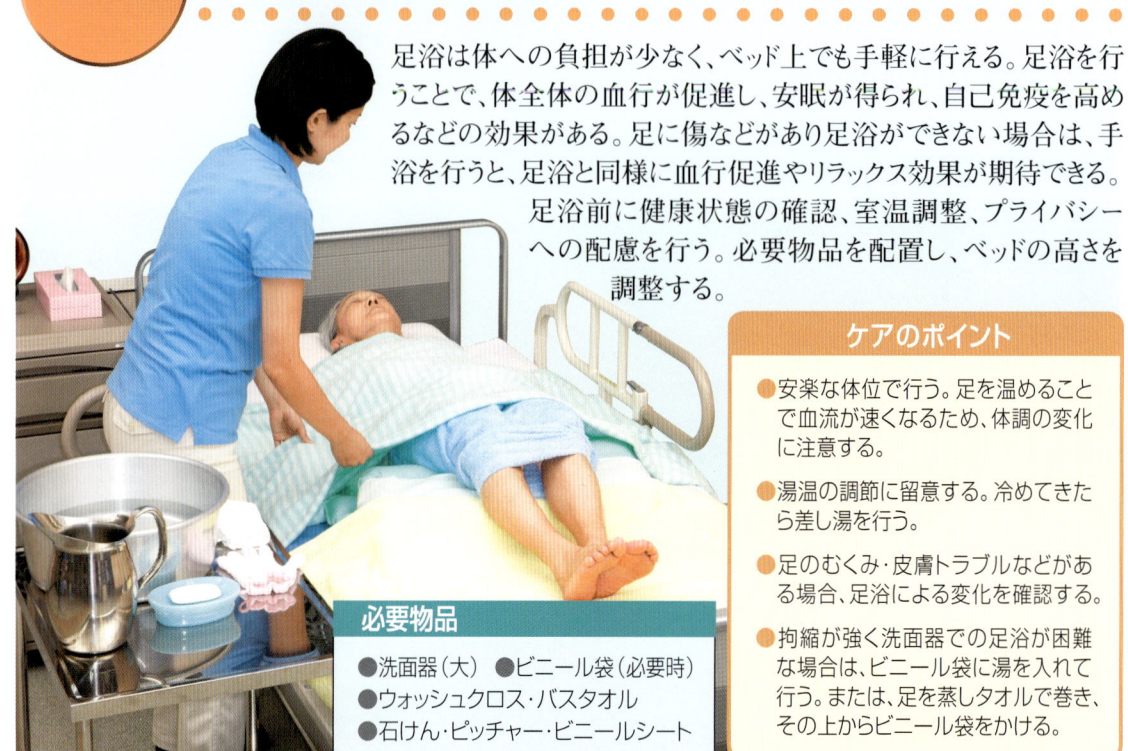

足浴は体への負担が少なく、ベッド上でも手軽に行える。足浴を行うことで、体全体の血行が促進し、安眠が得られ、自己免疫を高めるなどの効果がある。足に傷などがあり足浴ができない場合は、手浴を行うと、足浴と同様に血行促進やリラックス効果が期待できる。

足浴前に健康状態の確認、室温調整、プライバシーへの配慮を行う。必要物品を配置し、ベッドの高さを調整する。

必要物品

- 洗面器（大）　●ビニール袋（必要時）
- ウォッシュクロス・バスタオル
- 石けん・ピッチャー・ビニールシート

ケアのポイント

- 安楽な体位で行う。足を温めることで血流が速くなるため、体調の変化に注意する。
- 湯温の調節に留意する。冷めてきたら差し湯を行う。
- 足のむくみ・皮膚トラブルなどがある場合、足浴による変化を確認する。
- 拘縮が強く洗面器での足浴が困難な場合は、ビニール袋に湯を入れて行う。または、足を蒸しタオルで巻き、その上からビニール袋をかける。

足浴の方法

1

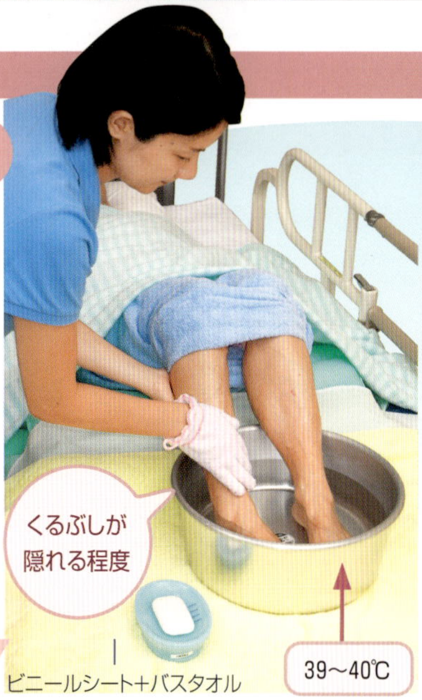
くるぶしが隠れる程度
ビニールシート+バスタオル
39～40℃

足に少量の湯をかけ温度を確認してから、静かに両足を入れる。

↓

ウォッシュクロスに石けんをつけ、指の間や付け根などを洗う。足底部はウォッシュクロスを丸め、一方向に向けて力強く擦る。

POINT

- 湯に好みの入浴剤やアロマオイルなどを入れると、よりリラックスできる。
- 足底部は力強く擦り、くすぐったさを緩和する。

2

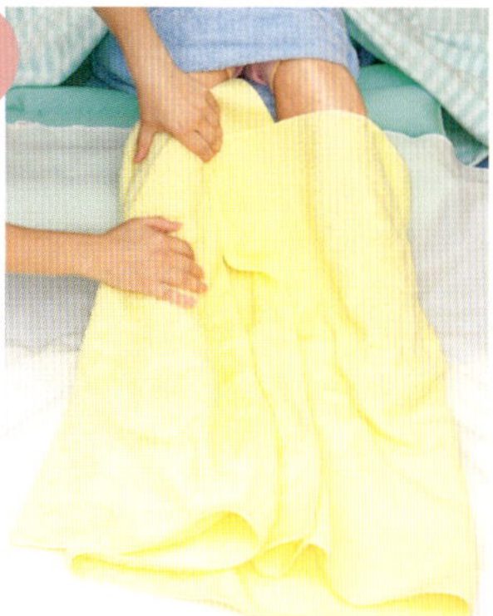

湯をかけ、すすいだ後、バスタオルで水分を拭き取る。

↓

足浴が終わったことを伝え、体調を確認する。

記録のポイント

- 実施時間、所要時間。
- 実施方法。
- 皮膚の状態（発赤、褥瘡の有無）。
- 指や爪の状態（形、長さ）。
- 実施前後の変化（むくみ、肌色）。
- 利用者の訴えや反応、疲労の有無、体調の変化など（実施前・後のバイタルサイン）。

洗髪　ケリーパッドを利用して、週1～2回の洗髪を

洗髪は、頭皮の汚れや皮脂を除去し、感染症を予防するだけでなく、爽快感が得られる。頭皮は皮脂の分泌が盛んな場所であるため、汚れがたまりやすい。年齢とともに皮脂分泌量は減少するが、1週間に1～2回の洗髪を心がけたい。洗髪前に健康状態の確認、室温調整、プライバシーへの配慮を行う。必要物品を配置し、ベッドの高さを調整する。

ケアのポイント

- 利用者の希望に応じて、耳栓やアイマスクを利用する。
- 洗ってもフケやかゆみが大量に出る場合には、洗剤の影響（成分・流し忘れなど）や洗いすぎによる乾燥が考えられる。洗い方を見直し、改善がみられない時には早めに皮膚科を受診する。
- 湯は適温（37～40℃）よりもやや高めに（準備中に冷めるため）。

洗髪の準備（ベッド上での場合）

必要物品

- ケリーパッド
- バケツ（湯用・汚水用）・ピッチャー
- シャンプー・リンス・ブラシ・ドライヤー
- クッション・ビニールシート
- タオル（バスタオル・フェイスタオル・蒸しタオル）

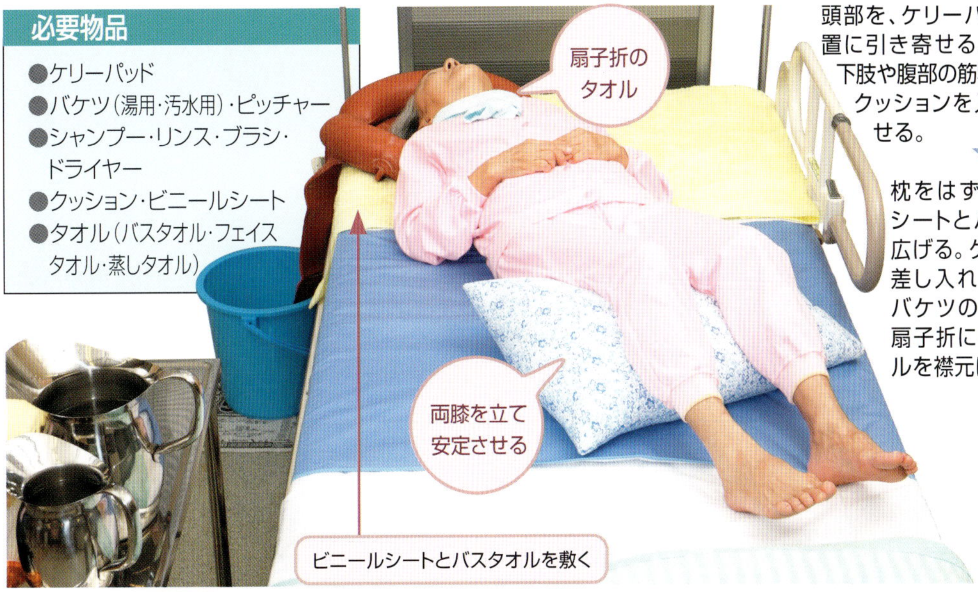

頭部を、ケリーパッドを置く位置に引き寄せる。両膝を立て下肢や腹部の筋緊張を緩和し、クッションを入れて安定させる。

▼

枕をはずし、ビニールシートとバスタオルを広げる。ケリーパッドを差し入れ、先端を汚水バケツの中に入れる。扇子折にした浴用タオルを襟元に巻く。

POINT

市販のケリーパッドがない場合

- ケリーパッドは身近な材料で、手作りすることができる。新聞紙を丸めて芯にし、バスタオルを巻く。U字型に曲げてビニール袋に入れ、写真のように形を整えて、洗濯ばさみでとめる。

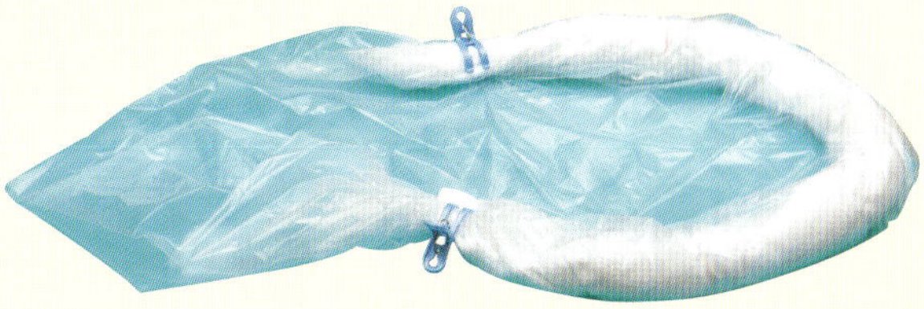

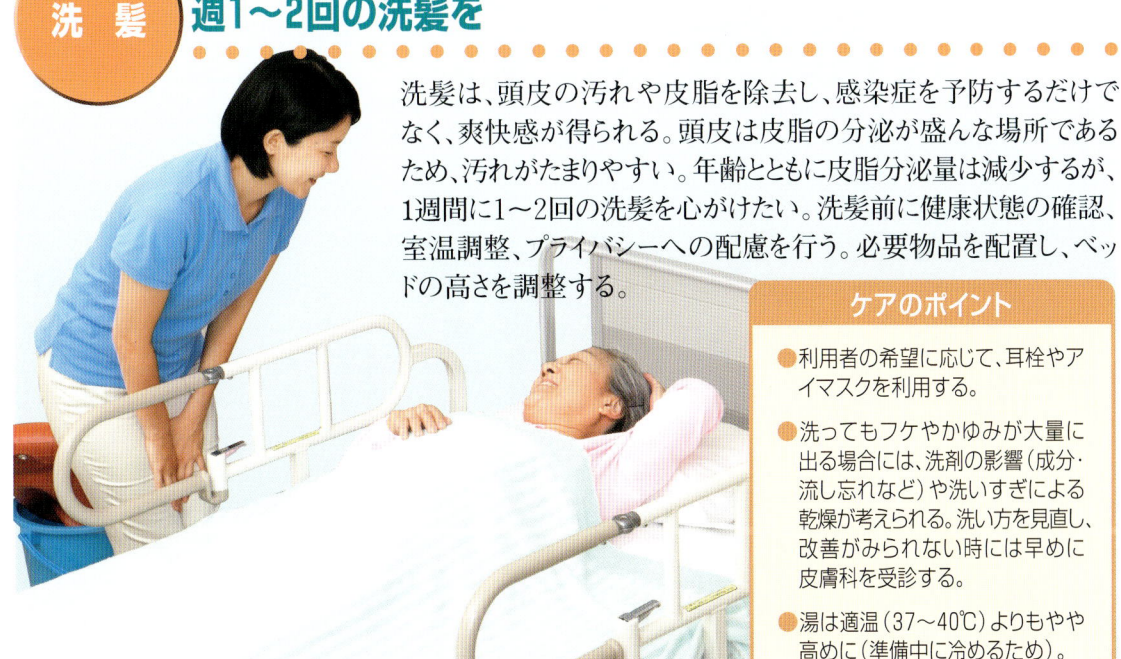

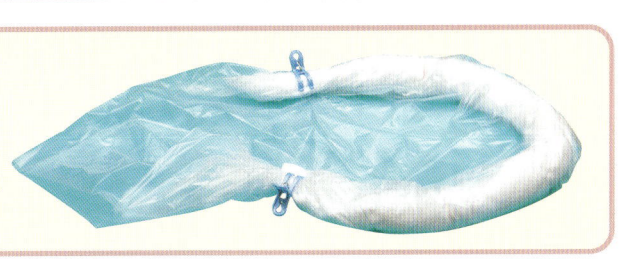

洗髪の方法（ベッド上での場合）

1

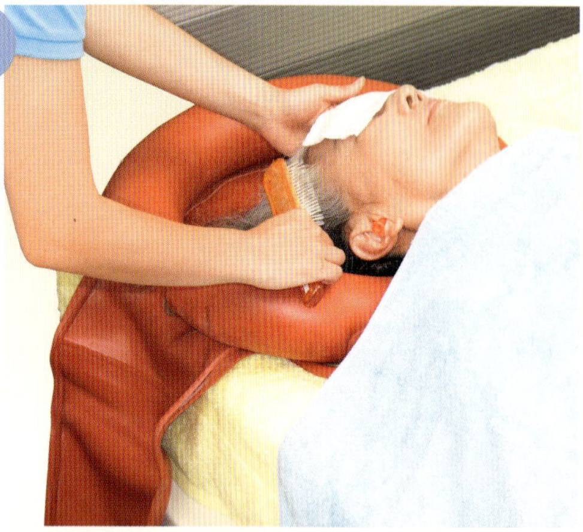

髪をブラッシングする。からまりをほどき、ほこりやちりを落とし、古い角質を浮かせて取りやすくする。

2

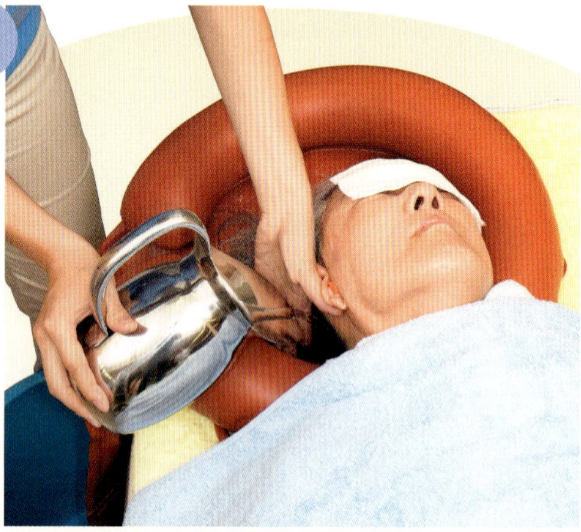

湯の温度を確認し、髪全体にかける。顔に湯がかからないよう、手でカバーしながら行う。

シャンプーを手にとって泡立て、髪全体につける。指の腹で優しく頭皮をマッサージする。

蒸しタオルで泡を拭き取り、湯をかけ、シャンプーを十分に洗い流す。リンスを髪全体につけ、すすぎを行う。

3

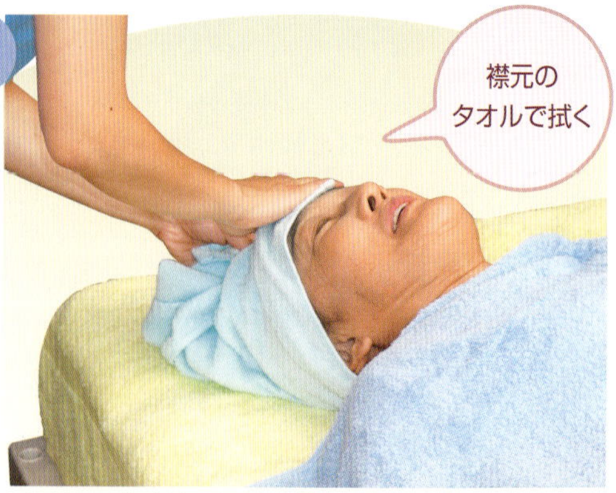
襟元の
タオルで拭く

ケリーパッドをはずし、襟元のタオルで、水分を拭き取る。

バスタオルで水分をよく拭き取る。

4

熱風を
直接、頭皮に
当てない

ドライヤーで髪を乾かし、ブラシで整える。

ビニールシートとバスタオルをはずし、体をベッドの中央に戻し、安楽な体位に調整する。

洗髪が終わったことを伝え、体調を確認する。

根　拠

■**湯温は、まず介護者が確認**:利用者に不快な思いをさせることがないよう介護者の前腕内側で確かめてから、利用者に確認する。

■**湯は低い位置からかける**:高い位置からかけると湯がはねるだけでなく、ピッチャーが顔の上にきて圧迫感がある。

■**指の腹で洗う**:爪を立てると頭皮を傷つける恐れがある。

■**泡を拭き取る**:すすぎの回数を減らし、利用者の負担を軽減する。必要最小限の湯量で十分にすすぎ、すすぎ残しによる皮膚トラブルを防止する。

記録のポイント

- 実施時間、所要時間。
- 実施方法。
- 頭皮の状態（フケ、かゆみ）。
- 利用者の訴えや反応、疲労の有無、体調の変化など（実施前・後のバイタルサイン）。

体位変換

少なくとも2時間おきに体位変換を

体位変換には、同一体位による苦痛を解消するだけでなく、血液の流れをよくし、循環障害や関節拘縮を予防する働きがある。また、介護者とのスキンシップにより疎外感が和らぎ、視界の変化が気分転換になる。

皮膚は200mmHg以上の圧が2時間以上加わると、壊死を起こす。自力で寝返りが打てない利用者は、少なくとも2時間ごとに体位を換える。圧が集中してかかる部位を把握し、クッションなどを利用して除圧を心がける。利用者の習慣に配慮し、本人が納得する体勢であることも重要である。

どこか
痛いところは
ありませんか?

ケアのポイント

- ベッドの高さを調整し、腰をかがめての介助は行わない（腰痛防止）。
- ボディメカニクスを活用する。
- 移動時は、ベッドとの摩擦面を減らす。
- 麻痺がある場合、原則として麻痺側は下にしない。患側の手足を保護する。
- 褥瘡がある場合には、移動時の摩擦やずれをできる限り少なくする。
- シーツや衣類のしわは伸ばす。
- クッションなどを利用してベッドと身体の隙間をなくし、特定部位に圧が集中しないようにする。

体位変換：水平移動から側臥位へ

1 健康状態、室温、プライバシーへの配慮を行う。ベッドの高さを介護者に合わせて調整する。

▼

枕を手前に引き、利用者の両腕を胸の上で組む。

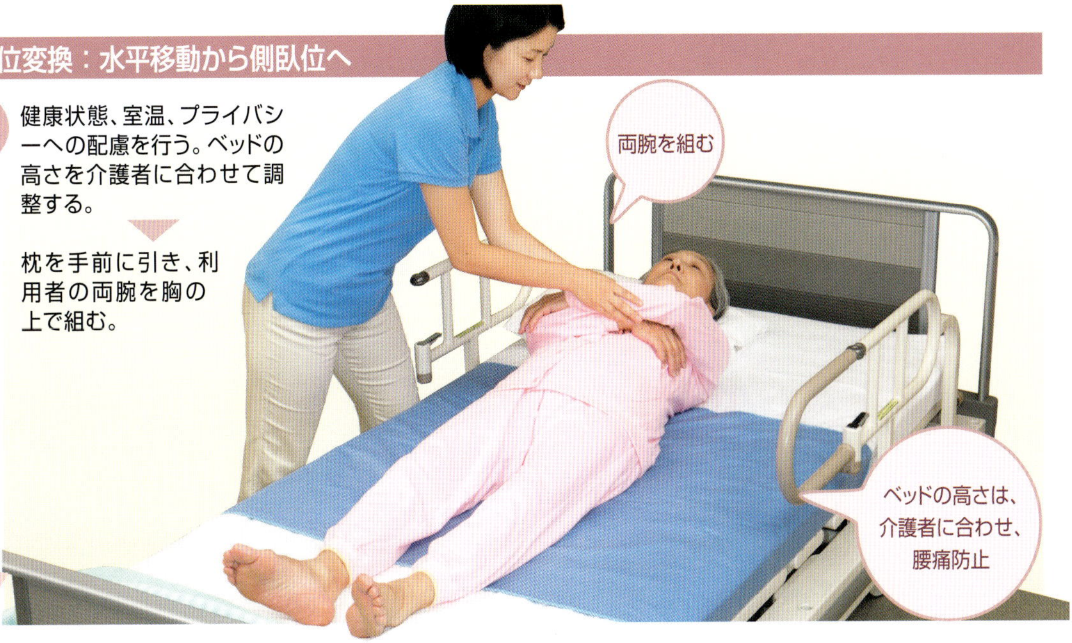
両腕を組む
ベッドの高さは、
介護者に合わせ、
腰痛防止

体位変換：水平移動から側臥位へ

2

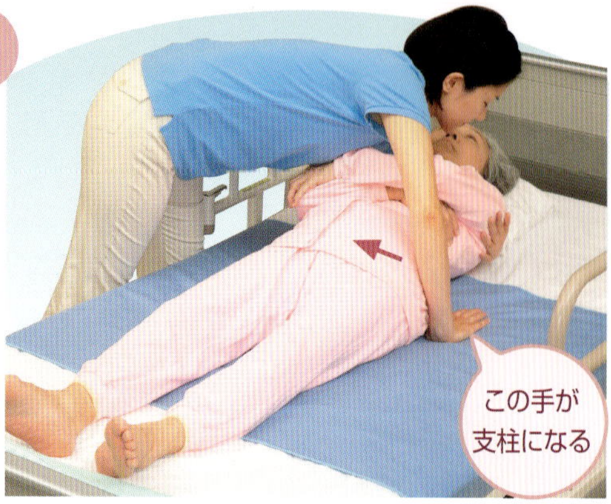
この手が
支柱になる

片腕を首の下に入れ、肩と首を支える。もう片方の手をベッドに着け、利用者の上半身を持ち上げ、手前に移動させる。

3

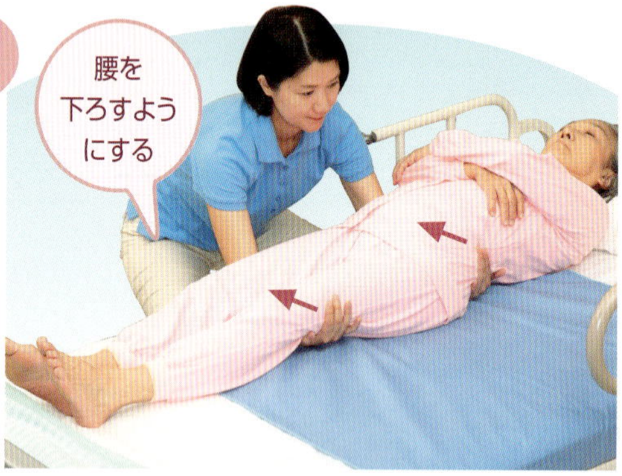
腰を
下ろすよう
にする

腰部と大腿部に手を差し入れる。両膝をベッド脇に着け、腰を下ろすようにして手前に引き寄せる。

4

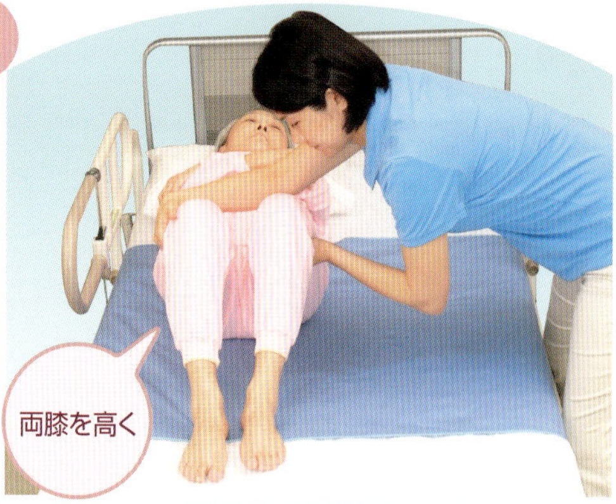
両膝を高く

両膝をできるだけ高く立てる。

根　拠

■**トルクの原理**：膝を高く立てるほど回転軸から離れるので、より小さな力で動かすことができる。

■**膝が立てられない場合**：足を組ませ、摩擦面を減らして行う。

5

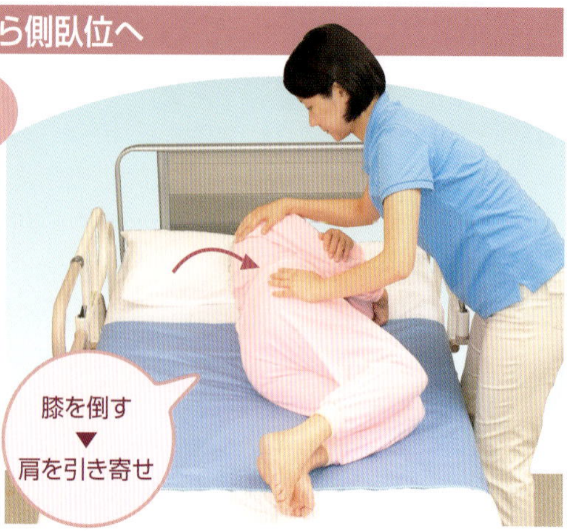
膝を倒す
▼
肩を引き寄せ

肩と膝頭に手を当て、膝を手前に倒してから肩を引き寄せる。

6

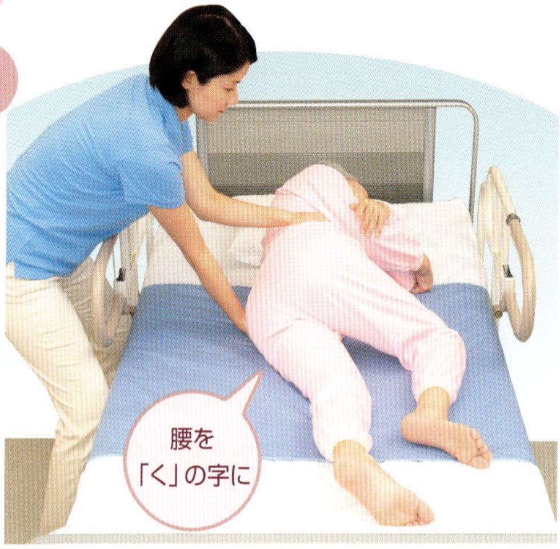
腰を
「く」の字に

腰部を両手で支え、くの字になるように引き寄せる。支持基底面積が広くなり、安定する。

7

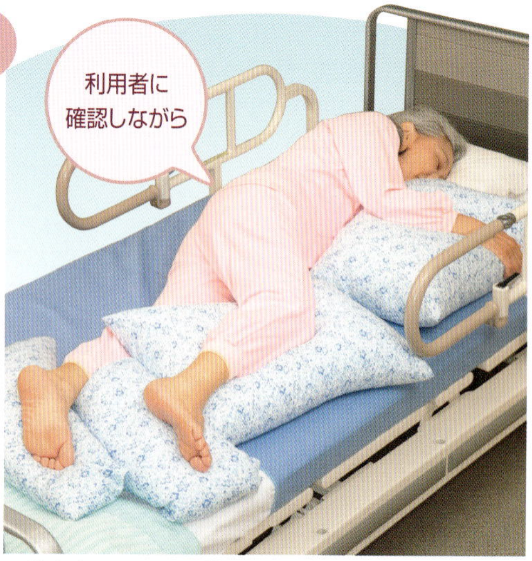
利用者に
確認しながら

枕やクッションを利用して、特定部位に圧が集中するのを防ぐとともに、安楽な姿勢に整える。

上方移動（ギャッチアップしている場合）

基本

1

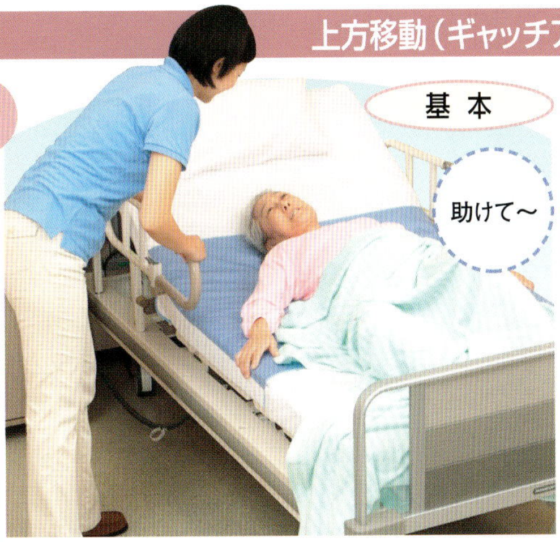
助けて～

ベッド頭部をギャッチアップしている場合、利用者の身体がずり落ちてしまう場合がある。このような場合は、まず、ベッドを水平に戻す。

2

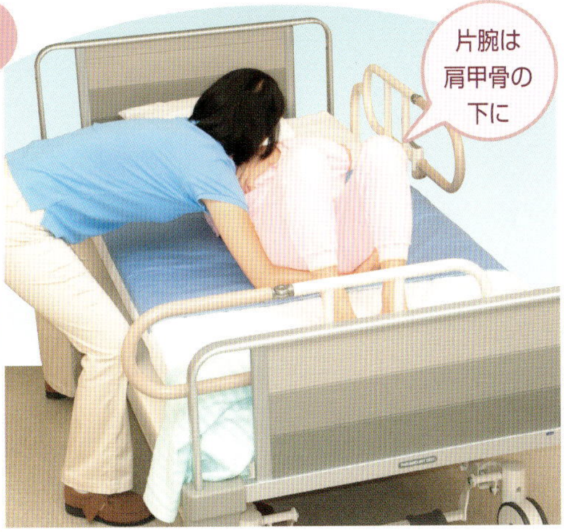
片腕は肩甲骨の下に

両膝を立て、介護者の片腕を肩甲骨の下に通し、もう一方で腰を支える。

3

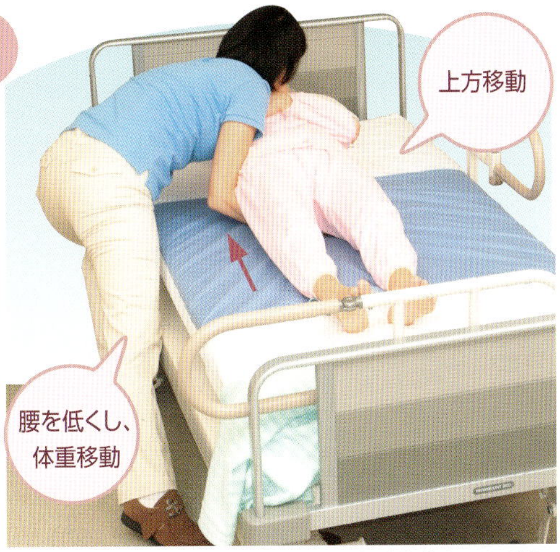
上方移動
腰を低くし、体重移動

介護者は足を開き、腰を低くし、体重移動をしながら、利用者を枕側へ移動させる。

応用

1

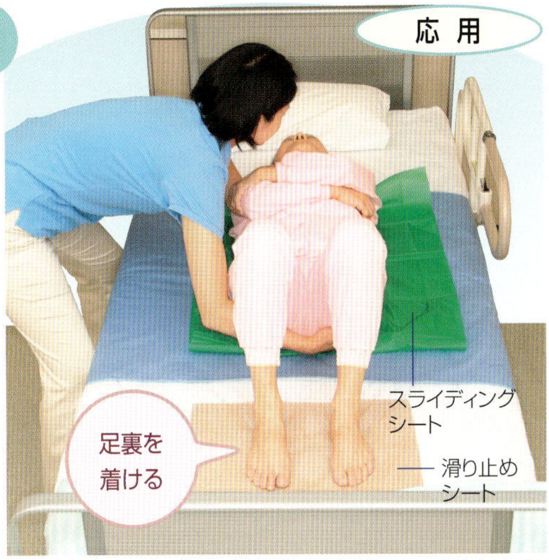
足裏を着ける
スライディングシート
滑り止めシート

体重が重い場合は、頭部から臀部に2つ折りにしたスライディングシート、足元に滑り止めシートを敷いて行う。

2

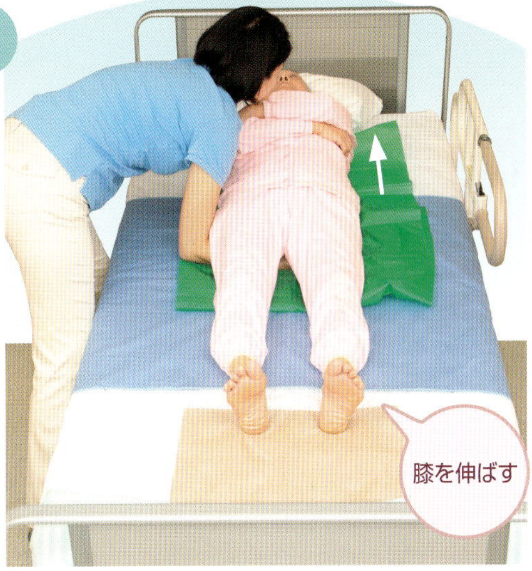
膝を伸ばす

利用者は、足裏をベッドに着けたまま、膝を伸ばす。同時に、介護者は基本の方法と同様に、上方移動を介助する。

記録のポイント

- 実施時間。
- 実施方法。
- 下になっていた部位の状態（発赤の有無）。
- 利用者の訴えや反応、痛みの有無、体調の変化。

ベッドメーキング　リネンの乱れがある場合：2人介助

リネンの乱れを整えるケア

ベッドで一晩を過ごすと、寝床内気候（温度32～34度、湿度45～55%）が保たれ、寝やすい環境になっている。しかし、一晩で水分200～300mLが排出されており、そのままにするとにおいなどが発生する。

ベッドメーキングにより、リネンの乱れを整えると同時に、寝床内の換気を行う必要がある。

1

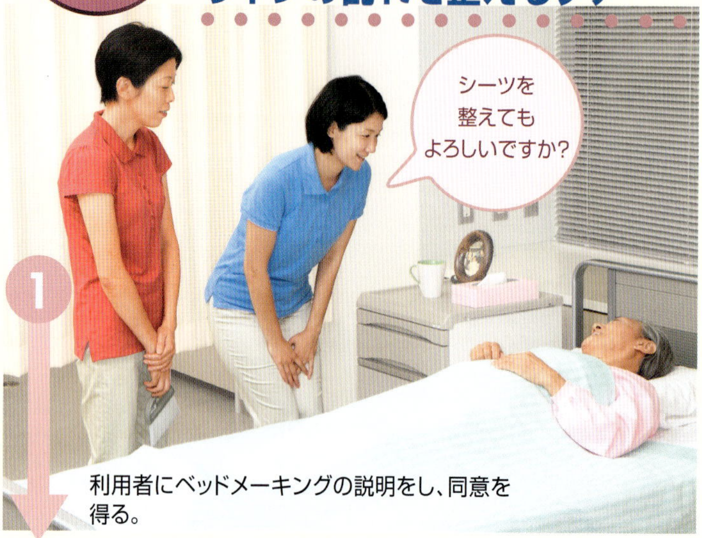
シーツを
整えても
よろしいですか？

利用者にベッドメーキングの説明をし、同意を得る。

2

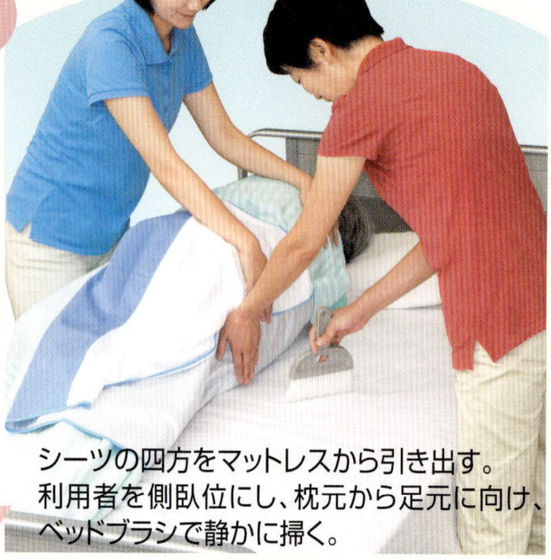

シーツの四方をマットレスから引き出す。利用者を側臥位にし、枕元から足元に向け、ベッドブラシで静かに掃く。

3

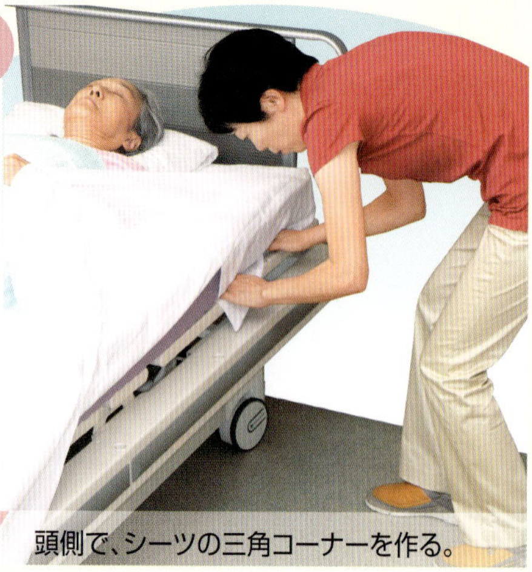

頭側で、シーツの三角コーナーを作る。

4

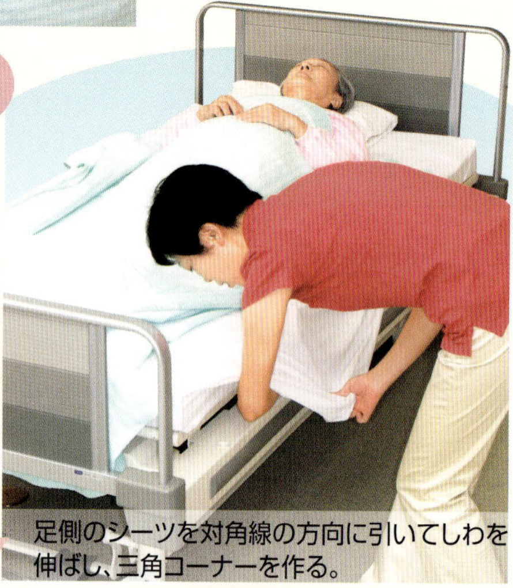

足側のシーツを対角線の方向に引いてしわを伸ばし、三角コーナーを作る。

5

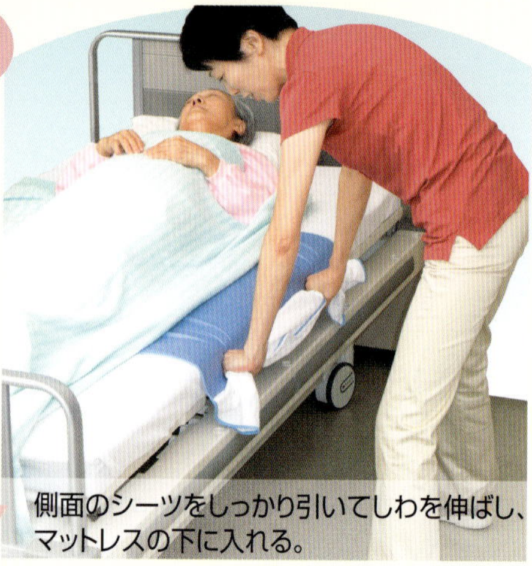

側面のシーツをしっかり引いてしわを伸ばし、マットレスの下に入れる。

口腔ケア

ベッド上での食後

食後は口腔ケアを忘れずに

ベッド上で食事をした後は、臥床する前に、引き続き口腔ケアを行う。
食物残渣を口腔内に残さないことが大切である。

1

食後の臥床前に、利用者に口腔ケアの説明をし、同意を得る。

▼

フェイスタオルを襟元にかけ、必要物品を準備する。

必要物品

- ●フェイスタオル（エプロン）
- ●口腔ケア用スポンジ
- ●コップ、ガーグルベースン、吸い飲み

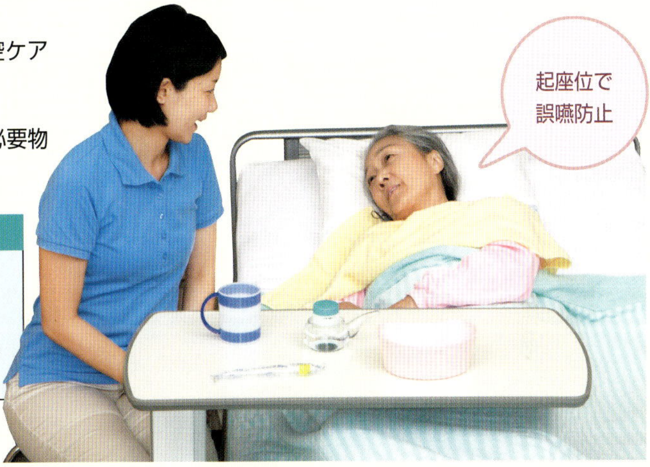
起座位で
誤嚥防止

2

食物残渣や歯垢、舌苔などをスポンジで取り除く。

▼

吸い飲みで口に水を含んですすぎ、ガーグルベースンで受ける。

POINT

- ●誤嚥しにくい体位（起座位、ファウラー位）で行うことが望ましい。その際、疲労しないように注意する。臥床状態で行う場合は側臥位で頭部を高くする。
- ●義歯がある場合は、取り外して洗浄し、口腔内を清潔にした後に装着する。

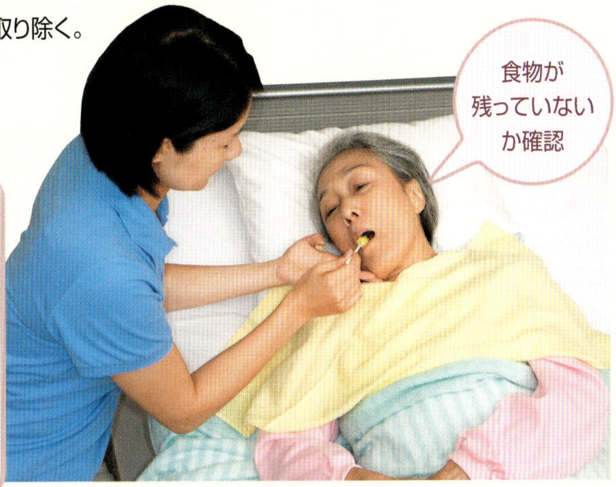
食物が
残っていない
か確認

3

口腔内が清潔になったのを確認し、タオルで口の周りを拭く。

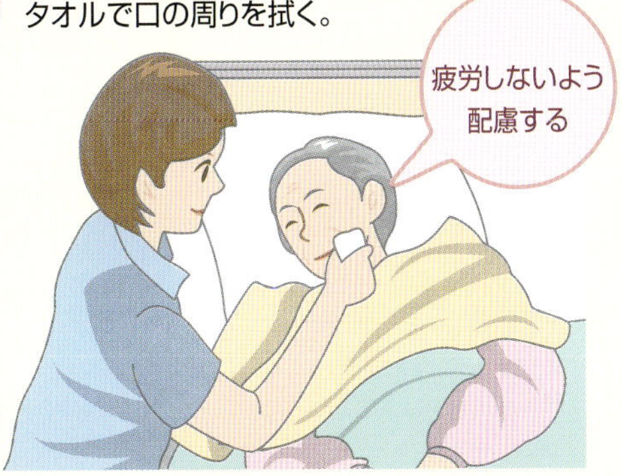
疲労しないよう
配慮する

根　拠

誤嚥性肺炎を防止

■口腔内に食物残渣があると、誤嚥につながり、誤嚥性肺炎の誘因となる。

■誤嚥性肺炎の多くは、唾液の分泌量が減少する睡眠中に細菌が繁殖し、それが唾液と混じって無意識のうちに肺へ誤嚥されて起こるといわれている。就寝前の口腔ケアを行うことは、口腔内の細菌の繁殖を防ぎ、誤嚥性肺炎の防止につながる。

より質の高い介護のために

実施した介護の記録

介護サービスを提供した後、その事実を証明し、サービスの質や技術の向上を図り、情報を共有し、よりよい介護を実現していくために、記録はなくてはならないものである。
記録の目的や種類、的確な記録の書き方について考えてみよう。

記録の目的

- 提供した介護サービスの内容を具体的に記録することで、事実や提供した介護の根拠をみえるものにする。
- 利用者のニーズを把握し、より適切な介護サービス計画の立案につなげる。
- 提供した介護内容を評価し、サービスの質や技術の向上につなげる。
- 情報を共有し、チームで行う介護を統一する。また、他職種とも情報を共有し、連携・協働しながら介護を提供する。

記録の種類

- 利用者個人に関する記録
  - ◎ ケース記録（面接時の記録、フェイスシート、介護計画、介護の経過など）
  - ◎ 各種チェック表（排泄記録、食事摂取記録、バイタルサインのチェックなど）
- 介護業務に関する記録（介護者が記入する機会が多いもの）
  - ◎ 介護日誌、夜勤日誌など
  - ◎ 会議録（ケースカンファレンス、そのほか各種会議など）
  - ◎ 活動記録（レクリエーション、行事などに関する記録）
  - ◎ 苦情や事故に関する記録

記録の原則

- だれが読んでも理解できる表現で書く。
- 簡潔に、かつ明瞭に書く（5W1H）。
- 必要な事実を正確に書く。
- 事実の発生日時や記入日時、記入者などを明確にする。
- 個人情報が流出しないよう、記録の保管には十分気をつける。
- その他の注意点：訂正する場合は、修正液などを使用せず、訂正箇所に二重線を引き訂正印を押す。

記録は、事実を具体的にわかりやすく書く

実施した介護の記録は、利用者の行動、発言、状況について、簡潔かつ具体的に書くことが必要である。さらに、それに対して介護者がどのように対応したのかを、簡潔かつ具体的に記録する。第三者が読んでわかる文章を心がけたい。

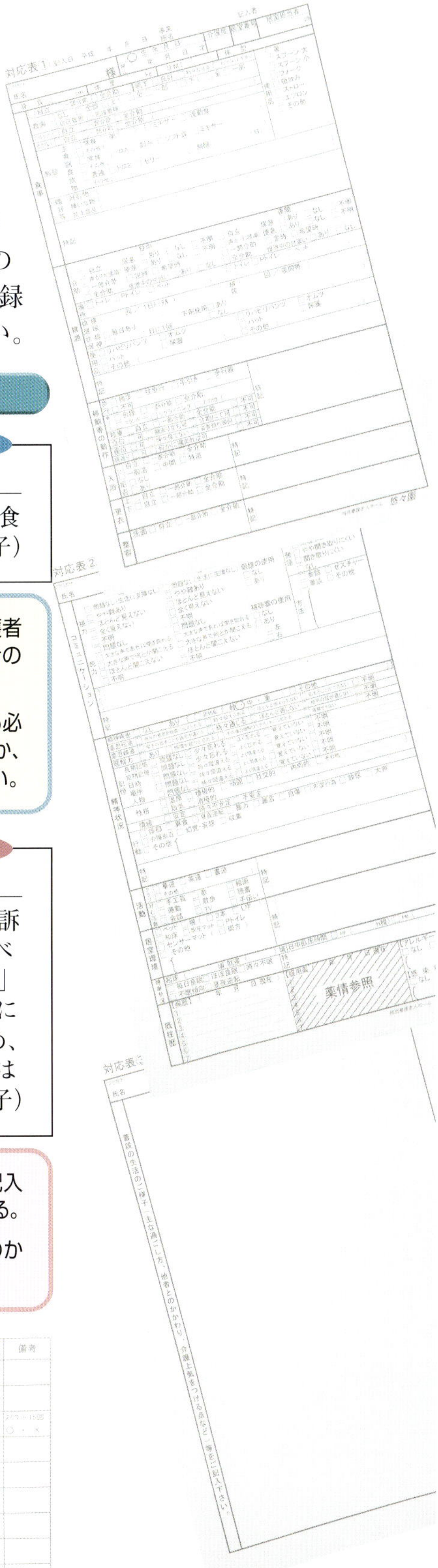
対応表1

対応表2

薬情参照

対応表3

介護記録の書き方

悪い例

5月24日（月）

昼食介助時、「もういらない」と本人から訴えがある。もう少し食べるように勧めるが、食欲がない様子だった。（○山○子）

⇒この記録は、「もういらない」という利用者の訴えに対する介護者の対応が抽象的でわかりにくい。また、その対応に対する利用者の反応も書かれていない。

⇒「食欲がない様子だった」とあるが、具体的な摂取量を記入する必要がある。この記録内容では、食欲がない様子で食べなかったのか、それとも食欲はない様子だったが食べたのか、結果がわからない。

よい例

5月24日（月）

昼食介助時、数口食べたところで「もういらない」と本人から訴えがある。海苔の佃煮があることを説明すると、「それなら食べる」と返答があり介助するが、2、3口食べると再び「いらない」とのこと。ほかの副食についても説明し、食べてみるか本人に確認するが、「おなかがいっぱいなのでいらない」と話すため、介助を終了する。主食、副食ともに1／3程度の摂取。お茶は全量摂取する。（○山○子）

⇒この記録は、利用者の訴えに対する介護者の対応が具体的に記入されている。また、その対応に対する利用者の反応も書かれている。

⇒具体的な摂取量が記入されており、利用者がどの程度食べたのかが第三者にもわかりやすい。

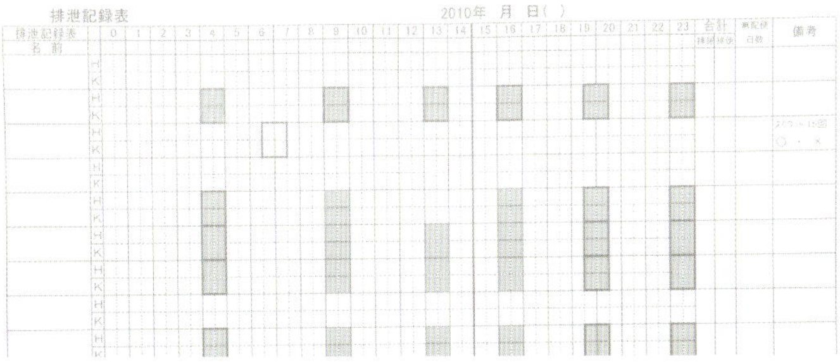
排泄記録表

2010年　月　日（　）

備考

資料提供／特別養護老人ホーム 悠々園

医行為ではない処置を安全に

介護者が行う医療的処置

高齢者介護・障害者介護の現場においては、それが「医行為」かどうか、判断に迷う場面がある。「医行為」は、医師や看護師など、免許を持つ者だけに許される。
平成17年、厚生労働省通知(p118〜119)により、「医行為」ではないと判断された処置を取り上げ、安全に行うポイントをみていこう。

体温測定（腋の下、外耳道）

●体温は毎日、同じ時間に測定する	⇒体温は1日の中で変動があり、午後3時〜6時が最も高く、午前2時〜6時が最も低く、その差は1℃以内である。
●運動や食事直後の検温は避ける	⇒運動直後は代謝が亢進し、体温が上昇している。 ⇒食後30分前後に体温が上昇することがある。
●異常の判断	⇒体温をいつも同じ部位・時間に測定していた場合、平常体温より1℃以上上昇した場合は発熱と考える。脈拍や表情、そのほかの状態も合わせて観察する。

腋の下

腋窩検温法	
●麻痺側での測定はできるだけ避ける	⇒麻痺側は健側に比べ血流が悪く、温度差が生じやすい。 ⇒麻痺側は、筋力低下により腋の下への体温計の固定が難しい。
●腋の下の汗は拭き取る	⇒汗でぬれていると体温計が密着せず、また、汗により熱の放散が起こり、測定が不正確になる。
●体温計は45度の角度で、腋の下の中央に当てる	⇒検温部を腋の下の中央に当て、上腕を胸のほうにつけるように密着させることで、腋窩動脈に近い位置の温度を測定。
●電子式の場合、ブザーが鳴ってから3分以上待つ	⇒体温ブザーは、値が体温に近くなったことを知らせるのであり、終了の合図ではない。

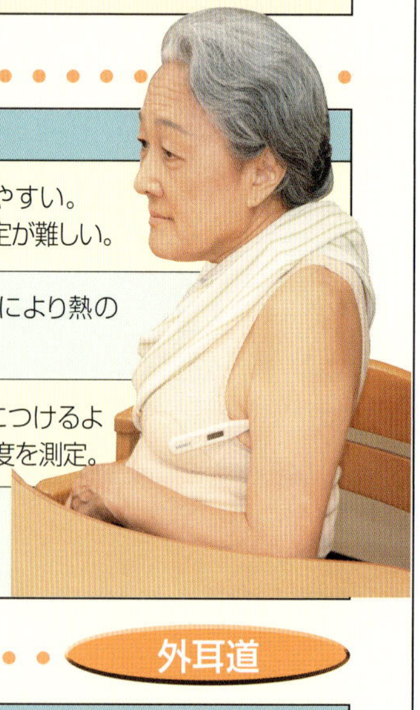

外耳道

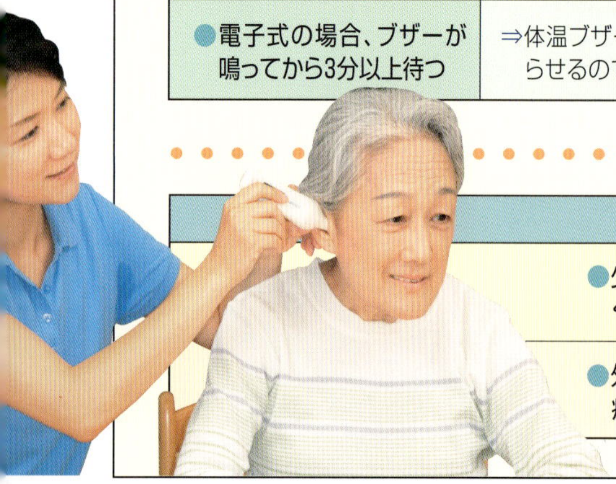

耳式体温計の挿入
●少し耳介を引っ張るようにして、S字に曲がっている外耳道を真っ直ぐにして挿入すると、体温計がフィットしやすい。
●外耳に炎症がある場合は、耳式体温計を挿入することにより感染や症状の悪化となるので避ける。

血圧測定（自動血圧測定器） 自動血圧測定器を用いた血圧測定

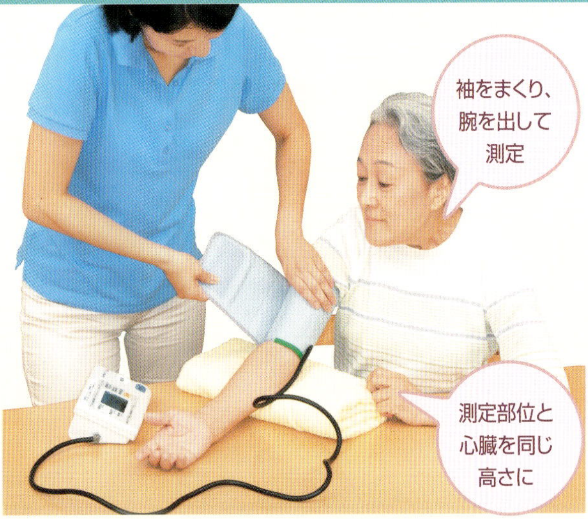
袖をまくり、
腕を出して
測定
測定部位と
心臓を同じ
高さに

1. 衣類の袖をまくり、測定する部位を出す。
2. 測定時の体位（座位あるいは臥位）で5分以上安静にする。いつも同じ体位で測定したほうが、測定値の変化が判断しやすい。
3. 測定部位と心臓は、同じ高さに位置することが原則。座位で測定する場合、腕の位置が心臓より高くなったり低くなったりすると、正確な血圧が測定できない。

WHO（世界保健機関）・ISH（国際高血圧学会）による高血圧分類（1999年）

正常血圧	最大血圧130mmHg未満、かつ最小血圧85mmHg未満
高血圧	最大血圧140mmHg以上、もしくは最小血圧90mmHg以上

★正常値は一般的な値であり、高血圧と診断を受け降圧剤を服用している場合などは、その人にとって「安定した値」がある。値の判断は医療従事者に任せ、その場で利用者に助言することは避ける。

★値が利用者の状態を左右することがあるので、測定結果は医療従事者へ報告、測定値、利用者の状態を記録する。

測定値の記録

- 体温はTemperatureの頭文字をとって「T.」
- 血圧はBlood Pressureを略語にし「Bp.」
- 記載例：T.36.3℃　Bp.124／72mmHg

動脈血酸素飽和度測定 パルスオキシメーターの装着

★パルスオキシメーターは、皮膚の表面から動脈血液中の酸素飽和度（SpO_2）を測定する機器である。

★医師の指導･監督のもと、酸素療法をしている人や気管内カニューレを装着している人などに使用する。介護者は、パルスオキシメーターが正しく装着されているか、数値が何を意味しているかを理解する。

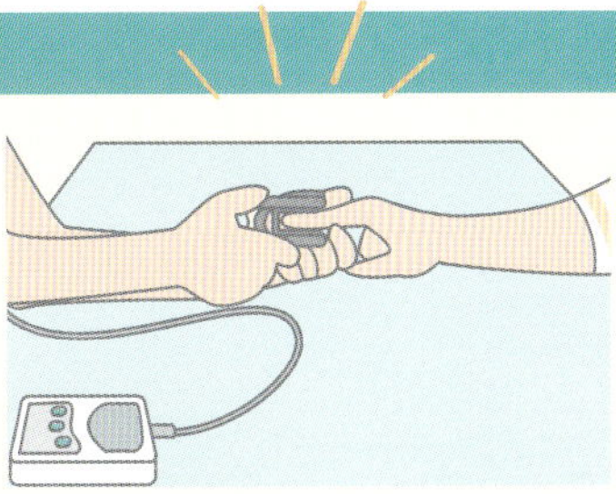

1. 利用者によって使用する機器や装着部位が異なる。かかりつけ医や看護師などから使用方法や装着部位について指導を受ける。
2. 装着する前に、装着部位を乾いた布などで拭く。
3. 機器の発光部センサーに、爪の位置がくるよう装着する。

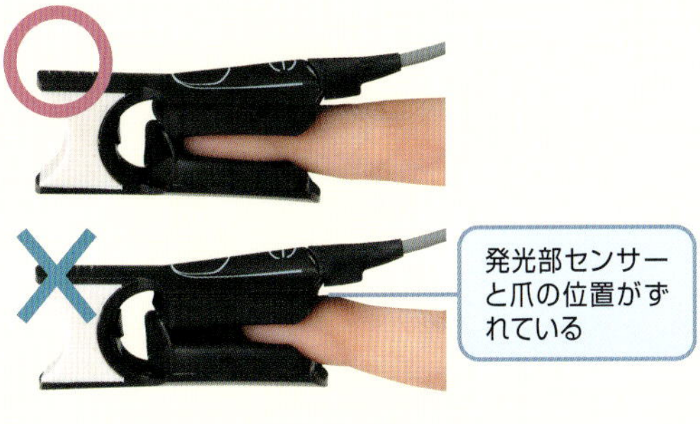
発光部センサーと爪の位置がずれている

軽い傷

軽微なやけど

軽微なやけどの処置

1. やけどをした皮膚を流水で15分以上冷やす。
2. 水ぶくれは破らないようにする。衣服の上からのやけどは、皮膚が剥がれてしまうので脱がさずそのまま冷やす。

軽微な切り傷

軽微な切り傷の処置

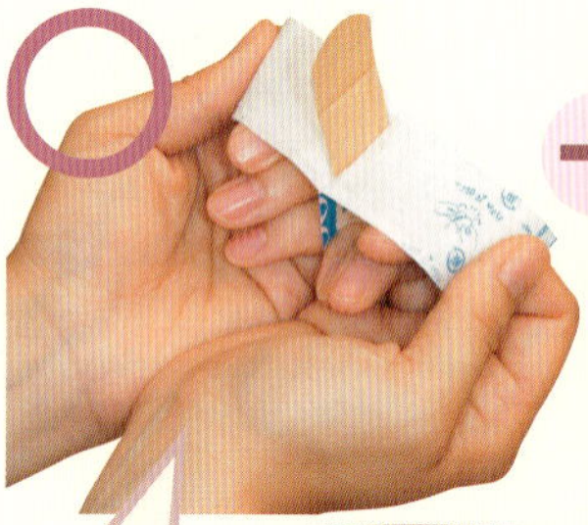

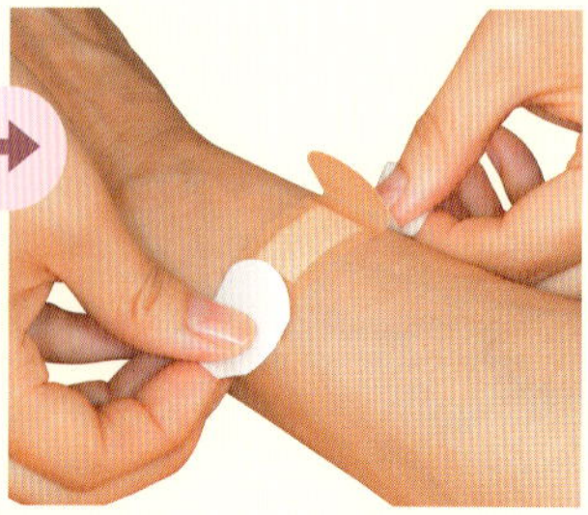

POINT

●絆創膏は、包装を端から左右に開いて取り出す。傷口に当てる部分に触れないように、シールを両手で開いて貼付する。

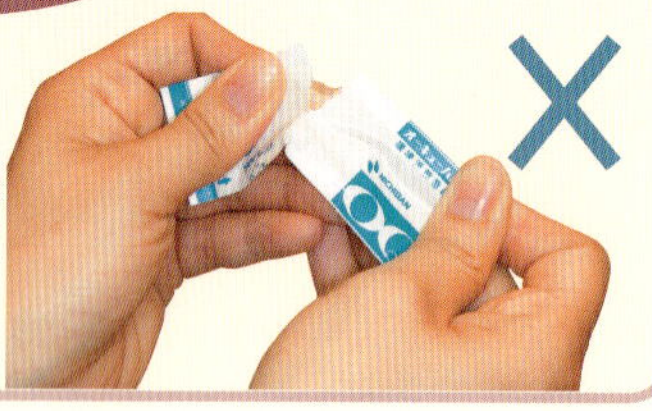

1. 出血がある場合は、出血部にきれいな布などを当て、圧迫止血をする。
2. 消毒液は、医師の指示により使用する。
3. 傷口に汚れがある場合は、洗い流す。
4. 消毒後、傷口を乾燥させる。
5. 絆創膏の包装を開く。傷口に当てる部分は清潔になっているため、ここに触れないようにして、貼付する。
6. 高齢者は抵抗力が低いため、細菌感染などで悪化しないように、処置後はその経過と処置について医療従事者へ報告する。

薬の介助

軟膏・湿布

皮膚への軟膏塗布、湿布貼付

1. 皮膚の汗や汚れなどを広範囲に拭き取る。または洗い流す。
2. 医師が処方した軟膏や湿布を塗布、または貼付する。

点　眼

点眼の方法

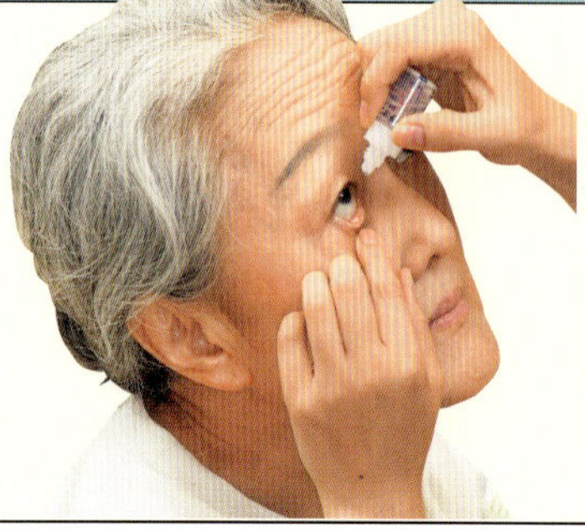

1. 下眼瞼結膜の中央に薬液を1滴落とす。この時、容器が目に触れないようにする。
2. 滴下後は鼻へ流れるのを防ぐため、まばたきせず、1分間ほど静かに目を閉じ、目頭の部分を軽く圧迫する。
3. 一般に、薬剤の効果を得るのに必要な点眼量は1滴でよい。それ以上点眼しても、5分以内は目の粘膜に次の薬剤は取り込まれないといわれている。複数の薬を点眼する時は注意が必要である。

内服薬

薬の内服介助

1. 内服薬は、必ずコップ1杯ほどの水や白湯と一緒に飲む。水なしや少しの水で飲んだ場合、薬が食道に付着し、そこに潰瘍ができることがある。また、十分な水は胃の中で薬を速やかに溶かし吸収をよくする。
2. 食間・食前・食後に飲む薬で、都合により食事をしなかった場合は、基本的に食事に関係なく薬を飲む。ただし、糖尿病の薬は食事をせずに服用すると低血糖を起こすため、食事を優先する。
3. 薬の飲み忘れに気がついた時は、飲み忘れたからといって1度に2回分飲むことはしない。「特に忘れず飲むように」と指示がある場合は、すぐに医師や薬剤師に連絡し、指示を受ける。
4. 苦い粉薬で飲みにくく、むせの原因になっている場合は、オブラートに包む。粉薬をオブラートに入れ、包んだ先端を水につけて密着させ、水に浮かせて飲む。

坐　薬

坐薬の挿入

1. 確実に坐薬を挿入し、腹筋の緊張を取り除くために側臥位をとる。
2. 坐薬の先端に潤滑油を塗り、人差し指を坐薬のくぼみに当て、親指と中指で肛門を開き、静かに押し込む。
3. 挿入時は口呼吸をしてもらい、坐薬を4cm以上挿入する。
直腸膨大部まで届かず、肛門括約筋の途中までしか挿入しないと、坐薬が出てきてしまう。

浣　腸

市販のディスポーザブルグリセリン浣腸器による浣腸

★浣腸は、肛門から薬液を注入して腸壁を刺激し、腸の蠕動運動を起こして排便を促す。必ず医師の指示により行う。

湯につけ、
浣腸液を39～40℃
に温める

1. 浣腸液は39～40度に温める。直腸内は37.5～38度であり、それよりやや高めにし、直腸壁を適度に刺激して蠕動運動を促す。浣腸液の温度が低いと毛細血管が収縮し、血圧上昇・寒気・不快感を起こし、高温の場合は腸粘膜に炎症を起こす。
2. 浣腸液が直腸から下行結腸に流れやすいよう、左側臥位にして膝を曲げる。
3. 浣腸器のノズルを挿入する時は口呼吸をしてもらい、肛門括約筋の緊張を緩める。

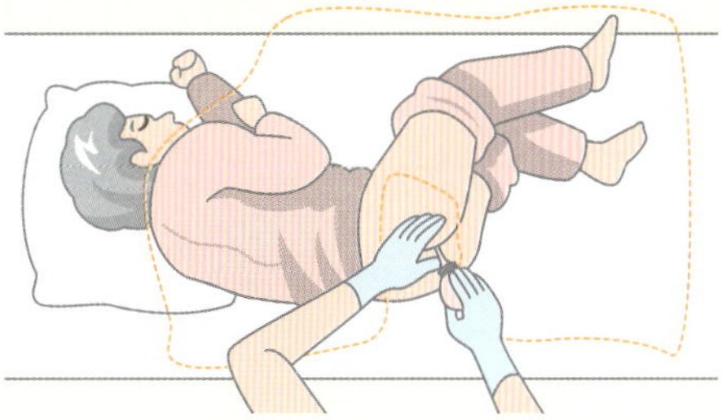

4. 急激に注入すると排便反射を刺激し、便意をもよおす。浣腸液はゆっくりと注入する。注入後は肛門部をティッシュペーパーやガーゼで押さえ、3～5分は排便をがまんしてもらう。すぐに排便すると浣腸液のみが出てしまう。自分で押さえられない場合は介助する。

●厚生労働省通知…「医行為」ではないと考えられるもの

医師法第17条、歯科医師法第17条及び保健師助産師看護師法第31条の解釈について（通知）

（平成17年7月26日）

（医政発第0726005号）

（各都道府県知事あて厚生労働省医政局長通知）

医師、歯科医師、看護師等の免許を有さない者による医業（歯科医業を含む。以下同じ）は、医師法第17条、歯科医師法第17条及び保健師助産師看護師法第31条その他の関係法規によって禁止されている。ここにいう「医業」とは、当該行為を行うに当たり、医師の医学的判断及び技術をもってするのでなければ人体に危害を及ぼし、又は危害を及ぼすおそれのある行為（医行為）を、反復継続する意思をもって行うことであると解している。

ある行為が医行為であるか否かについては、個々の行為の態様に応じ個別具体的に判断する必要がある。しかし、近年の疾病構造の変化、国民の間の医療に関する知識の向上、医学・医療機器の進歩、医療・介護サービスの提供の在り方の変化などを背景に、高齢者介護や障害者介護の現場等において、医師、看護師等の免許を有さない者が業として行うことを禁止されている「医行為」の範囲が不必要に拡大解釈されているとの声も聞かれるところである。

このため、医療機関以外の高齢者介護・障害者介護の現場等において判断に疑義が生じることの多い行為であって原則として医行為ではないと考えられるものを別紙の通り列挙したので、医師、看護師等の医療に関する免許を有しない者が行うことが適切か否か判断する際の参考とされたい。

なお、当然のこととして、これらの行為についても、高齢者介護や障害者介護の現場等において安全に行われるべきものであることを申し添える。

（別紙）

1 水銀体温計・電子体温計により腋下で体温を計測すること、及び耳式電子体温計により外耳道で体温を測定すること

2 自動血圧測定器により血圧を測定すること

3 新生児以外の者であって入院治療の必要がないものに対して、動脈血酸素飽和度を測定するため、パルスオキシメータを装着すること

4 軽微な切り傷、擦り傷、やけど等について、専門的な判断や技術を必要としない処置をすること（汚物で汚れたガーゼの交換を含む）

5 患者の状態が以下の3条件を満たしていることを医師、歯科医師又は看護職員が確認し、これらの免許を有しない者による医薬品の使用の介助ができることを本人又は家族に伝えている場合に、事前の本人又は家族の具体的な依頼に基づき、医師の処方を受け、あらかじめ薬袋等により患者ごとに区分し授与された医薬品について、医師又は歯科医師の処方及び薬剤師の服薬指導の上、看護職員の保健指導・助言を遵守した医薬品の使用を介助すること。具体的には、皮膚への軟膏の塗布（褥瘡の処置を除く）、皮膚への湿布の貼付、点眼薬の点眼、一包化された内用薬の内服（舌下錠の使用も含む）、肛門からの坐薬挿入又は鼻腔粘膜への薬剤噴霧を介助すること

①患者が入院・入所して治療する必要がなく容態が安定していること

②副作用の危険性や投薬量の調整等のため、医師又は看護職員による連続的な容態の経過観察が必要である場合ではないこと

③内用薬については誤嚥の可能性、坐薬については肛門からの出血の可能性など、当該医薬品の使用の方法そのものについて専門的な配慮が必要な場合ではないこと

注1　以下に掲げる行為も、原則として、医師法第17条、歯科医師法第17条及び保健師助産師看護師法第31条の規制の対象とする必要がないものであると考えられる。

①爪そのものに異常がなく、爪の周囲の皮膚にも化膿や炎症がなく、かつ、糖尿病等の疾患に伴う専門的な管理が必要でない場合に、その爪を爪切りで切ること及び爪ヤスリでやすりがけすること

②重度の歯周病等がない場合の日常的な口腔内の刷掃・清拭において、歯ブラシや綿棒又は巻き綿子などを用いて、歯、口腔粘膜、舌に付着している汚れを取り除き、清潔にすること

③耳垢を除去すること（耳垢塞栓の除去を除く）

④ストマ装具のパウチにたまった排泄物を捨てること（肌に接着したパウチの取り替えを除く）

⑤自己導尿を補助するため、カテーテルの準備、体位の保持などを行うこと

⑥市販のディスポーザブルグリセリン浣腸器※を用いて浣腸すること

※挿入部の長さが5から6センチメートル程度以内、グリセリン濃度50%、成人用の場合で40グラム程度以下、6歳から12歳未満の小児用の場合で20グラム程度以下、1歳から6歳未満の幼児用の場合で10グラム程度以下の容量のもの

注2　上記1から5まで及び注1に掲げる行為は、原則として医行為又は医師法第17条、歯科医師法第17条及び保健師助産師看護師法第31条の規制の対象とする必要があるものでないと考えられるものであるが、病状が不安定であること等により専門的な管理が必要な場合には、医行為であるとされる場合もあり得る。このため、介護サービス事業者等はサービス担当者会議の開催時等に、必要に応じて、医師、歯科医師又は看護職員に対して、そうした専門的な管理が必要な状態であるかどうか確認することが考えられる。さらに、病状の急変が生じた場合その他必要な場合は、医師、歯科医師又は看護職員に連絡を行う等の必要な措置を速やかに講じる必要がある。

また、上記1から3までに掲げる行為によって測定された数値を基に投薬の要否など医学的な判断を行うことは医行為であり、事前に示された数値の範囲外の異常値が測定された場合には医師、歯科医師又は看護職員に報告するべきものである。

注3　上記1から5まで及び注1に掲げる行為は原則として医行為又は医師法第17条、歯科医師法第17条及び保健師助産師看護師法第31条の規制の対象とする必要があるものではないと考えられるものであるが、業として行う場合には実施者に対して一定の研修や訓練が行われることが望ましいことは当然であり、介護サービス等の場で就労する者の研修の必要性を否定するものではない。

また、介護サービスの事業者等は、事業遂行上、安全にこれらの行為が行われるよう監督することが求められる。

注4　今回の整理はあくまでも医師法、歯科医師法、保健師助産師看護師法等の解釈に関するものであり、事故が起きた場合の刑法、民法等の法律の規定による刑事上・民事上の責任は別途判断されるべきものである。

注5　上記1から5まで及び注1に掲げる行為について、看護職員による実施計画が立てられている場合は、具体的な手技や方法をその計画に基づいて行うとともに、その結果について報告、相談することにより密接な連携を図るべきである。上記5に掲げる医薬品の使用の介助が福祉施設等において行われる場合には、看護職員によって実施されることが望ましく、また、その配置がある場合には、その指導の下で実施されるべきである。

注6　上記4は、切り傷、擦り傷、やけど等に対する応急手当を行うことを否定するものではない。

加齢変化により、発症しやすい

感染症への対応

高齢者は、感染症にかかりやすいといわれているが、本当だろうか？
乳幼児期から何回もいろいろな感染症にかかり、それに打ち勝って年齢を重ねている高齢者は、感染症に関しては“歴戦の勇士”である。
その一方で、加齢変化により内臓の働きが衰え、脳血管障害やがん、前立腺肥大などがあると、感染症にかかりやすくなる。

POINT 1 感染症によるQOL低下を防ぐことが大切

高齢者の感染症は、わかりにくく、重症化しやすい

感染症に限らず高齢者疾患の特徴は、①多くの内臓などに病気があり、②症状・訴えがわかりにくく、③成人とは症状・訴えが違い、④ひとり一人症状・訴えが違う。
これに加えて感染症の場合は、⑤成人に比べて亡くなることが多く、⑥ほかの内臓などの病状が悪くなり、⑦感染症による臥床でADLが悪くなり、QOLの低下を招き、⑧感染症による発熱・痛みなどが苦痛をもたらすことになる。

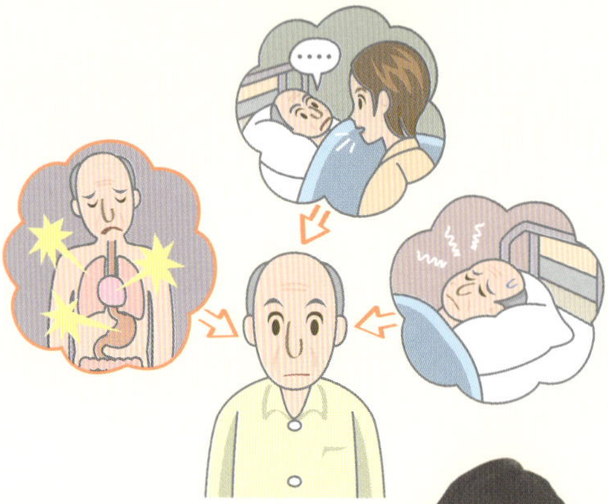

高齢者感染症の特徴
①多くの病気が共存している
②症状・訴えがわかりにくい
③成人とは、症状・訴えが違う
④ひとり一人症状・訴えが違う
⑤成人と比べ生命にかかわることが多い
⑥ほかの内臓の病気を悪くする
⑦臥床でADL・QOLが低下する
⑧発熱・痛みが苦痛につながる

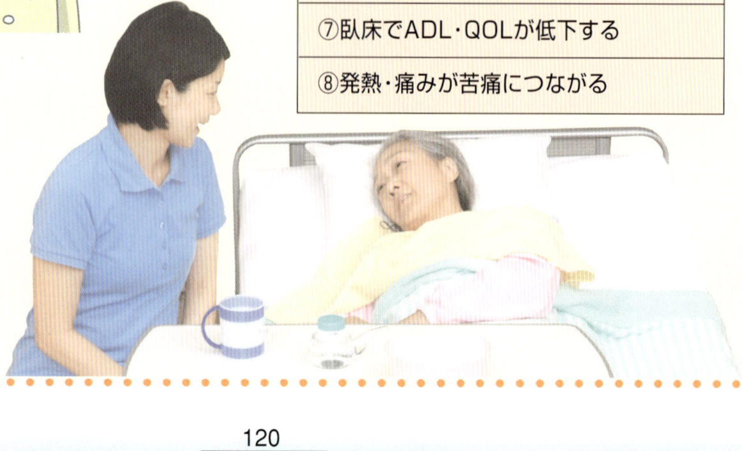

感染・保菌状態と感染症を区別して対応

体内に細菌などの病気を引き起こす微生物が侵入し、その人の抵抗力を超えて発熱、食欲不振などの全身の症状や、咳・痰などの感染した内臓の症状が出た状態が感染症である（発症）。
これに対して、微生物が体の表面に感染・付着しているだけで、何ら症状がない場合は保菌状態という。
両者を区別することは、とても大切である。感染症が発症した時は、医療的な対応が必要であるが、感染・保菌状態の時は感染対策に注意して、福祉・介護サービスを利用できる。感染・保菌状態というだけで、福祉・介護サービスの利用を禁止すると、高齢者のQOLが著しく低下するため、注意が必要である。

保菌	vs	感染症
良好	全身状態	悪い
なし	発熱	あり
水様・無色	痰の性状	膿性・黄色
滲出液	褥瘡の表面	膿汁
発赤なし	褥瘡の周囲	発赤あり

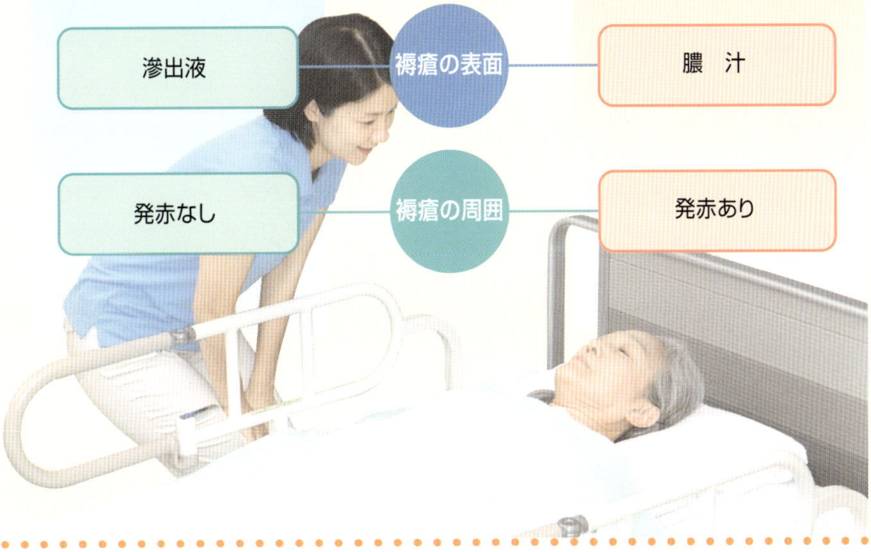

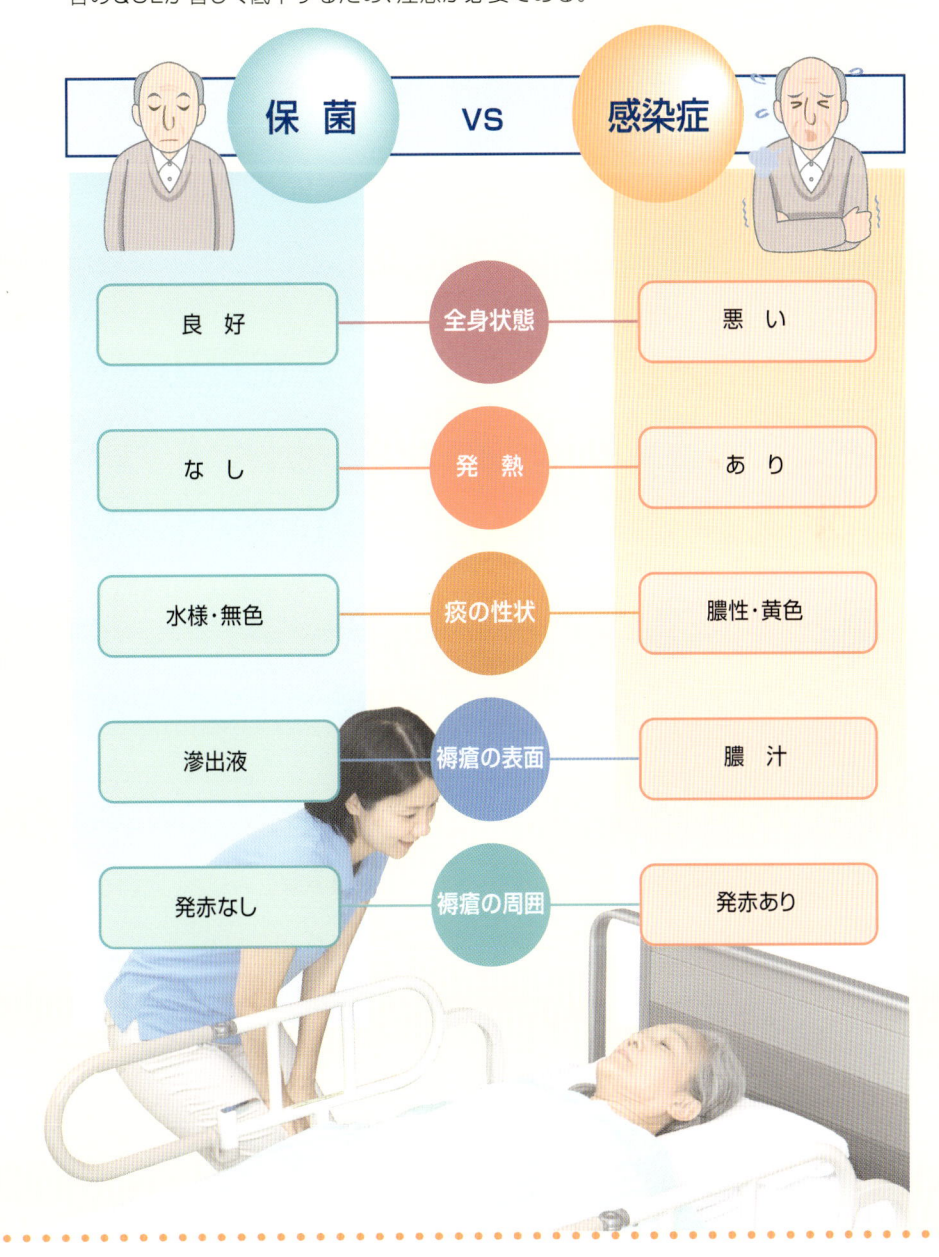

POINT 2 感染症対策の基本は、“標準予防策”

手洗い、咳エチケット、予防接種、口腔ケアが大切

感染症のあるなしにかかわらず、ひとり一人の介護・処置の前後で手洗いをすることを柱とした対策（スタンダード・プリコーション：標準予防策）が必要である。咳による感染を防ぐ、咳エチケットも標準予防策に含まれる。そのうえで、微生物ごとに感染を予防する対応が必要になる（感染経路別対策）。
予防接種（ワクチン接種）で予防可能な感染症もある。その代表はインフルエンザと肺炎球菌による肺炎で、いずれも高齢者には多い感染症である。高齢者本人にワクチン接種をするだけでなく、家族を含め介護者など、周囲の人たちもワクチン接種を受けることが大切である。
高齢者は飲食物を飲み込む力が低下し、それに伴って肺炎を起こしやすくなる。口腔内を清潔に保つことで、誤嚥に伴う肺炎を減らすことができる。

飛沫核
飛沫
空気感染
飛沫感染
接触感染
感染経路

微生物ごとの感染経路	
接触感染	耐性菌（MRSA、MDRPなど）・ノロウイルス
飛沫感染	インフルエンザ
飛沫核感染（空気感染）	結核・麻疹（はしか）・水痘（水ぼうそう）
血液媒介感染	肝炎（B型・C型）・HIV・梅毒

咳エチケット

- 咳・くしゃみの際、ティッシュペーパーを口・鼻に当てる。

手洗い

- 指の間、爪、手首などの洗い残しに注意。
- 隅々まで洗い、よくすすぐ。

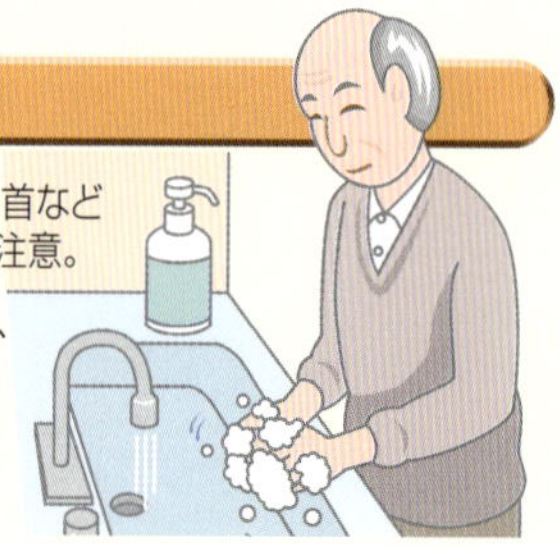

POINT 3 症状をよく観察し、早めに医療機関へ

全身症状と内臓の症状を分けて理解する

全身的な症状と、感染症にかかった内臓の症状に分けると理解しやすくなる。
全身症状には高熱、寒気、体の震え、脈が速い、呼吸が荒い、元気がない、食欲不振、全身のだるさ、認知症の悪化、眠ってばかりいて意識がはっきりしない（意識障害）などがある。普段と様子が違う場合は、体温を測って熱がないかを必ず確認する。

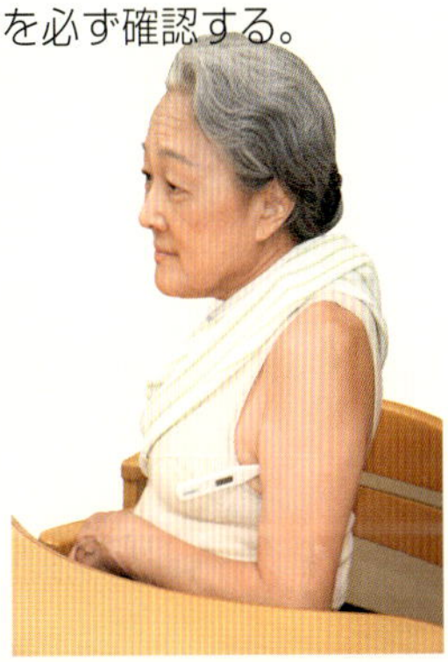

臓器別の症状としては、感染症にかかった内臓に痛みや腫れがあり、下の表のような症状がみられる。
寒気、体の震えのある時は、衣類・掛け物を調節して保温し、室温は高めにする。熱がある時は冷やしたり、着衣・室温を調整して熱を下げる。普段より食欲がなくなっていることが多いので、注意してできるだけ水分、食事を摂取する。

状態が悪い時は、早めに医療機関の受診を考える。

感染症の症状

全身の症状	寒気、体の震え、高熱	
	脈が速い、呼吸が荒い	
	元気がない、全身のだるさ	
	食欲不振	
	認知症の悪化	
	意識障害	
内臓の症状	気道	咳・痰、痰に血が混じる、呼吸が苦しい、胸が痛い
	尿路	尿が近い、尿が残る感じ、尿が濁る、尿に血が混じる、腰が痛い
	胆道	右上腹部痛、吐き気、嘔吐、白目や皮膚が黄色くなる（黄疸）
	消化管	腹痛、吐き気、嘔吐、下痢、便に血が混じる
	皮膚	赤く腫れる、痛み、触ると熱い
	脳	頭痛、意識障害、吐き気、嘔吐、首が固く動かせない（項部硬直）
	子宮・卵巣	下り物（帯下）、性器からの出血

普段と様子が違う

● 体温を測って、熱がないか確認。

熱がある時

● 冷やしたり、着衣・室温、水分・食事に注意。

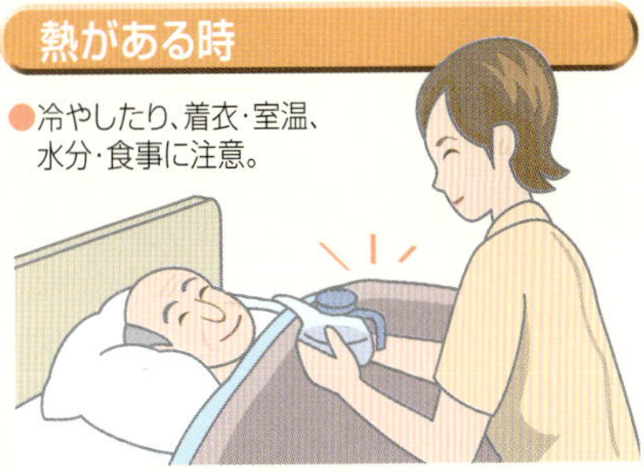

看取りの事例を通して考える

終末期のケア

現在は、8割以上の人が病院で死亡しているが、看取りケアを行う福祉施設も少しずつ増え、高齢者が最期を過ごす場所の1つになってきている。
長期間、施設で暮らした人の看取り事例を紹介し、高齢者終末期ケアをめぐる課題を考えてみよう。

CASE 経口摂取を継続し、家族が介助を行った最期の日々

Aさんは、認知症による徘徊がひどく、在宅では介護の継続が困難となり入所した。
施設でも徘徊、異食など様々な症状がみられたが、認知症の進行とともに、歩行が困難になってからは、急激に機能が低下。ティルト型の車椅子で座位保持の時期を経て、ベッドでほぼ寝たきりとなった。

医師の診察を受け、家族は最期が近いという説明を受けた。その後、食事時にむせることが増えたため、家族に今後のケアについて意向を確認した。
延命はしたくないということで、食事の経口摂取を継続した。
内視鏡による嚥下評価を行い、本人の嚥下状態に適した食事形態や食事介助方法を確認しながら食事介助を行った。
「最後の孝行」との希望で、毎昼食の食事介助は娘の役割となった。最期が近くなるにつれ、食事時間でも傾眠している日やとろみをつけた水分を一口程度しかとれない日も増えてきた。

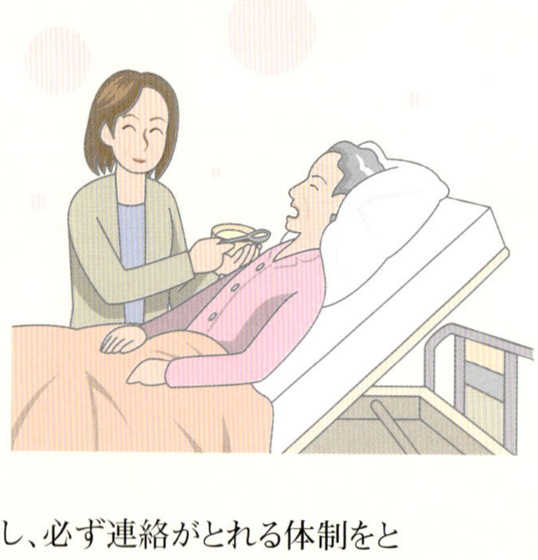

娘が宿泊で外出する時は緊急連絡先を確認し、必ず連絡がとれる体制をとっていたが、最期がまさに外出中であった。
最期の瞬間をともに過ごすことができなかったが、「きっと、私に最期の姿をみせたくなかったのだと思う。長い間一緒に過ごせたから間に合わなくても満足です。」と職員に挨拶された。

ASSESSMENT

事例を通して、終末期ケアの課題がみえてくる

前頁で紹介した事例には、高齢者の終末期ケアにおける課題がいくつか含まれている。
4つの課題をあげて、考えていこう。

課題1 高齢者ケアにおいて、終末期とは?

嚥下困難が、ケアの方針を転換する契機となる

第1の課題は、終末期ケアは「治る見込みがない」状態で始まるものであるが、高齢者終末期ではそれがいつなのかがはっきりしないということである。嚥下困難がケアの方針を転換する契機となることが多く、高齢者の終末期の1つのポイントととらえることができる。

食べられない状態が「かわいそう」と思い、経管栄養の検討がなされる場合があるが、重度の認知症の人への経管栄養は低栄養や誤嚥性肺炎を予防することはできず、褥瘡を増やし、延命効果もあるとはいえない、と指摘されている[1]。
栄養や水分が摂取できない時に起こりうる生理的反応から考えれば、空腹感はなく、苦痛は緩和される可能性があると説明されている[2]。むしろ、消化管の機能が低下した人に、必要以上の食事や水分を提供することで、吐き気や下痢を引き起こし、不快感が生じる可能性もある[3]。
嚥下困難が、老化による機能低下によるもので、回復不可能かどうかを評価する視点が求められる。

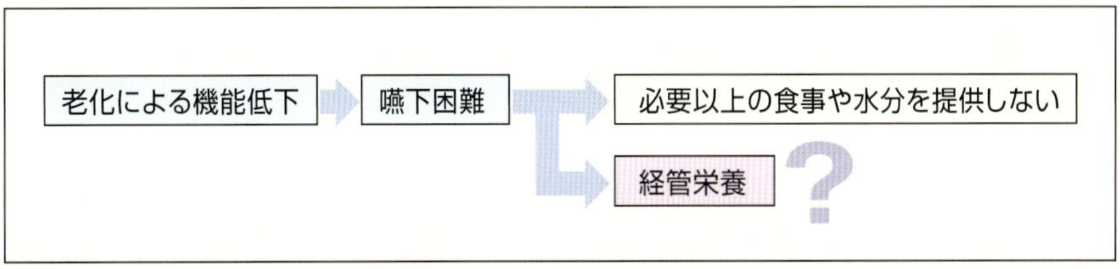
老化による機能低下
嚥下困難
必要以上の食事や水分を提供しない
経管栄養
?

死亡までの機能低下の経過[4]

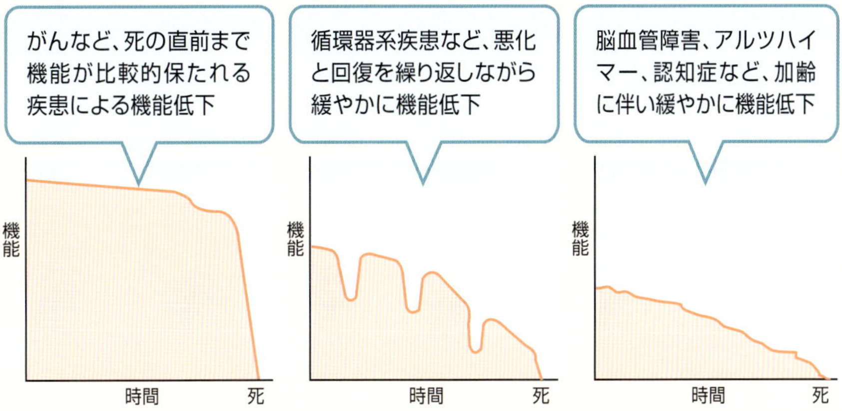
がんなど、死の直前まで機能が比較的保たれる疾患による機能低下
循環器系疾患など、悪化と回復を繰り返しながら緩やかに機能低下
脳血管障害、アルツハイマー、認知症など、加齢に伴い緩やかに機能低下
機能
時間
死
機能
時間
死
機能
時間
死

課題2 嚥下困難時の食事の提供方法は?

真に嚥下機能の低下であるのか、評価が必要

第2の課題は、高齢者が嚥下困難になった時の食事の提供方法である。真に嚥下機能の低下による嚥下困難なのか、その人に合った食事の提供方法が工夫されていないための嚥下困難なのかの評価が必要である。

嚥下機能は、食事をする環境に影響を受ける。介助する時の背もたれの角度、首の傾き方、覚醒状態、スプーン1杯の量、スプーンの入れ方、抜き方、介助する速度など、様々なポイントがある。

食事形態も工夫する必要がある。水分のとろみの程度、とろみとゼリーの比較、ミキサー食とムース食の比較など、その人の食べやすい形態や味をみつけることが重要である。最期が近くなって食べられなくなると、好きな味のゼリーだけで過ごすこともある。

この事例では、嚥下しやすい形態を選択するために、内視鏡で嚥下機能を評価しているが、そのような方法が使えないときは、食事介助中の観察が重要になる。

ムース食の一例

課題3 終末期ケアの対象は、高齢者本人だけ?

最期をともに過ごす家族へのケアが、看取りの質を高める

第3の課題は、高齢者終末期ケアの対象は、高齢者本人だけでなく、それを見守る家族も含まれる点である。家族は、ケアの担い手であり、同時に受け手でもある。

この事例の場合、食事介助を担いながら、介護者に入所者の元気だった頃の話をして過去を振り返る時間を過ごしたり、食事介助中に本人がむせ込んだ時には看護職員に吸引してもらい、食事中止の判断を仰いだりして、施設職員からケアを受けている。経口摂取を継続するという方針は、施設ケアマネジャーやほかの職員と相談しながら決定している。

そのような施設環境だからこそ、食事介助を自分でしたいとの希望を出すことができ、ほぼ毎日実施できたことで、最期の瞬間に間に合わなくても、後悔の言葉が聞かれなかったのだと思われる。

看取りケアの質は、最期をどこで迎えたかではなく、だれとともに過ごしたかで決まるという考え方がある。それまでの家族関係のありようを反映し、看取りの過程での家族のかかわり方は様々である。

どのようなかかわり方であっても、本人にとってよい最期だったと家族が思えるよう、ケアすることが必要である。

課題4　最期の過ごし方を決めるのはだれ？

“自分の最期を自分で決める”仕組みを提供するために

第4の課題は、高齢者自身が、自分で最期の過ごし方を決めるための工夫が必要な点である。

現状の多くは、この事例のように、医師の診断に基づいて、元気だった頃の本人の意向を家族が思い出し、今の状況を考えて推測し、かかわる専門職らとの合意で決定している。

施設では、入所手続きの時点で、最期の迎え方について家族や本人に考えておいてほしいと伝えるところも増えている。

▼

事前に自分で意思表示をする方法（事前指示書）があるが、現時点では一般的になっていない。事前指示書では、意思決定の代理人を指名することもできる。今後は、加齢に伴い少しずつ機能低下していく過程で、自分の最期を自分で決める仕組みについての情報提供が必要であろう。

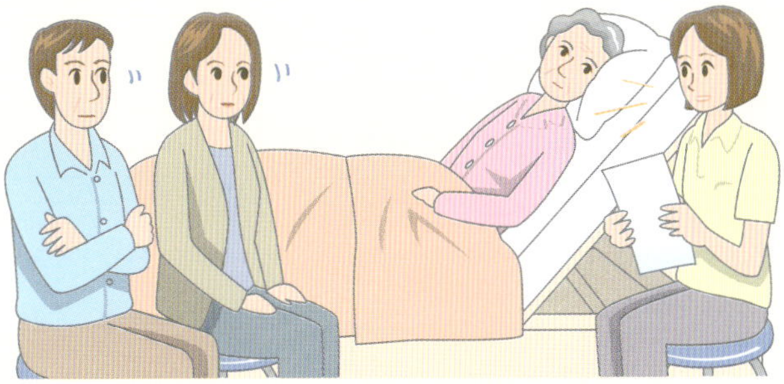

ASSESSMENT

看取りの準備をするタイミングとは

最期の直前になると、次のような症状が出現する[5)]。

① 食欲不振
② 全身衰弱
③ 嚥下困難
④ 口渇
⑤ 体重減少
⑥ 意識混濁
⑦ 急速で不可逆的な機能低下

これらの症状の出現が、最期の心の準備をする指標となり、
施設ケアでは家族への連絡のタイミングの指標になる。

CHAPTER 4

認知症高齢者への援助

CONTENTS

認知症を理解するために

認知症の特徴

認知症高齢者の増加

認知症の定義・原因疾患

認知機能障害

生活機能障害

身体疾患

精神症状

社会的困難

認知症高齢者への援助

対応の基本

本人への対応

家族への対応

ケース・スタディ

1. 「家が心配だから帰ります」と訴える
2. 「物をとられた」と他人の部屋から持ってくる
3. あらゆる紙類を自分の部屋に収集
4. 入浴に誘うと、介護者に暴言・暴力
5. 昼夜かまわず、「妻に電話したい!」
6. 尿とりパッドを交換したがらず、尿臭がある

認知症を理解するために

認知症の特徴

認知症の臨床像は、認知機能障害、生活機能障害、身体疾患、精神症状、社会的困難によって特徴づけられる。これらの特徴を総合的に評価しながら、ひとり一人に合った医療と介護のあり方を個別的に考えていくことが、認知症高齢者への援助の入り口にある。

認知症とは

認知症高齢者の増加

認知症高齢者の数は、急速に増加中

高齢化の進展とともに、認知症高齢者の数も急速に増加している。団塊の世代が75歳以上になる2025年には、要介護認定に用いられる「認知症高齢者の日常生活自立度Ⅱ以上」の人の数は323万人（高齢者人口の9.3%）、疫学データから算出される認知症高齢者数は387万人（高齢者人口の10.6%）に達すると予測されている。

認知症高齢者数と有病率の将来推計

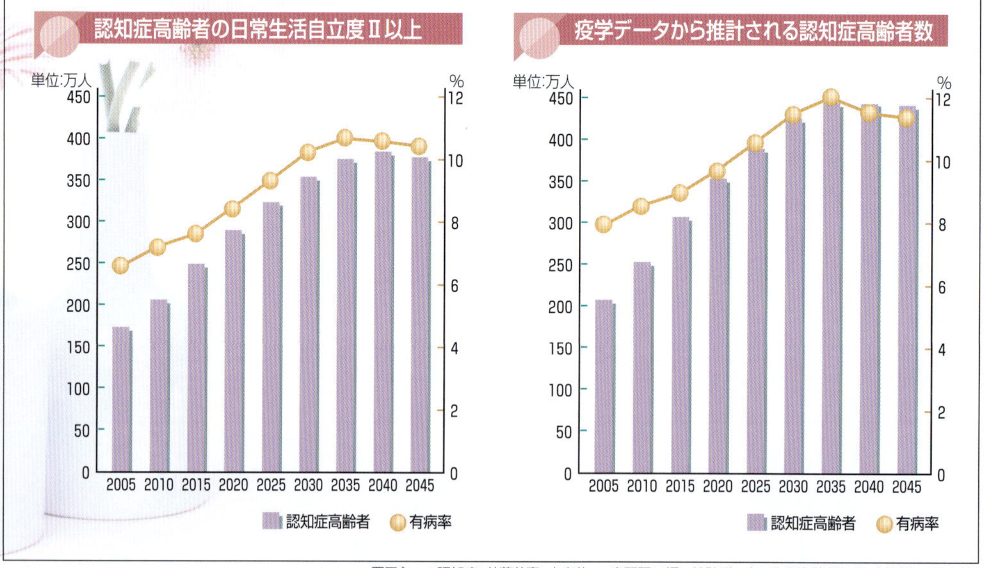

粟田主一：認知症. 井藤英喜, 大島伸一, 鳥羽研二編：統計データでみる高齢者医療. 文光堂, p68,2009.

認知症の定義 原因疾患

認知機能の障害、生活機能の障害

認知症とは、何らかの脳の病気によって認知機能が障害され、
それによって生活機能が障害された状態をいう。
このような「**脳の病気―認知機能障害―生活機能障害**」の連結が、認知症の臨床像の中心にある。
認知症の原因となる脳の病気のことを「**認知症疾患**」と呼ぶ。
ここにはアルツハイマー型認知症、脳血管性認知症、レビー小体型認知症、前頭側頭葉変性症など
多様な疾患が含まれている。
この中で最も頻度の高い疾患がアルツハイマー型認知症であり、
全認知症疾患の60%以上を占めている。

認知症の臨床像

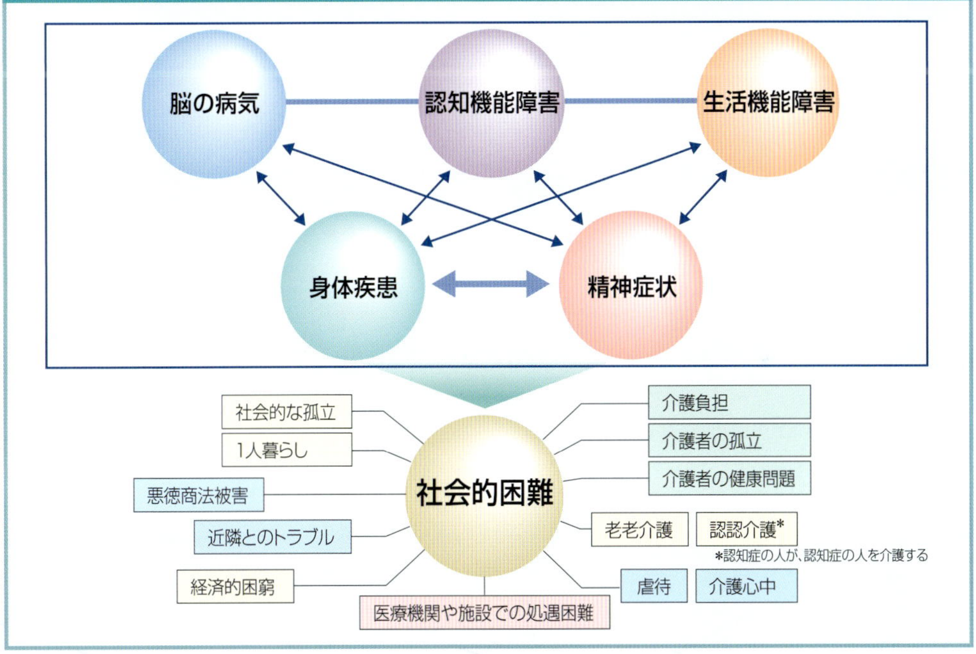
脳の病気
認知機能障害
生活機能障害
身体疾患
精神症状
社会的困難
社会的な孤立
1人暮らし
悪徳商法被害
近隣とのトラブル
経済的困窮
医療機関や施設での処遇困難
介護負担
介護者の孤立
介護者の健康問題
老老介護
認認介護*
*認知症の人が、認知症の人を介護する
虐待
介護心中

もの忘れ外来を受診する認知症疾患の診断名別割合

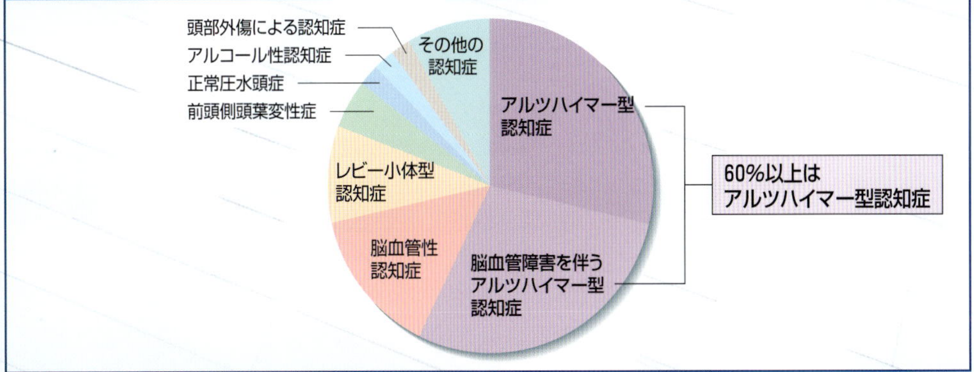
頭部外傷による認知症
アルコール性認知症
正常圧水頭症
前頭側頭葉変性症
その他の認知症
アルツハイマー型認知症
レビー小体型認知症
脳血管性認知症
脳血管障害を伴うアルツハイマー型認知症
60%以上は
アルツハイマー型認知症

粟田主一, ほか：認知症疾患に対する統合的救急医療モデルに関する研究. 平成19年度厚生労働科学研究費補助金 こころの健康科学研究事業精神科救急医療, 特に身体疾患や認知症疾患合併症例の対応に関する研究（主任研究者黒澤尚）. 総括・分担報告書：135-156,2008.

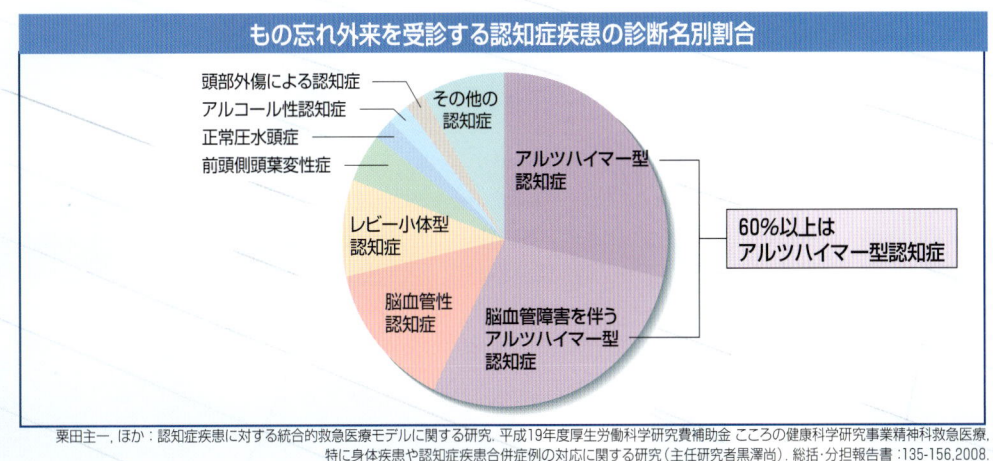

認知症の特徴

認知機能障害

障害される脳の部位により症状が異なる

認知症の中核症状は、脳の病気によって直接もたらされる認知機能障害である。
認知症にみられる認知機能障害は、障害される脳の部位と密接に関連している。
例えば、アルツハイマー型認知症では、頭頂葉と側頭葉の障害が目立つために、少し前のことをすっかり忘れる（**近時記憶障害**）、部屋の場所がわからなくなる、道に迷う（**視空間認知の障害**）、会話が理解できなくなる、話のつじつまが合わない（**言語理解の障害**）といった認知機能障害が現れやすい。
脳血管性認知症や前頭側頭葉変性症では、前頭葉の障害によって注意が散漫となり、自発性低下が目立ち、計画的に段取りよく行動することができなくなったり（**実行機能障害**）、発語が困難になったりする（**発語の障害**）。
また、側頭葉前部の障害によって、言葉の意味が理解できなくなり、物の名前が言えなくなるといった特徴的な症状が現れる（**意味記憶の障害**）。

脳の障害部位と現れる認知機能障害

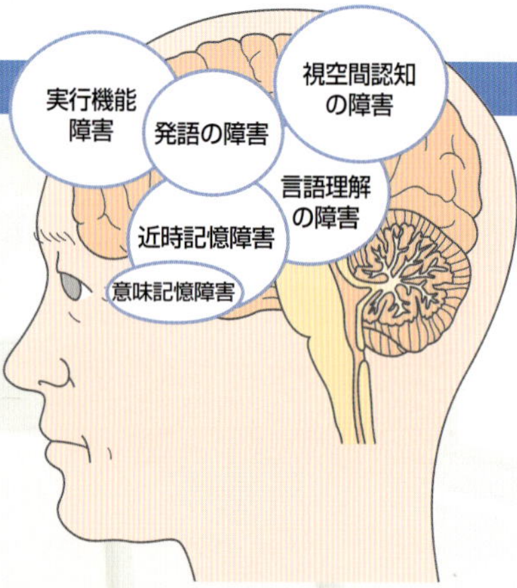

生活機能障害

日常生活動作能力が障害される

認知機能障害によって、日々の生活に支障をきたすようになるのが認知症の特徴である。
生活機能は**日常生活動作能力（ADL）**と呼ばれ、**基本的ADL（排泄、食事、着替え、身繕い、移動、入浴）**と**手段的ADL（電話の使用、買い物、食事の支度、家事、洗濯、交通手段を利用しての移動、服薬管理、金銭管理）**などに分類されている。
認知症が軽度の場合には手段的ADLのみが障害され、中等度になると基本的ADLが部分的に障害され、重度になると基本的ADLが全般的に障害される。

身体疾患

認知症高齢者は、身体疾患を併せ持つことが多い

認知症高齢者には、様々な身体機能障害や身体疾患が認められやすい。
認知機能障害や生活機能障害によって、服薬管理や栄養管理など、健康を守るための自律的な活動に支障をきたし、そのために身体機能が低下し、体の病気が発症し、病状が悪化する場合がある。
頻繁にみられるものには高血圧、慢性心不全、虚血性心疾患、心房細動、糖尿病、慢性閉塞性肺疾患、誤嚥性肺炎、慢性腎不全、がん、貧血症、脱水症、白内障、難聴、変形性関節症、骨折、前立腺肥大症、褥瘡、歯周病、口腔乾燥症、パーキンソン症候群、脳卒中などがある。

精神症状

様々な周辺症状が現れる

脳の病気の直接的な影響によって、あるいは認知機能障害や生活機能障害の二次的な影響によって、様々な精神症状や行動障害が現れる。
このような症状は**認知症の周辺症状**と呼ばれる。
認知症の初期には抑うつ、不安、怒りっぽさ、自発性低下、妄想、幻覚などが認められやすく、進行すると徘徊、脱抑制、叫声、食行動異常、介護への抵抗、不潔行為などの行動障害が認められやすくなる。レビー小体型認知症では幻視が現れやすい。
体の病気の悪化や、服用している薬物の影響でせん妄が現れることもある。
周辺症状は認知症高齢者の生活の質を低下させ、介護者の負担感を高め、在宅介護や施設介護、一般病院での入院医療を破綻させる要因となる。

社会的困難

認知症高齢者と家族は、数多くの問題を抱える

認知症高齢者には複合的な障害が併存するために、認知症高齢者とその家族は、様々な社会的困難にも直面しやすい状況にある。
認知症高齢者は社会的な孤立状況におかれやすく、特に1人暮らしの場合には悪徳商法の被害を受けたり、経済的困窮状態に陥ったり、近隣トラブルを招いたり、救急事例化することが少なくない。
一方、認知症高齢者を介護する家族は、介護負担のために精神的･身体的健康を害することがある。また、虐待や介護心中など深刻な事態に陥る危険性もある。
このような数多くの問題を抱えるために、人員不足に悩む医療機関や介護施設では必要な支援を提供できず、入院や入所が断られるといった社会問題も生じている。

認知症高齢者への援助

対応の基本

認知症高齢者は中核症状からもたらされる不安・混乱を抱え、適切なケアが届かないと周辺症状へとつながる。症状は身近な人に対してより激しく現れ、家族は他者の想像をはるかに超えた身体的・精神的負担を背負っている。
認知症の中核症状・周辺症状を理解したうえで、高齢者と家族への適切な援助を工夫する。

本人への対応

中核症状の理解

「理解できない」、「記憶できない」障害がある

認知症高齢者は、何度も同じことを聞いたり、訴えたりするため、介護者は「さっきも言いましたよね」と言ってしまうことがある。「○時になったら家族が迎えにきますから、今は座っていてくださいね」と説明しても、「早く帰らないと」とドアから出て行こうとすることがたびたびあると「何度も説明しているのに、わかってもらえない」と思う。
「さっきも言いましたよね」「何度も説明しているのにわかってもらえない」という言葉には、「私が言ったことを理解してくれている」「私が言ったことを覚えてくれている」という前提がある。
しかし、認知障害、言語障害、記憶障害（特に近時記憶の障害）が存在するため、認知症高齢者にとってこの2つは難しいことを理解しなければならない。これらは中核症状（脳の病気の直接的な影響）から直接的に生じる困難である。

相手を変えようとせず、かかわり方を工夫

同じ話を何度も聞くのは仕方のないことだという「心構え」、言葉に重点をおいた説明ではなく、「話すタイミング」「ジェスチャー」「肩に触れて誘導する」など様々なアプローチの融合により、介護する側の意図を伝えるため、工夫を凝らす必要がある。
このようなアプローチにより、不必要な混乱や強制を減らすようなかかわり方を目指すことが求められる。
認知症高齢者の行動を変えようとするのではなく、介護者がかかわり方を工夫することから始めよう。

周辺症状を読み解く

周辺症状はケアのあり方で回避・抑制できる

徘徊をはじめとする周辺症状は、ケアのあり方によってその出現を抑えたり、回避したりできる可能性がある。

中核症状は、脳がダメージを受けたことによる直接的な症状であり、改善を目指すのは困難とされる。一方、周辺症状の出現や程度については、「ケアのあり方」が影響する。小澤勲氏の「ケアが届く」という表現[1]は、介護者の意図や行為が、不安・混乱により揺らぐ認知症高齢者の内面を支えることを意味する。

認知症高齢者の不安・混乱に気づかない、もしくは介護者の価値観を押しつける「強制的」なケアになってしまうと、さらに混乱が増して周辺症状に至ると考えられる。

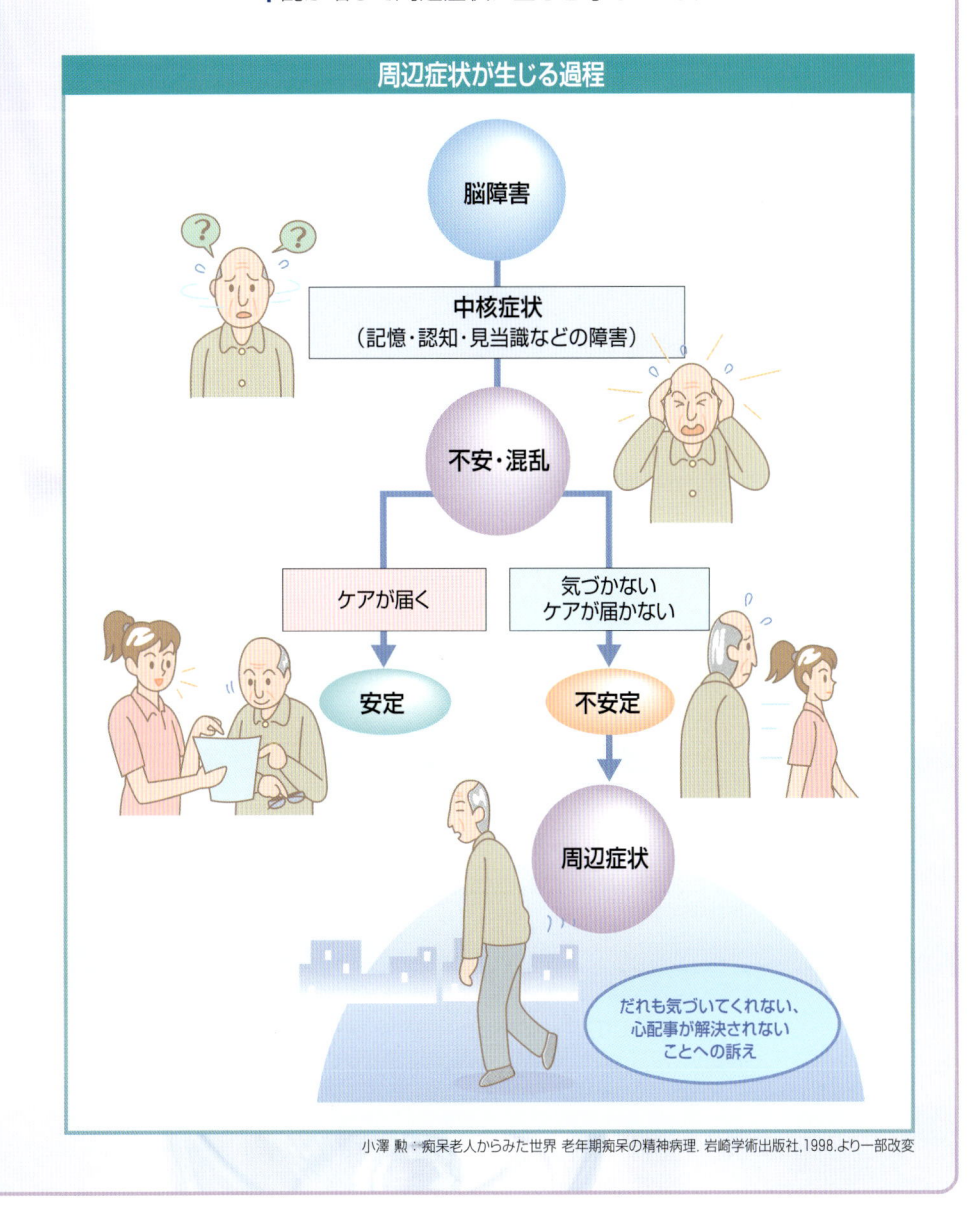

周辺症状が生じる過程

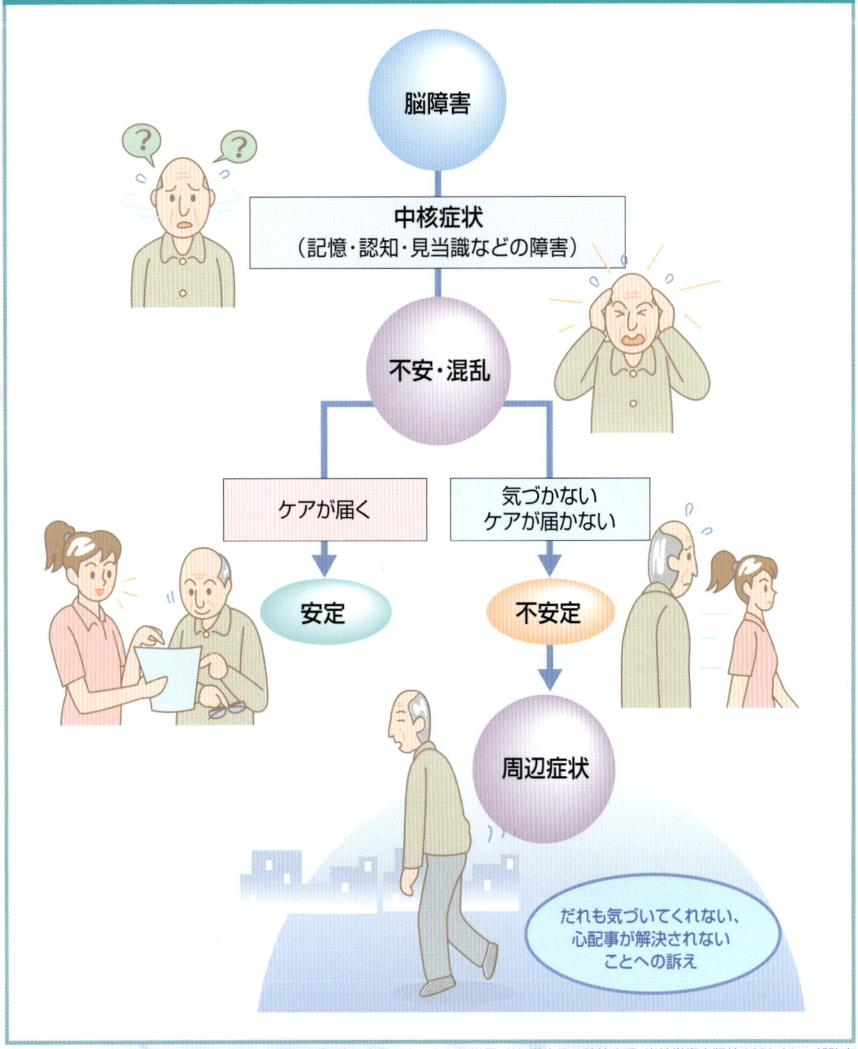
脳障害
中核症状
（記憶・認知・見当識などの障害）
不安・混乱
ケアが届く
気づかない
ケアが届かない
安定
不安定
周辺症状
だれも気づいてくれない、
心配事が解決されない
ことへの訴え

小澤 勲：痴呆老人からみた世界 老年期痴呆の精神病理. 岩崎学術出版社,1998.より一部改変

CASE STUDY 周辺症状の出現プロセス

入浴時に暴力をふるう認知症高齢者

認知症高齢者の不安·混乱に気づかず、「ケアが届かない」状態となり、ついには周辺症状の出現へとつながる…。この過程を入浴を嫌がる認知症高齢者のケースで考えてみよう。

PROCESS 1 入浴への誘い

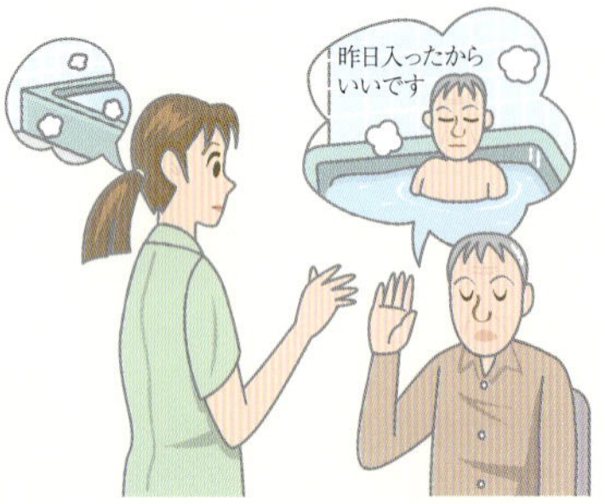
昨日入ったから
いいです

認知症高齢者の状況

- 施設にいる理由がわからない。ここが施設だということもわからない。
- 介護者が何者かわからない。
- いつ入浴したのか覚えていない。
- 自宅で入浴した状況が、昨日のことのように目に浮かぶ。

認知障害により、状況がわからないため、入浴を拒否

PROCESS 2 浴室への誘導

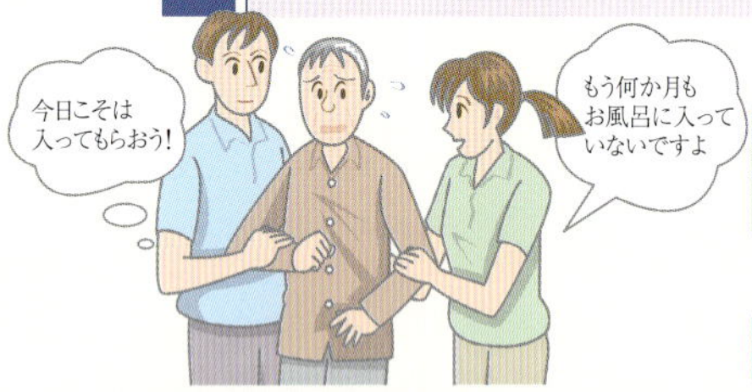
今日こそは
入ってもらおう!
もう何か月も
お風呂に入って
いないですよ

介護者の思い

- 施設に入所してから、もう何か月もお風呂に入っていない。今日こそは入ってもらおう!

介護者は2人がかりで着脱介助をし、浴室に誘導

PROCESS 3 周辺症状に発展!

何するんだ!

認知症高齢者の状況

- 今どこにいるかわからない「環境」で、何者かわからない「人」に囲まれて、不安を感じて入浴を断った。
- 介護者2人に無理やり服を脱がされて浴室に連れていかれてしまった。
- 中核症状から生じる不安に対して、ケアが届かなかったことになる。

浴室内で、介護者に対して拳を振り上げた!

ASSESSMENT

中核症状から生じる不安に気づかず、暴力が出現

認知症高齢者は、自分の不安に介護者が気づいてくれず、
強制を重ねられたことへの精いっぱいの拒否として、拳を振り上げた可能性がある。
中核症状から生じる不安に対してケアが届かず、
その結果として周辺症状である“暴力”が現れたのではないだろうか。
それを介護者が理解できてこそ、入浴以外の方法で清潔を保つための、知恵を絞ることにつながる。

介護者の常識を強制しない

拒否の理由を観察し、その人に応じたケアを行う

認知症高齢者が拒否を示す時、必要となるのが観察である。例えば「入浴」は、清潔を保ち、感染を予防するために必要なケアである。介護者は、頭の先から足の先まで、一度にきれいにしたいと考えてしまいがちである。
しかし、入浴を拒否する認知症高齢者の場合には、「浴室に向かう」「服を脱ぐ」「体を洗う」「頭を洗う」「湯につかる」「湯から上がる」といった様々な場面のうち、いつ拒否が強くなるかを観察し、推察することから始める必要がある。入りたくない理由は人それぞれであり、その理由によって対応策も変わる。

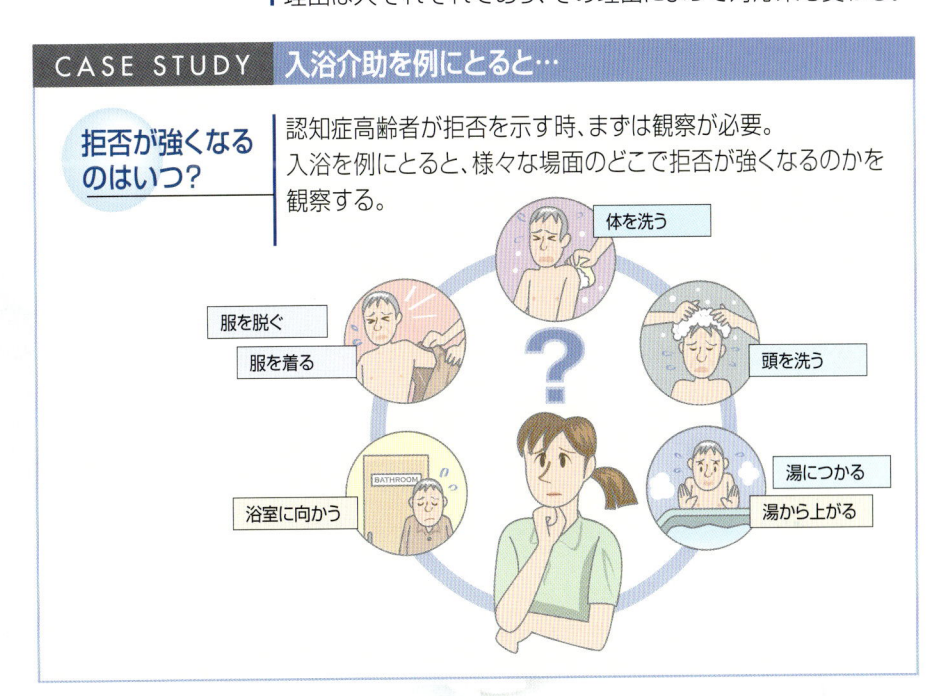

CASE STUDY 入浴介助を例にとると…

拒否が強くなるのはいつ?

認知症高齢者が拒否を示す時、まずは観察が必要。
入浴を例にとると、様々な場面のどこで拒否が強くなるのかを観察する。

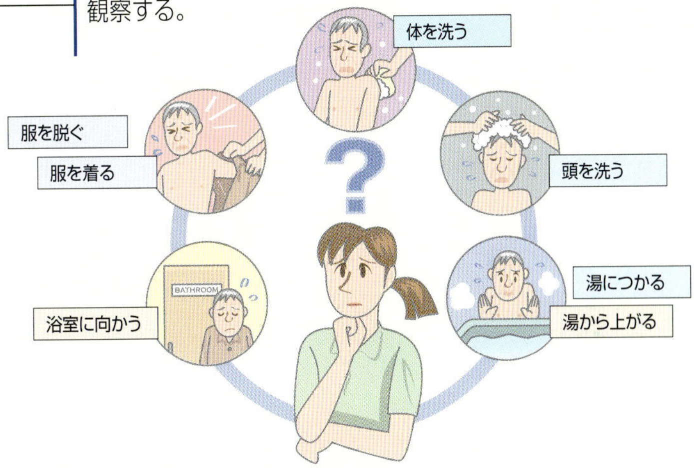

感覚・常識にとらわれず、いろいろな方法にトライ!

例えば「入浴を拒否する認知症高齢者」への対応を探るには、「清潔を保つ=入浴して全身を洗う」という介護者の感覚・常識にとらわれず、対応策を考える必要がある。
そのためにも、介護者間でいろいろな方法を話し合い、試すことができる人間関係を構築していくことが大切である。

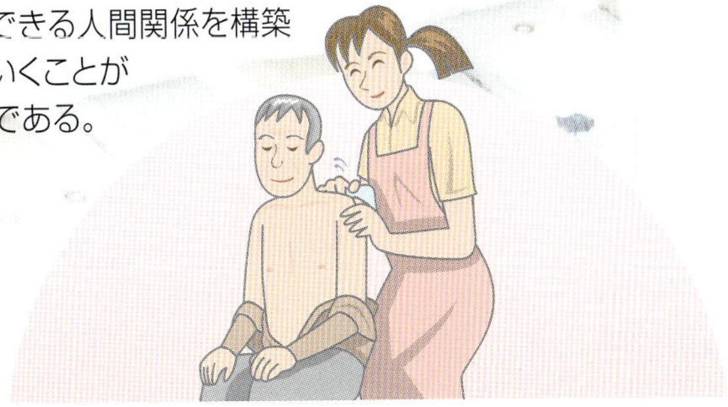

家族への対応

家族の認識を確認

認知症に気づかない家族は失敗を叱責しがち

認知症の初期には、物忘れなどにより徐々に日常生活がうまく運ばなくなる。
「何かおかしい」と感じ、認知症高齢者自身も、事態の改善を試みるが、常識的には理にかなっておらず、さらに事態を悪化させる。
一方、認知症に気づかない家族は、ひとつ一つの失敗を叱責することが増える。こうした叱責を受けることから認知症高齢者は、身近な介護者を攻撃の対象と認識し、家族に激しい攻撃を向けることになる場合もある。

また、お漏らししたパンツを

認知症の人:日常生活がうまくいかない

↓

挽回しようとするが、事態は悪化
(例えば、お漏らししたパンツを戸棚に隠すなど)

↓

家族が失敗を叱責する

↓

家族に攻撃を向ける

家族が認知症を認めず、介護に拒否的な場合がある

家族には、「配偶者や親が認知症であることを認めたくない」という心理がある。
「うちは大丈夫ですから」と、家族が介護に拒否的な場合には、介護する家族を心配している旨を伝え、「介護は長丁場ですからご自身のお体も大事にしてくださいね」とねぎらう。
このような時期には、介護についての助言や指導はうまく機能しないため、介護する人の労をねぎらう姿勢を前面に出すことが求められる。

うちは大丈夫です

親が認知症であることを認めたくない

↓

「うちは大丈夫ですから!」と介護に拒否的

↓

介護者は無理に指導しようとせず、
家族をねぎらう姿勢で接する

頑張りをねぎらう

家族には身体的・精神的に大きな負担がかかっている

自宅で介護をする家族の場合、たとえ通所施設や訪問サービスを利用していても、夜間十分に眠れず、休めない可能性が高い。最近では、認知症高齢者と同居しつつ、平日はフルタイムで仕事をする家族も少なくない。
また老老介護、認認介護という世帯も増えつつある。そういった家庭では当然、家族介護者の身体的・精神的負担が大きい。傍からは十分な介護をしていないようにみえても、毎日続けることの大変さや、食事・排泄・清潔ケアと終わることのない介護があるということを考えれば、家族の休まる時間はないことを理解できる。

CASE STUDY　毎日続けることの大変さ

朝食も、昼食も菓子パンだけ？

家族はフルタイムで仕事をしているため、認知症高齢者の朝食・昼食として毎日、菓子パンを置いて出かけている。介護者は「栄養バランスがよくない」と思っているが、家族にも思いがある。忙しくもあり、手作りの食事を用意して冷蔵庫に入れると、認知症高齢者が食事に気づかないため、菓子パンを選択していたのである。
家族の思い、介護を毎日続ける大変さに、介護者は思いを寄せる必要がある。

朝食・昼食も
菓子パン
もっと
栄養バランスを
考えてあげたら
いいのに…

手作りの食事を用意、冷蔵庫へ

↓

気がつかず、食べない

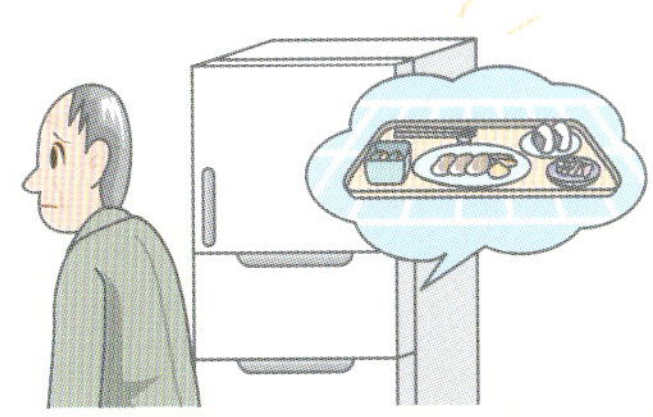

おいしい

テーブルに菓子パンを用意

↓

気がついて、食べる

家族の頑張りに気づき、精神的に支える

周辺症状は、家族などの身近な人に対して、最も強く現れる。介護者にはみえない行動により、家族が疲れ果てている可能性がある。
介護者の目にはみえない家族の頑張りに気づき、ねぎらうことが家族の精神的な支えとなる。

CASE 1 「家が心配だから帰ります」と訴える

Aさんは85歳の男性で、脳血管性認知症。「家が心配なので帰ります」と言って、昼夜構わず施設から出ようとする。介護者は同伴する担当者を調整して、本人に自宅を確認させるための外出を実現した。しかし、自宅をみた後も「家が心配なので帰らなければ」と言う。

介護者は「保証人の長男さんが自宅の管理をしてくださっているから、大丈夫ですよ」と声をかけていたが、全く落ち着かなかった。

ADVICE “家族が絶対的な理解者”であるとは限らない

1つの訴えが長く続く場合は、本人なりの強い思いが…

同じことを繰り返して訴えることは、認知障害や記憶障害によるもので、仕方のないことではある。しかし、1つの訴えが長期にわたって続く時には、「本人なりの強い思い」がある可能性を考える。

家族関係を把握したうえで言葉を選ぶ

Aさんの場合、遠方に住む娘さんに連絡をとったところ、「昔から長男とAさんは折り合いが悪く、家は次男に譲ると言っていた。長男に家をとられることが心配なのだと思う」とのことだった。介護者が「長男が管理してくれる」と説明したことは、実はAさんの不安をあおるものだった。

家族が絶対的な理解者であることを前提とした安易な発言は、ときに認知症高齢者の不安を増大させる。家族関係を把握したうえで、説明する言葉を選ぶ必要がある。

いつでも確認できる「物」を用意する工夫も必要

介護者はAさんが安心し、保証人である長男の立場も傷つけないための対応策を議論し、土地の権利書をまねて書類を作成した。

「これは親父の土地だから、権利書は自分で持っておくほうがいい」と、長男からAさんに手渡してもらったところ、大切にしまうようになった。保管場所がわからなくなることはあったが、「帰る」という発言は減少した。

このように、認知症高齢者の不安を和らげるには、認知障害や記憶障害を考慮して、手元に置いておくことができ、いつでもみて確認できる「物」を用意する工夫も必要である。

CASE 2 「物をとられた」と他人の部屋から持ってくる

Bさんは75歳の女性で、アルツハイマー病。「自分の部屋の物がなくなる」と言って部屋の中を捜し回り、ときにはほかの人の部屋から物を持ってきてしまう。夜間も2時間ほど寝るとすぐに起きて、自分のタンスを開いて何かを捜す。そのうち「どろぼうがきた」と言ってほかの人の部屋に入っていくため、ほかの利用者が安心して眠れない状況である。
何がないのかは不明で、ほかの人の部屋からはタオルやティッシュペーパーなどの日用品を持ってくることが多い。また、便をサニタリーボックスに入れるなど、排泄処理が適切にできない状態である。

ADVICE 「取り返す」のではなく、「取り替える」という工夫を

「とられた」と思われない工夫を！

主にアルツハイマー病における物とられ妄想は、初期には妄想対象を特定し執拗に訴え続けるが、ある程度認知症が進行すると、妄想対象が明確ではなくなり、頻繁ではあるが訴える時間は短くなる[1)]。
Bさんは、排便処理が適切ではない状況などから、ある程度認知症が進行した状況と考えられる。
自分がどこに物を置いたのかがわからなくなると、「だれかにとられた」と考えるようになる、という解釈もあるが、実際に自分の部屋から「何か」がなくなっているケースも少なくない。

●

例えば介護者の大半は、Bさんがほかの部屋から持ってきてしまった日用品を「すぐには手放さないからBさんが部屋にいない時に、そっといただく」という対処を行っていた。
「自分のものだ」と信じている物が、自分のいない間になくなっているとすれば、妄想とは言えないケースもあるのではないだろうか。
このような場合には、「取り替える」ことが大切。タオルやティッシュペーパーを施設の物に交換し、ほかの利用者の物は、持ち主に返す。Bさんから「とられた」と思われない工夫が必要である。

CASE 3 あらゆる紙類を自分の部屋に収集

Cさんは85歳の女性で、アルツハイマー病。施設にある新聞紙、ティッシュペーパーなどのあらゆる紙を集めて自分の部屋に持ち込む。自分の部屋にため込んだ物は絶対に使わず、共用スペースにあるティッシュペーパーを使って鼻をかむ。鼻をかんだティッシュペーパーもきれいに折りたたんで手持ちのバッグにしまう。
共用の紙類を部屋に持ち込み、ほかの利用者が使用できなくなるため、介護者はそれらをみえないところにしまって、必要な人には手渡すようにした。

ADVICE 発想の転換で、「足りない」気持ちを満たす

物を集める背景には「足りない」という気持ちがある

物を集めるには、何らかの理由があると考えられる。過去にそれらが価値の高い物であったことが反映されていたり、もったいないという気持ちから大切に集めているのかもしれない。「足りない」と思ううちは、物を集めることをやめるのは難しい。

「盗癖がある」と判断する前に本人の思いに気づく

Cさんに持って行かれないよう、介護者がみえないところに紙類を片づけてしまうと当然、認知症高齢者はそれを捜しにほかの人の部屋に入っていくことになる。
施設によっては「盗癖がある」と判断することもあるが、本人は盗んだとは思っていないかもしれない。「あるはずのところにないから、あちこち捜して、たまたまだれかの部屋でみつけて持ってきただけ」と解釈できるケースもある。「盗癖」と決めつけず、本人の思いに気づくことが大切である。

問題の解決を図るには発想の転換が必要

認知症高齢者が集めてしまう「物」を、家族に買ってきてもらい、共用スペースの本人の席に1つずつ置いておき、部屋に持っていってもらうこともできる。またCさんのような場合には、施設にある紙の予備を本人の部屋に保管することで、対処した施設もある。使わないのだから安全な保管場所である。
発想の転換を図り、本人の「足りない」気持ちを満たそうという努力が求められる。

CASE 4 入浴に誘うと、介護者に暴言・暴力

Dさんは85歳の女性で、脳血管性認知症。何か月も入浴しておらず、介護者が声をかけると「うるさい」と怒鳴る。「体重を量りましょう」「あちらでお茶を飲みましょう」などと声をかけても、入浴への誘いであることを察知するのか、強く拒否する。腕をつかんで誘導しようとしたところ、拳で介護者の二の腕を殴ったことがある。複数の介護者が何度か声をかけると「ばかやろ～」「ここから出せ」と暴言がある。
暴言・暴力が認められたことから、介護者の多くは入浴時の声かけをすることをためらっている。

ADVICE 「入浴」にこだわらないことが、拒否を緩めることにつながる

洗髪・清拭・手浴などを組み合わせ部分的にケアするとよい

社会性を保ちつつ集団で生活するためには、「におい」と「見た目」を整える必要がある。これらは全裸になる入浴だけでなく、洗髪、清拭、手浴・足浴に分け、日にちや組み合わせを変えて行うことにより、対応することができる。
洗髪は美容院や施設の洗髪台、ケリーパッドを利用すれば、服を脱がずに行える。別の日に、手浴・足浴を行うことにより、水虫などの予防ができる。清拭は上半身、下半身に分けて行うことで、皮膚の露出を抑えることができる。また、全身でなくとも腋窩、乳房の下、陰部などの、皮膚と皮膚が密着する部分の清潔のみを優先して行ってもよい。
寒い時期には、腋窩や背中を温布で温めてから拭き始めると、受け入れられやすい。

介護者のこだわりを捨て、柔軟に対応してみよう

Dさんの場合は、いつも座っている場所で、介護者が温布で手先をくるみ、タオルの上からマッサージをしたことがきっかけで、徐々に足浴、洗髪、清拭が可能になり、においや見た目が改善された。
「入浴は浴室で」とこだわらず、その人に応じて柔軟に考えることで、拒否が緩む場合がある。

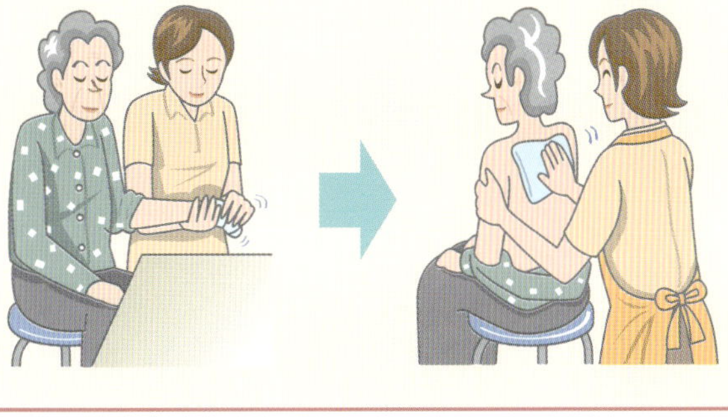

CASE 5 昼夜かまわず、「妻に電話したい!」

Eさんは78歳の男性で、アルツハイマー病。定年退職後、18年間妻と2人で暮らしてきた。
75歳で認知症と診断され、絶えず不安を訴え、妻を捜すようになった。常にそばにいなければならない状態が続く中、妻が体調を崩したため、Eさんは施設に入所した。ところが施設に入っても、常に携帯で妻に電話をしている。介護者は「信頼を寄せているのだろう」と考え、本人と妻に任せていた。
しかし、妻がうつ病と内臓疾患で入院することになり、携帯を解約したところ、介護者に「妻に電話したい。電話をかけて」と昼夜かまわず訴えるようになった。

ADVICE 家族にはなれずとも、「ここで信頼できる人」になる

家族に任せきりにせず、「ここで信頼できる人」に

施設に入所しても、家族が毎日の訪問や電話で密にかかわる場合、介護者は利用者を家族に任せてしまいやすい。すると、入所してからある程度の期間が経過しているにもかかわらず、本人は介護者に慣れることができず、絶えず家族を「呼ぶ」「捜す」といった事態に陥りやすい。
認知症がない、あるいは初期の状態であっても、家族に全面的に任せるのではなく、介護者のだれかが「ここ(施設)で信頼できる人」になれるようなかかわりを持つことが求められる。

「信頼できる人がそばにいる」ことが認知症高齢者を落ち着かせる

Eさんのケースでは、頼ることのできる人は「妻」のみ。「妻が入院している」という事実が受け入れがたいうえに、認知症が進行したため、記憶することが難しい状態であった。さらに長期間、家族に任せてしまったため、介護者とEさんとの間に距離感が生じてしまった。
「奥様ほど頼りにはならないかもしれませんが、Eさんが心配で…」と担当の介護者が毎日声をかけ、かかわる時間を持つようにしたところ、「今日はどんなですか」と、介護者の気分を尋ねてくれるようになった。それに伴って「妻に電話をする」と訴える頻度は徐々に減少した。
「信頼できる人がそばにいる」ことで、認知症高齢者は落ち着きを取り戻す場合がある。

CASE 6 尿とりパッドを交換したがらず、尿臭がある

Fさんは88歳の女性で、アルツハイマー病。「もったいない」が口癖で、鼻をかんだティッシュペーパーはきれいにたたんでポケットやポーチに大事にしまい、それらをとられるのが嫌なのか、着替えもしたがらない。介護者がいちばん困るのは、尿とりパッドを交換させてくれないことで、明らかに交換しなければならない状態であるにもかかわらず「まだ汚れてない」「あとでトイレに行くから大丈夫」と言う。無理に誘導すると怒るため、自分でトイレに行く大便の時と、入浴時だけが確実に交換できるタイミングだった。
尿臭があるため、認知障害のない利用者は「臭いからこないで」と敬遠しており、社会生活にも問題が出ていた。

ADVICE 何が嫌なのかを理解し、安心させるための継続的な努力を

たくさんあることが重要ではなく、「捨てることが嫌」

「もったいない」といって、使用済みのティッシュペーパーを大切にしまう高齢者は少なくない。中にはおむつを乾かして、再度使おうとする人もいる。
このタイプの人に対して、介護者は「たくさんあるから大丈夫ですよ」と声をかけやすい。しかし、たくさんあることが重要なのではなく、「捨てることが嫌」であることを理解する。

「捨てない」ことを演じる努力、根気とチームワークで対応

Fさんのような場合には、次のように接することもできる。
「今はとてもいい物がありまして･･･」と、本人の目の前で尿とりパッドを手洗いし、水を含ませる。汚物バケツの上に棒を1本置いて掛けておき、「何時間かすると乾くんですよ」と説明。介護者はFさんがその場を離れている間、新しいパッドのしわを伸ばして、棒にかけておく。実際にこれを繰り返したところ、以前より抵抗することが減った。
「捨てない」ことを演じる努力と、それを継続して行う根気とチームワークが必要である。

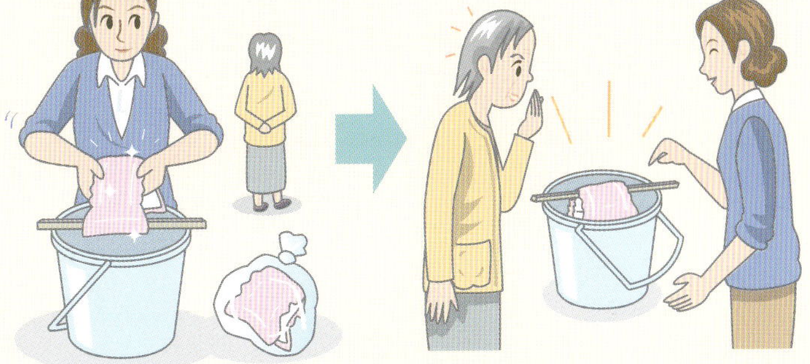

CHAPTER 5

うつ状態にある高齢者への援助

CONTENTS

うつ状態を理解するために

うつ病・うつ状態の特徴

うつ病と自殺

うつ病の診断

高齢者のうつ病の症状

薬剤と高齢者のうつ病

身体疾患と高齢者のうつ病

うつ病性仮性認知症

うつ状態にある高齢者への援助

対応の基本

本人への対応

家族への対応

ケース・スタディ
1. 食欲不振、意欲の減退、不眠が強くなった
2. 「死にたい」「自分の悪口を言っている」
3. 「また悪くなるのでは」と自信喪失
4. 健康への不安から、焦燥感が出現

うつ状態を理解するために

うつ病・うつ状態の特徴

世界では年間約100万人が自殺によって死亡しており、世界保健機関（WHO）は、自殺予防をメンタルヘルスの最重要課題としている。
日本の自殺者は平成10年以降12年連続で年間3万人を超えており、これは交通事故死の約5倍にあたる数値である。日本の自殺率は人口10万対約24人で世界8位、ロシアを除く先進諸国の中で1位であり、アメリカの約2倍である。

うつ病とは

うつ病と自殺

自殺企図者の75%に精神障害、その半数がうつ病

自殺企図者について調べてみると、自殺企図者の75%に精神障害があり、また、精神障害の約半数がうつ病などの気分障害をもつことが報告されている[1)]。自殺予防の観点からも、うつ病を早期に発見して適切な対応をしていくことが望まれる。

高齢者のうつ病は珍しい疾患ではない。高齢者のうつ病有病率は、大うつ病と小うつ病を合わせると10%程度であり[2)]、うつ病はだれでもなり得る病気ということができる。
しかし、高齢者のうつ病は、併存する身体疾患、加齢に伴う脳の変化などの医学的因子、身近な人との死別や社会的なサポートの不足などの社会的因子など、様々な因子が絡み合い、病態は複雑でわかりにくい。

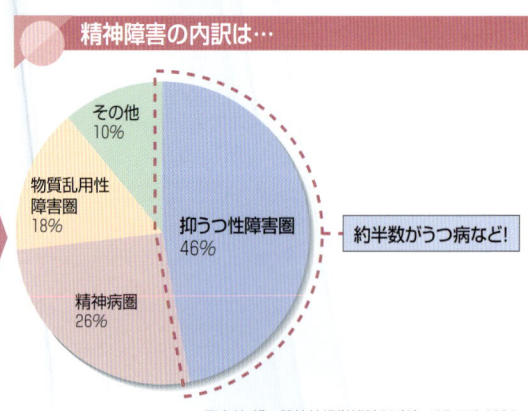

自殺企図者に精神障害が…　　精神障害の内訳は…

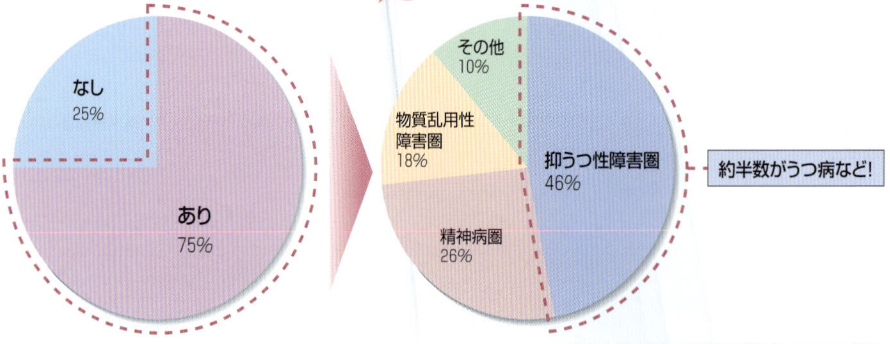
なし
25%
あり
75%
その他
10%
物質乱用性障害圏
18%
抑うつ性障害圏
46%
精神病圏
26%
約半数がうつ病など!

飛鳥井 望：精神神経学雑誌96（6）:415-443,1994.

うつ病の診断

大うつ病エピソード、小うつ病エピソード

- **診断基準**:現在一般的に用いられている操作的診断基準としてICD-10、DSM-Ⅳ-TRなどがある。
DSM-Ⅳ-TRのうつ病の診断基準を下図に示す。

- **大うつ病エピソード**:必須症状2つのうちの少なくとも1つを含めて、合計5個以上の症状が、過去2週間にわたってほとんど毎日、ほとんど1日中みられる場合をいう。

- **小うつ病エピソード**:必須症状2つのうち少なくとも1つを含めて、5個未満の症状が過去2週間にわたってほとんど毎日、ほとんど1日中みられる場合をいう。

- 2週間以上にわたってほぼ毎日、1日中、明らかにいつもとは異なる様子で沈み込んでいるのであれば、例えばそれが大切な人との離別体験の後であったとしても、やはりうつ病を疑うことが必要である。

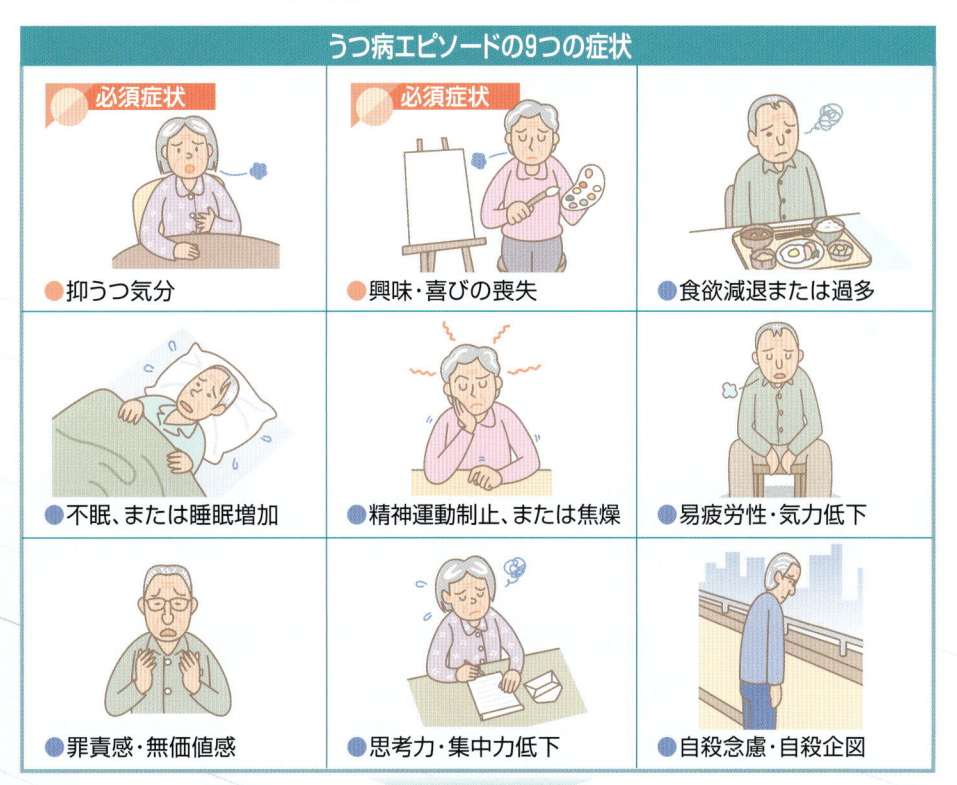

うつ病エピソードの9つの症状

必須症状 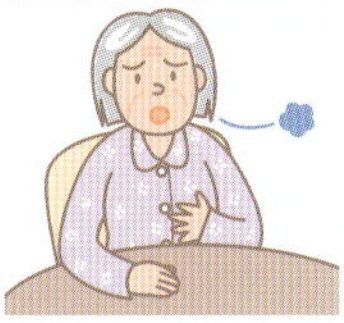 ●抑うつ気分	必須症状  ●興味・喜びの喪失	 ●食欲減退または過多
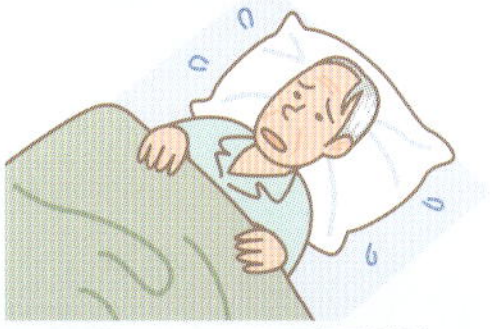 ●不眠、または睡眠増加	 ●精神運動制止、または焦燥	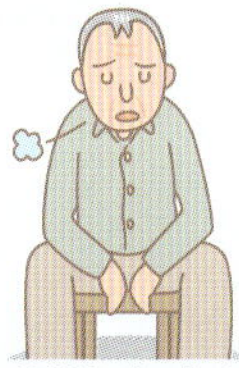 ●易疲労性・気力低下
 ●罪責感・無価値感	 ●思考力・集中力低下	 ●自殺念慮・自殺企図

大うつ病エピソード	●必須症状を含む5個以上の症状がある ●過去2週間にわたり、ほとんど毎日、ほとんど1日中、症状がみられる
小うつ病エピソード	●必須症状を含む5個未満の症状がある ●過去2週間にわたり、ほとんど毎日、ほとんど1日中、症状がみられる

高齢者のうつ病の症状

若年者のうつ病とは異なる特徴がある

若年者のうつ病と比較した際の高齢者のうつ病の特徴として、
以下のようなことが指摘されている[3)]。

1. 悲哀、抑うつ気分の訴えが少なく、活動性の低下や意欲の低下が目立つ。

2. 心気的な訴えや身体愁訴が増え、実際に身体合併症が多い。

3. 自覚的な記憶力の低下が主訴になることがある。

4. 不安症状が多い。

5. 併存する認知症がうつ病の病態を修飾する可能性があり、認知症の患者で、困惑や攻撃性が増してきた時には、うつ病の併存を考慮する必要がある。

薬剤と高齢者のうつ病

薬剤による二次的な精神症状に注意!

高齢者では身体合併症が多く、複数のかかりつけ医から様々な薬剤を、
ときには重複して処方されている場合がある。
そのため、薬剤による二次的な精神症状を鑑別する必要がある。
インターフェロンやステロイド、血圧降下薬が抑うつと関係することが広く知られている。
診療科をまたいだ処方調整が必要な場合があり、その時々にどの疾患の治療を優先するべきなのか、
各科の医師が情報を共有することも必要である。

うつ病と関係する薬剤	
インターフェロンα	
ステロイド	PSL(プレドニゾロン)換算40mg以上でハイリスク
血圧降下薬	レセルピン、αメチルドーパ、βブロッカー
抗潰瘍薬	ヒスタミンH_2受容体拮抗薬
抗結核薬	イソニアジド、エチオナミド
向精神薬	ハロペリドール、チアプリド
嫌酒薬	ジスルフィラム
アルコール、覚醒剤	

身体疾患と高齢者のうつ病

身体疾患があると、うつ病を合併しやすい

慢性の身体疾患を抱えた高齢者のうつ病有病率は明らかに高い。
身体疾患がうつ病のリスクになりうること、
身体疾患とうつ病が互いの予後を不良にしうることも知られている。
慢性疾患を抱えれば元気がなくなるのは当たり前であるということではなく、
やはりうつ病の合併とみるべきケースが少なからず存在する。

パーキンソン病

パーキンソン病の患者のうつ病有病率は40%程度である[4]。

脳血管障害

脳血管障害の発病後にうつ病と診断されるケースは、全体の約3分の1である[5]。
脳血管障害の後に発症したうつ病は、遷延する傾向がある[6]。

がん

がん患者のうつ病有病率は1%～40%と、報告により大きくばらつきがある。この数値のばらつきは、がん患者のうつ病が見逃されていることを示唆するとも考えられる[7]。

内分泌疾患

甲状腺機能異常や副腎皮質機能低下症などの内分泌疾患で、抑うつ状態を呈することも知られている。このような身体疾患による精神症状は、原疾患の治療によって抑うつ状態が改善する可能性がある。
甲状腺機能低下症に気づかれずに、難治性うつ病として長年にわたり抗うつ薬を投与されているケースもあるので、精神症状を呈して精神科を受診する場合でも、身体疾患の鑑別は重要である。

うつ病性仮性認知症

うつ病と認知症は、同じようにみえることがある

高齢者のうつ病で考えなくてはならない重要な問題としてうつ病性仮性認知症の問題がある。
高齢者のうつ病ではしばしば、精神運動速度の低下、動作の緩慢化、注意の持続困難、
記銘力障害、失見当識などを呈し、認知症のようにみえることがある。
うつ病と認知症は、従来いわれていたようにきれいに境界線が引けるものではないと考えることが、
最近は一般的になりつつあり、その鑑別は必ずしも容易でない。

うつ病から認知症へ

長期の経過をみれば、うつ病性仮性認知症の約70%が5～7年の経過でアルツハイマー型認知症に移行することが報告されており[8]、臨床的な印象としても、うつ病から認知症にゆるやかに移行するようにみえる患者がいる。

うつ状態にある高齢者への援助

対応の基本

うつ状態にある高齢者に接するにあたっては、その人の個人史を知り、うつ状態の背後にある心理・社会的状況を理解することが大切である。
そのうえで、うつ状態にある人への対応の基本をふまえ、高齢者と家族への援助を行う。

本人への対応

環境調整

安心して休養できる環境を整えるために

うつ状態にある人が、安心して休養できる環境を整えることが、まず、重要である。
介護者は、うつ状態にある人の状態、朝方に悪く、夕方にある程度回復するといった日内変動、活動、表情、会話の内容などを観察し、変化を看護師に報告する。

訴えを受容し、励ますことなく見守る

「眠れない」「食欲がない」「体が思うように動かない」といった身体愁訴や、不安、辛さ、焦燥感、「身内や友達を失った」寂しさなど、悲観的な思いを訴えることができるよう促し、その人の話を受容することが大切である。
この際、励ますことなく見守ることがポイントとなる。
会話は、声のトーンやペースを相手に合わせ、相手を尊重して接する。

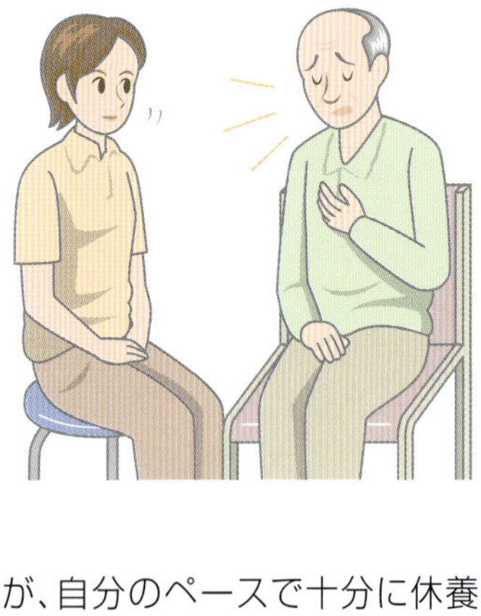

自分のペースで十分に休養してもらうことが大切

うつ状態にある人が、自分のペースで十分に休養できる静かで落ち着いた環境を整え、その人の疲労感に応じた活動を促す。無理に動かそうとすることは禁物である。
1回の訪室時間を短くし、食事や排泄時の介助などケアの機会を利用してかかわる。休養してよいことを保証するのが何より大切である。

日常生活行動の維持

日常生活行動が自分で行えるよう、活動範囲を広げる働きかけを

うつ状態にある人は意欲が減退し、活動性が低下して、臥床傾向になる。気分のよい時をみて話や散歩に誘い、周囲の人達との交流を広げたり、日常生活行動が自分で行えるよう働きかけていく。
孤立状況を改善するため、家族やほかの職種とともに、社会資源の活用を話し合う。

意欲・行動が低下するため、食事や水分の摂取不足に注意!

うつ状態にある人は意欲や行動が低下し、食欲も減退する。体重減少に注意し、好みの食品や食べやすいプリンやゼリー、成分栄養食品などの摂取を検討する。
また、嚥下反射の低下による誤嚥・誤飲にも注意が必要である。
意欲の低下により、自ら水分摂取ができなくなるため、口唇や皮膚の乾燥状態を観察し、水分補給を行って脱水を予防する。

清潔や排泄の自立を援助。価値ある1人の人間として尊重を

身体の清潔、排泄などの生活行動を観察し、その人に合った援助を行う。排尿困難や便秘などは、看護師と連携し、適切な援助を検討する。
清潔や排泄の援助では、「こんなこともできなくなった」などの言動に注意し、自尊心を低下させないよう価値ある1人の人間としてかかわることが大切である。

睡眠薬を服用している場合は、睡眠状態を観察

うつ状態にある人には、睡眠薬が処方されている場合がある。睡眠薬を服用している場合は、入眠までの時間、覚醒までの時間を観察し、看護師に報告する。

肯定的側面の強化

できたことをほめ、よい点を具体的に示す

うつ状態にある人と接するには、相手の肯定的側面を強化するよう心がける。
例えば、よい点やできたことに着目してほめる。否定的な発言には、よくなっている点や健康的な部分、その人の強みを具体的に示すなどの対応が必要である。

安全を守る

発病初期や回復期にみられる自殺企図に注意!

うつ状態の発病初期や回復期には、自殺企図が多くみられる。
その人の気持ちに関心を寄せ、自責的で悲観的、自己評価が低下した訴えや身体的愁訴が言葉で表現できるよう、話をよく聴き、受容することが大切である。
絶望的な発言をしたり、急に無口になるなど、状態の変化を注意深く観察する。危険物を預かるとともに、自殺をしないことを約束し、死にたい気持ちになったら話してほしいと伝える。
早朝覚醒や中途覚醒などの睡眠状態を観察し、夜間巡回の回数を増やしたり、巡回の間隔を変えるなどの対応も必要となる。

ふらつきによる転倒・転落を防止する

意欲・行動の低下により下肢筋力低下、低栄養状態、また薬物の服用により、ふらつきなどが生じる場合がある。
転倒・転落の危険性があるため、ベッドからトイレへと移動する時、着替えをする時、入浴時などは特に注意する。

家族への対応

家族の体験を知る

家族の思いを受容し、援助関係を築いていく

家族は、抑うつ状態をどのように受け止めているのか聞き、これまでの労をねぎらう。家族自身の不安や自責感、絶望、怒りなどを表現できるよう援助する。
自殺企図に対しては特に動揺が強く、家族が自責感を抱くこともある。回復に過度の期待をかける一方、自殺を恐れ、対応に戸惑うこともある。家族の気持ちを受容し、困りごとがあればいつでも相談するよう伝える。
家族が置かれている状況を受け止め、どのようなことを望んでいるのか把握して、援助関係を築いていく。

家族と目標を共有

共に進む方向性を明らかにし、家族に適した援助を

家族自身が主体的に対処できる部分と、できない部分をアセスメントする。ライフスタイルや価値観、家族関係、行動パターンに添って、その家族に適した援助を行う。
この際、家族と目標を共有し、共に進む方向性を明らかにする。

ゆとりある家庭生活

- うつ状態にある人のペースに合わせた、ゆとりある生活ができるよう具体的に話し合う。
- 家族も休息し、回復する「時」を待つ姿勢が保てるようにする。
- 家族自身が生活リズムを整え、気分転換ができるよう、共に考える。

自殺のサイン

- 「表情がさえない」「涙を流す」「ため息が多い」「好きだったことに興味を示さない」「死にたいと言う」「突然の無言」「別れの言葉を話す」「身辺の整理」など、自殺のサインがあれば伝えてほしいと説明する。
- 家族に過度の動揺を与えないよう注意深く連携する。

かかわり方

- うつ状態にある人は自尊感情が低下し、自信を失っている。黙ってそばに寄り添い、励まさないなど受容的にかかわることを説明する。
- 家族ができていることを介護者が肯定的にフィードバックし、自信が持てるようにする。自己否定的な発言には、理由を問い、優しく別の考え方を示す。
- うつ状態にある人ができていることを介護者と家族が共有し、その行動を強化する。

CASE 1 食欲不振、意欲の減退、不眠が強くなった

Aさんは、80歳代半ばの女性。40歳代で夫を亡くし、仕事中の事故により車椅子生活をしている長男夫婦と孫、90歳の姑と同居し、姑の介護をしていた。
姑の死後、食欲不振、不眠などが現れるようになり、長男夫婦がAさんの面倒をみることが困難になったため、入所した。
最近、食欲不振、不眠、不安、焦燥感、意欲減退などが強くなり、体重の減少がみられる。口数も少なくなり、日中は部屋で横になり、時々、夜間にぼんやりとホールにいる様子がみられる。

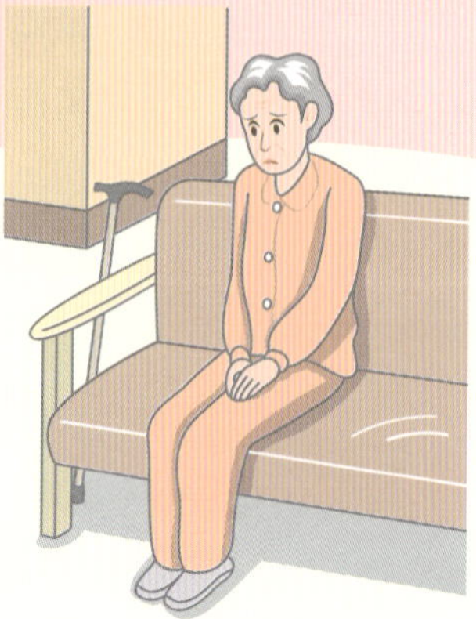

ADVICE 1人の担当者を中心に、安心できる関係づくり

観察
睡眠状況、食事摂取量、表情、活動、会話の内容などを観察する。

食事・水分摂取
食欲不振があるため、食事量、水分摂取量、皮膚・口唇の乾燥状態などを観察する。食事中はそばで見守って声をかけ、必要なら介助を行う。誤嚥・誤飲に注意し、相手のペースに合わせて介助する。

薬剤
看護師の指示のもとに、1日の生活状況、就寝時や訴えのある時に服用する薬、睡眠薬を服用して入眠するまでの時間、覚醒までの時間を観察し、看護師に伝える。

家族ケア
家族の面会時には苦労をねぎらい、家族が不安にならないよう、看護師に対応してもらう。

関係づくり
1人の担当者を中心に相手に関心を寄せ、話をよく聴き、安心してもらえる関係を築く。

清潔ケア
洗顔や歯磨き、入浴、身支度などの状態・言動を観察し、できていることをフィードバックする。入浴・洗髪などを拒否する場合は、患者の負担にならないよう、気分のよい時に促す。

気分転換
気分のよい時を見計らい、レクリエーションや散歩、買い物などに誘う。

CASE 2

「死にたい」「自分の悪口を言っている」

Bさんは80歳代前半の男性で単身、元施盤工で生活保護を受けている。脳梗塞を発症後、抑うつ、希死念慮（死にたい）、不眠が出現したため、抗うつ薬を内服していた。しだいに、希死念慮が具体化してきたが「実行するのは愚かなこと」という認識を持っていた。

入所後は落ち着いて生活していたが、しだいに「周囲の人が自分の悪口を言っている」「自分が考えていることも、人づてに知人に伝わってしまう」などの妄想様発言がみられるようになった。入所生活では、単独行動がみられ、他者との交流もみられない。

ADVICE 安心できる関係、自殺防止、服薬管理などが大切

観察
睡眠状況、食事摂取量、表情、活動、会話の内容、他者との交流などを観察する。

自殺防止
危険物を預かり、自殺しないことを約束してもらう。「死にたい気持ちになったら話してほしい」と伝える。
早朝覚醒や中途覚醒など睡眠状態を観察し、看護師に伝える。

食事・水分摂取
食事量、水分摂取量、皮膚・口唇の乾燥状態などを観察し、摂取量が保たれるように対応する。

気分転換
他者との会話や散歩、レクリエーションに誘い、援助者が付き添って交流する。

自己評価
自ら行ってできた場合は肯定的フィードバックを行い、自己評価を高める。

関係づくり
妄想的発言、希死念慮を注意深く観察し、落ち着いた温かい態度で言葉をかける。話をよく聴き、安心してもらえる関係を築く。

薬剤
薬を服用している場合は便秘や口渇、尿閉、せん妄（夕方から夜間にかけての異常行動）など副作用の観察を行い、看護師に伝える。

清潔ケア
洗顔や歯磨き、入浴、身支度や介助時の言動を観察する。
入浴や洗髪などを拒否する時は、気分のよい時に促す。入浴時の転倒に注意する。

CASE 3 「また悪くなるのでは」と自信喪失

Cさんは、80歳代後半の男性。元小学校の校長で悲観的で自信がなく、人に気をつかうタイプである。70歳代初期から、心配事が頭の中を駆け巡り、不眠となり、抗うつ薬を内服しながら趣味の盆栽や家事などをしていた。

妻の死後、家族が面倒をみられなくなり入所した。入所後は他者になかなかなじめず、単独行動をしていたが、しだいに食欲不振、不安・焦燥感、不眠、倦怠感が出現。活動性が低下し、自信喪失となり、「また悪くなるのでは」という発言が聞かれるようになった。

ADVICE できていること、得意なことを肯定的にフィードバック

観察

睡眠状況、食事摂取量、表情、活動、会話の内容、他者との交流などを観察する。

関係づくり

自責的で悲観的な訴えをよく聴き、安心してもらえる関係を築く。

フィードバック

関心のあることや得意とすることなどの情報を集め、それを話題にし、一緒に取り組む。教育者であったことから、「教えてください」という態度で接し、感じたことを肯定的にフィードバックする。

今できていること、やれるようになったことを現実的にフィードバックする。

家族ケア

面会時には家族をねぎらい、できていることを一緒に喜ぶ。

家族の面会に対して「申しわけない」気持ちがあるようなら、その気持ちを受け止めつつ、「私は会いたいから来る」など「私は」を主語とした気持ちを率直に表現し合えるよう、家族と話し合う。

受容

否定的な発言が聞かれたら、いったんは受け止め、違う見方を提示してみる。1つでも肯定的な発言が聞かれたら、それを受け入れ、認める姿勢を示し、「いいですね!」と強化する。

CASE 4 健康への不安から、焦燥感が出現

Dさんは、70歳代後半の女性である。夫と死別し、1人暮らし。長女夫婦は遠方に住んでおり、同居ができないため入所した。
カラオケが趣味で、ほかの入所者とも比較的楽しく生活していた。
しかし、検診で「再検査」の結果が出た後、不眠や食欲不振、倦怠感、不安、意欲低下などが出現した。精査では異常はなかったが、食欲低下、体重減少、不安、焦燥感が強まり「悪い病気だ。もう死んだほうがまし」と何度も訴えるようになった。

ADVICE 不安や辛さをよく聴き、気分転換をはかる

観 察　表情や会話の内容、睡眠状態、他者とのかかわりを観察する。

会 話　複雑な会話は避け、シンプルな会話を心がける。1回のかかわりは短時間にし、温かい言葉をかける。

気分転換　同室者や他者との会話の機会が持てるよう調整し、不安な気持ちが少しでもほかに向くようにする。
日内変動を観察し、調子のよい時はカラオケやほかの楽しみをみつけて一緒に行い、気分転換の仕方を話し合う。
できるようになった部分に目を向けられるようにする。

受 容　現在の不安定な気持ちや「死にたい気持ち」の背景にある孤独や不安をよく聴き、辛さを受け止める。

食 事　栄養状態の観察を行い、食事摂取状況を確認する。食事中はそばで見守り、声をかけ、必要なら食事介助を行う。
介助時は誤嚥・誤飲に注意し、相手のペースに合わせる。

家族ケア　家族は遠方におり、家族自身の不安も強い。面会時には家族の話を聴き、困っている気持ちを受け止める。

CHAPTER 6

観察、医療職との連携

CONTENTS

- バイタルサインのみかた
- 食欲がない
- 熱がある
- 息苦しい（呼吸困難）
- 反応が鈍い、意識障害
- 消化管からの出血がある
- 痛みを訴える：胸痛・腹痛
- 痛みを訴える：四肢・関節
- 緊急時の応急手当
- 緊急時の医療連携

意識・体温・呼吸・血圧・脈拍・むくみ・顔色

バイタルサインのみかた

バイタルサイン（vital signs）は日本語で「生命徴候」などと訳され、人間が生きている状態を示す徴候、一般には意識状態、体温、脈拍、呼吸、血圧を指す。加齢による身体機能の変化に伴う特徴を踏まえ、情報を読み取る。個人差を考慮して、普段のバイタルサインからの変化を読み取ることが重要である。
高齢者は症状を自覚しにくく、自分で訴えることも困難になりやすいため、注意深い観察が求められる。

PROCESS 1 意識レベルの観察

JCSなどで、覚醒の程度を観察する

- **意識レベルの分類**には、Japan Coma Scale (JCS,3-3-9度方式とも呼ばれる。p173参照)やGlasgow Coma Scale (GCS)が広く用いられる。

- **Japan Coma Scale (JCS)**では、覚醒の程度により
  Ⅰ：刺激しないでも覚醒している状態、
  Ⅱ：刺激すると覚醒する状態、
  Ⅲ：刺激しても覚醒しない状態に大別される。

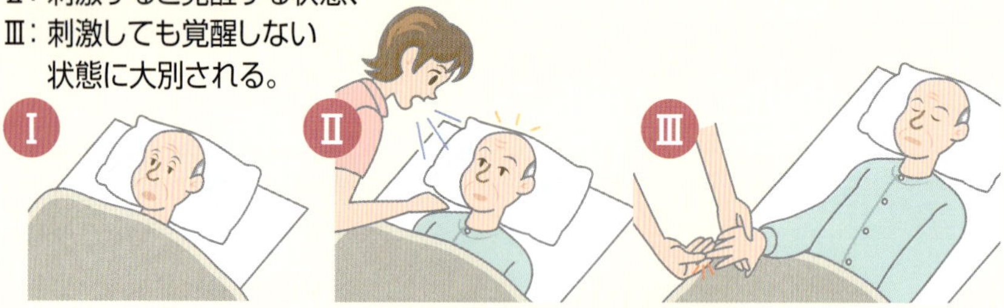

- **せん妄の有無**を念頭に置く。せん妄は、注意障害を伴う軽い意識の曇りや、意識混濁を基盤とする状態であり、高齢者に多く発症する。

- **意識障害の原因**として、脳血管疾患、脳腫瘍、脳外傷、脳炎、髄膜炎など、脳の働きに影響を及ぼす頭蓋内の疾患、呼吸器・循環器疾患、内分泌疾患、電解質・浸透圧異常、糖代謝異常などが考えられる(p173参照)。
  高齢者の場合は、脱水や発熱などによっても意識障害を起こすことが少なくない。

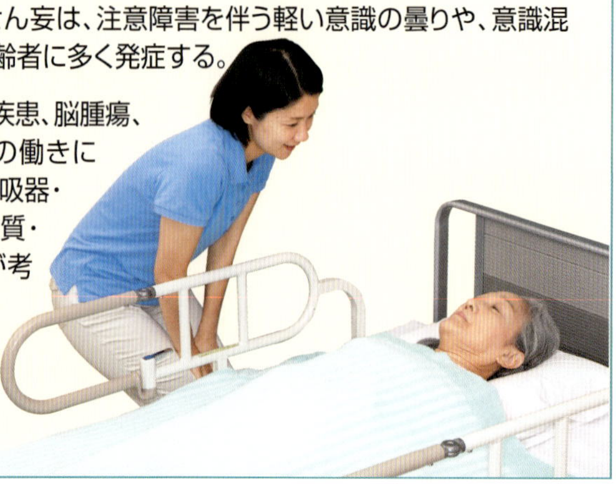

PROCESS 2 体温の測定

高齢者の体温は、若年者に比べて低い

- **体温は**身体の深部の温度を示す「深部体温」と身体の表層の温度を示す「皮膚温」に区別される。人は恒温動物であるため、深部体温は大きな変動は見られずほぼ一定である。
- **体温の測定には腋窩**、口腔内、直腸が用いられる。直腸温が最も深部体温に近いといわれるが、腋窩での体温測定が最も簡便であることから日常的に用いられる。
- **65歳以上の健常高齢者の腋窩体温**を測定した報告によると、安静時の体温は成人に比べて0.2～0.3度低く36～37度である[1)]。高齢者は、若年者で認められる日内リズムの変動も減少する。
- **高齢者は、環境温度に対して体温調節反応が減弱**しており、深部体温を一定に保つことが困難になることがある。衣服、冷暖房などを適切に用いて、環境温度を調節することが重要である。

ポイント!
その人の
日頃の体温を
知っておく
若い人より
平熱が低い
ので注意!
介護者
高齢者

PROCESS 3 呼吸の観察

呼吸の異常は、注意深く観察する

- **呼吸には**生体組織における「内呼吸」と肺の働きによる「外呼吸」がある。一般に、呼吸とは肺から酸素を取り込み、二酸化炭素を排出する「外呼吸」を指す。
- **呼吸困難、喘鳴の有無、呼吸数、呼吸の大きさ**を観察する。
- **呼吸数の正常値は12～18回／分**であり、リズムは規則的である。
- **自分で訴えにくい、または意識レベルの低下した人**の場合、呼吸数の増加、喘鳴、肩呼吸、起座呼吸（呼吸が苦しく座位になる）、チアノーゼ、頻脈などから呼吸困難を観察する。

観察!
●呼吸困難
●喘鳴の有無
●呼吸数
●呼吸の大きさ
正常な
呼吸数
12～18回
／分
介護者

- **高齢者では、肺組織の萎縮や弾力性の低下**がみられ、肺活量が減少し、肺でのガス交換の効率が低下するという特徴がある。
また、咳嗽反射の減弱や、気道粘膜の線毛運動の低下によって、痰の排出が困難になり、呼吸器感染症をまねきやすい。
- **呼吸の異常は、呼吸器・循環器の臓器機能不全の影響**であることが多く、重症化しやすい。注意深く観察し、時期を失することなくすみやかに治療につなげる。

PROCESS 4 血圧の観察

最大血圧、最小血圧を記録する

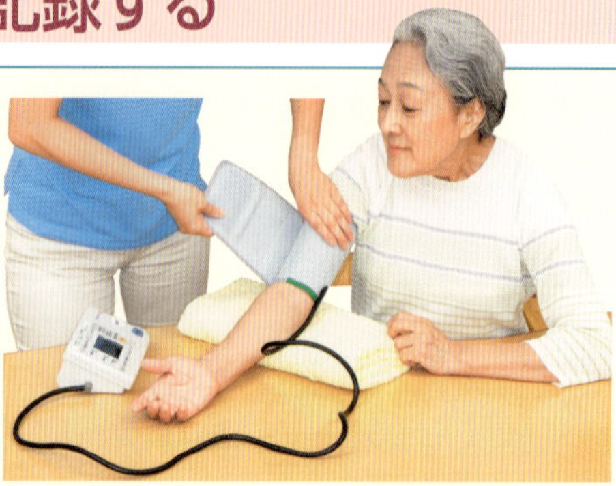

- **「血圧」とは**、左心室から全身に血液が拍出される時に、血液の圧力が血管壁を押す力のことで、心臓から拍出される血液の量と、血管の硬さ（血管抵抗）に影響を受ける。

- **収縮期血圧（最大血圧）とは**左心室が収縮し、大血管に血液が送り出される瞬間の血圧である。

- **拡張期血圧（最小血圧）とは**左心室に血液がたまり、最大限拡張している状態の血圧である。収縮期血圧と拡張期血圧の差を脈圧という。

最大血圧/最小血圧
★血液を送り出す瞬間=最大血圧
★血液を送り出す直前=最小血圧

- **血圧を測定する際は**、収縮期血圧と拡張期血圧を記録する。

- **血圧値の基準**はWHOまたは日本高血圧学会高血圧治療ガイドラインが用いられることが多い。
正常血圧は収縮期血圧130mmHg未満かつ、拡張期血圧85mmHg未満とされている。

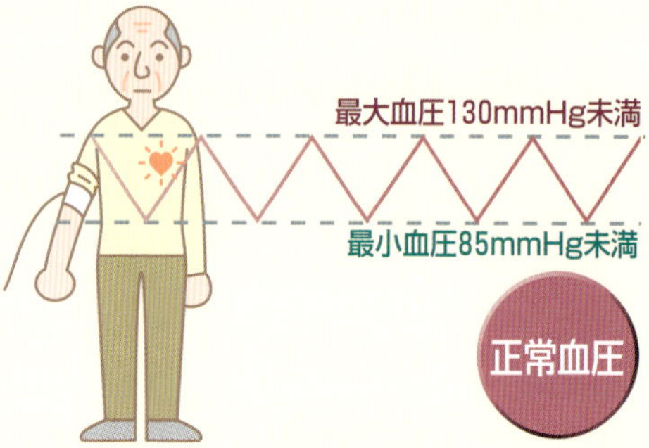

最大血圧130mmHg未満
最小血圧85mmHg未満
正常血圧

- **加齢により、血管の弾力性がなくなり動脈硬化が進行**するため、高齢者の血圧は収縮期血圧が高くなり、拡張期血圧は不変ないし下がる。

- **その他血圧に影響する要因**として、気温や飲酒、喫煙、入浴、精神状態、運動、食事、体位、排泄などがある。普段から血圧を測定し、変化を知ることが肝要である。
特に、高血圧治療中の場合は、治療の影響を把握するために、決まった時間や状態で継続的に測定する。

PROCESS 5

脈拍の観察

脈拍は、体表面に近い動脈に触れて観察

- **脈拍とは**、心臓が血液を全身に送り出す時に、動脈内の圧力変化が末梢に伝わり、体の表面から触れる拍動のことである。
- **脈拍を測定する際**には、体表面に近い動脈（橈骨動脈、上腕動脈、総頸動脈、足背動脈など）を触れる。

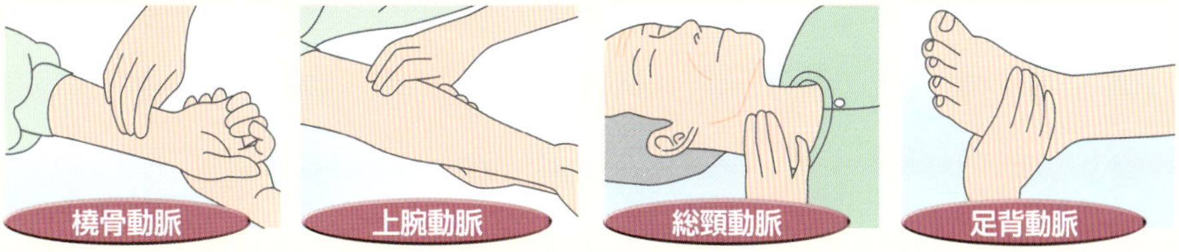

- **脈拍数、リズム、緊張度、左右差**などを観察する。脈拍数は血圧と同様、精神状態・食事・運動・入浴・排泄・発熱などによって変動する。
  100回／分以上は頻脈、60回／分未満は徐脈という。リズムが規則正しい場合は整脈、不規則な場合は不整脈という。不整脈の頻度は加齢とともに増加する。

PROCESS 6

むくみ（浮腫）の観察

部分的なむくみ、全身のむくみ

- **むくみ（浮腫）は**、細胞間の液が過剰に貯留した状態である。通常は顔面や四肢末梢のむくみに気づくことが多い。
- **部分的なむくみ（限局性浮腫）と全身のむくみ（全身性浮腫）**がある。むくみの原因には、低栄養、加齢による臓器の機能低下、疾患、薬剤服用の影響などが考えられる。
- **観察ポイント**としては体重増加、尿量減少などのほかに、むくみが出現している部位の確認（全身性か局所性か）、皮膚の状態（指で押してへこんだままになるか、皮膚の色調、熱感など）が重要である。

PROCESS 7

顔色の観察

普段の顔色・口唇色との違いに注意

- **顔色（蒼白・チアノーゼ・紅潮・黄色）や口唇色**の変化など、普段との違いを観察する。
- **顔色が蒼白になる状態**として、ショック状態、低体温や貧血、出血などが考えられる。
- **黄疸が生じる**のは、肝炎や胆石症によって胆汁の流れがさまたげられた状態であり、顔の皮膚や目の粘膜が黄色くなる。
- **表情や化粧の有無も考慮**して普段の様子と変化がないか観察する。初対面の場合は家族からの情報も有用である。

様々な原因で起こる

食欲がない！

高齢者の「食欲がない」という訴えは様々な原因によって起こる。消化器疾患をはじめ、その他の疾患でも起こるほか、治療薬、加齢、歯の問題、嚥下機能の低下、うつなど、各種の要因が食欲不振の原因となる。

PROCESS 1 高齢者の「食欲がない」は…
疾患、機能低下、うつなど、原因は様々

- **消化器疾患**をまず考える必要がある。
- **肺炎、心不全、脱水、腎不全**でも、発熱や呼吸器症状・心不全症状といった本来の症状が目立たず、食欲不振を主訴とすることも多い。
- **治療薬**が食欲不振の原因となっていることもよくある。
- **加齢に伴う生理的機能低下、感覚機能低下**も原因となる。基礎代謝量・身体活動量・消化吸収能の低下により食欲が減退したり、味覚・嗅覚・視覚などの機能低下も食欲不振につながる。
- **義歯など歯科的問題、嚥下機能低下**も食欲不振の一因となる。
- **うつ傾向になっている**時にも食欲不振を訴える。精神的要因（老化・配偶者や知人との死別など）や社会的要因（家庭や社会における役割・地位の低下など）が原因となる。

PROCESS 2 病的な食欲不振かどうか…
日頃からの観察、既往歴の把握が大切

- **病的なものかどうかを見極める**には、日頃から次の事項をチェックし、把握しておく。

●身体活動量　●水分摂取量・尿量　●体重　●既往歴　●服薬歴（現在の内服薬も含め）
●食事摂取量　●血圧・脈拍　●便通　●精神面・社会的背景

PROCESS 3

詳しく症状を聞いて…
日常と比べ変化があれば、医療機関へ

次のような事項について、詳しく聞く。

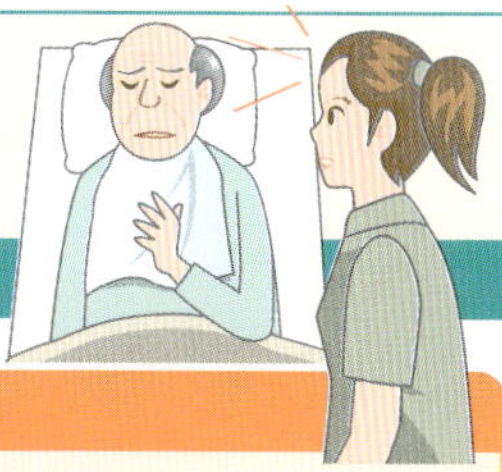

観察・チェック事項

食欲不振の発現
- 急激か?
- 誘因は?
- 持続期間は?
- 食欲はあるが食べられない?
- 食欲そのものがない?
- すべての食べ物が食べられない?
- 特定の食べ物だけが食べられない?

随伴する症状
- 腹痛は?
- 便通異常・血便は?
- 悪心・嘔吐は?
- 嚥下困難は?
- 体温・血圧・脈拍・体重の変化は?
- 貧血や黄疸は?
- 浮腫は?
- 心音や呼吸音の異常は?
- 腹部圧痛は?
- 皮膚の張りの低下は?
- 義歯の状態は?
- 服薬状況は?

日常と比べ大きな変化がない

対処方法
- 皮膚の張りの低下▶飲水
- うつ傾向 ▶傾聴
- 孤独感など▶デイサービスなどへの参加
- 食事が味覚と合わない
- 食事のみた目がよくない
  ▶食材や調理方法の改善
- 高温多湿 ▶環境を改善

随伴症状あり

または

日常と比べ変化あり
- 急激な体重の増加
- 発熱、頻脈、呼吸状態の悪化など

医療機関を受診

PROCESS 4

医療機関で伝えること…
日常との違い、随伴症状などを的確に

医療機関を受診したら、「食欲がない」という訴えについて、
次の事項を的確に伝える。

伝達事項

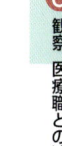

- 出現時期
- 程度・経過
- 随伴症状
- 日常の観察と比較してその違い
- バイタルサインの変化
- 既往歴、服薬内容
- 社会生活状況(独居か家族と同居か、施設入所中か、家族歴など)
- 最近の身の周りの変化
- 認知機能の低下
- うつ的発言があるかどうか

感染症? 感染症以外?

熱がある!

熱がある患者をみたら、発熱の原因をまずは考える。原因を考えずに解熱剤を使用して、とりあえず熱を下げて自覚症状をとるという考えは正しくない。例えば発熱の原因が細菌性感染症であれば、とりあえず熱を下げるという方針は、正しい治療の開始を遅らせるだけとなる。

PROCESS 1 発熱の原因は…

感染症か? 感染症以外か?

- **発熱の原因は、感染症と感染症以外の2つ**に大きく分けられる。頻度からいえば、原因は感染症のほうが多い。
- **感染症はウイルス感染、細菌感染**に分けられる。
  全身状態の不良な高齢者、抗がん薬、免疫抑制薬、ステロイド薬使用中の人は、結核などの日和見感染も考える。
- 施設入所中や日常生活機能が低下した高齢者は細菌感染症にかかりやすく、頻度が多いのは誤嚥性肺炎と尿路感染症である。

発熱!

- **感染症**
  - **ウイルス感染**
    - 風邪ウイルスによる感冒
    - インフルエンザウイルスによる感染
    - ノロウイルスなどの胃腸感染症 など
  - **細菌感染**
    - まずは
      - 肺炎
      - 尿路感染症
      - 敗血症
      - 肝胆道系感染症
      - 皮膚感染症
    - 次に
      - 細菌性心内膜炎
      - 椎体・膝・股関節など(加重関節)の感染症
      - 腹腔内膿瘍
      - 髄膜炎
- **感染症以外**
  - 悪性腫瘍
  - 肺塞栓症
  - 薬剤アレルギー
  - 膠原病リウマチ疾患

PROCESS 2 高齢者の症状を…
聞く、よくみる、触れることが大切

自覚症状を聞く、よくみる(視診)、触れる(触診)ことが大切。

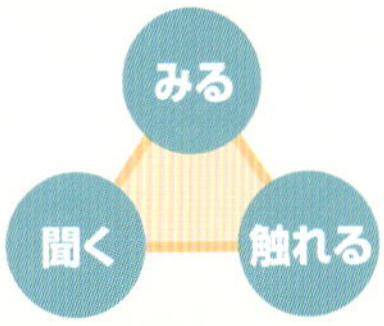

まず、全身状態を「みる」。発熱があっても活発に活動できている場合や食欲がある場合は、重い感染症である可能性は低い。

次に、発熱時に悪寒、ふるえ(戦慄)があるか「聞く」。急な発熱があると悪寒が出現する。震えがあるかみる。見慣れない人からは痙攣と間違えられるような、手の震えが観察される場合がある。

38度以上の発熱とともに、布団を何枚もかぶりたくなるような寒気を自覚、震えがある

高い確率で、細菌が血液中に侵入している菌血症という状態になっている可能性がある

高齢者や食欲低下で脱水気味の場合は、敗血症性ショックから急変するリスクがある

速やかに医療機関を受診!

気道感染症のチェックのため、咳、色のついた痰の有無、食事中にむせているか、トイレ歩行時などの運動時に息切れがないかチェックする。

尿路感染については排尿障害、慢性膀胱炎を指摘されているか、尿の混濁、背部痛の有無を確認する。尿道カテーテルを挿入している人は慢性膀胱炎があり、尿路感染のリスクが高い。

消化器系の感染では下痢、嘔吐、腹痛について確認する。**胆道感染や腹腔内膿瘍**は、認知症などで自覚症状を訴えられない場合は、悪寒や震えが唯一の自覚症状である。腹部や背部を触った時に、表情を観察しながら痛がらないかもみる。

強い頭痛や普段より意識が悪い時は、髄膜炎などの神経の感染症を考える。

抜歯などの歯科処置後の悪寒、震えを伴う発熱なら、細菌性心内膜炎を考える。

在宅で中心静脈栄養の場合は、カテーテル感染を考える。

気道感染症の観察
- 咳、色のついた痰
- 食事中のむせ
- 運動時の息切れ

尿路感染の疑い
- 排尿障害、慢性膀胱炎
- 尿の混濁、背部痛
- 尿道カテーテルを挿入している

消化器系の感染
- 下痢、嘔吐、腹痛
- 悪寒·震え
- 腹部や背部を触ると痛がる

歯科処置後
- 悪寒、震え

→細菌性心内膜炎

強い頭痛
- 普段より意識状態が悪い

→髄膜炎など神経の感染症

在宅で中心静脈栄養
- カテーテル感染

医療機関での対処が必要!⇒観察項目を医師に伝える

訴えが少なく、注意が必要

息苦しい（呼吸困難）！

呼吸困難は、呼吸をするために努力が必要で、その呼吸に伴い不快感を自覚する状態である。一般に高齢者では愁訴が正確に表現されないことが多く、呼吸困難が生じにくく、訴えが少ない。そのために原因となる疾患の診断が遅れる要因となることもあり、注意を要する。
呼吸困難が生じたら、意識レベル・血圧・脈拍・呼吸状態を観察し、救急車を呼ぶなどの対応が必要になる。

PROCESS 1

呼吸困難の人を発見したら…
意識レベル・血圧・脈拍・呼吸状態を観察

●意識レベル
（不穏・錯乱状態・傾眠・昏睡状態）

●血圧低下、頻脈、徐脈、蒼白で湿った皮膚・冷感
（収縮期血圧：90mmHg以下、脈拍：100回/分以上、50回/分以下、
不整脈：脈拍140回/分以上）

●鼻翼呼吸、呼吸補助筋による呼吸
（肩で息をする）

●下顎呼吸（死戦期にみられるあごを大きく動かす呼吸）

●起座呼吸：横になると呼吸困難を起こし、起き上がると楽になる。左心不全や極度の喘息発作に多い。

●喘　　鳴：気管支喘息の発作や心臓喘息（急性心不全により起こる発作性の呼吸困難）でみられる。

→ 上体を起こし、オーバーテーブルや机などに枕やクッションを置いて前かがみに座らせる

→ **救急車を呼ぶ**

●呼吸パターン：無呼吸・頻呼吸
●貧血：顔色が悪く、眼瞼の裏や爪が白っぽくなる。
●チアノーゼ：血液中の酸素の不足が原因で、指先や口唇などの皮膚が、青っぽい色に変化する。

→ **速やかに医療機関を受診！**

PROCESS 2 救急車が到着するまでに…
呼吸を楽にし、勇気づけるケア

- **患者の不安が最小限**になるように勇気づけ、声をかける。
- **気道確保**：口腔内の異物（食物・痰）を除去。前かがみにさせ背中のタッピング、排痰を促し呼吸を楽にさせる。
- **チアノーゼ、四肢末梢冷感**：酸素投与、加温やマッサージ。
- **発熱・咳**：患者・介護者は、感染予防のためにマスクを装着（すべての感染を予防できるわけではない）。

PROCESS 3 医療機関を受診したら…
観察事項を的確に伝える

- **意識レベル・血圧・脈拍・呼吸状態。**
- **体温、心拍数、脈の不整。**
- **呼吸数**：正常人12～20回/分、頻呼吸24回/分以上、無呼吸（呼吸停止状態）。
- **咳・痰**（量・色・粘稠度）。
- 喫煙の有無、水分摂取量・尿量、体重の増減、浮腫の有無、運動量、精神的ストレスの有無、薬物治療の状況なども重要な伝達事項である。
- **バチ状指**があれば慢性呼吸器疾患の存在の参考になるので、観察を忘れない。

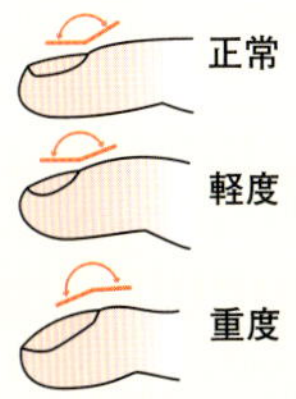

バチ状指：肺の病気が長びくと、手や足の指のつま先が幅広くなって、爪の付け根（爪床）の部分の角度がなくなった状態をいう。
肺がんをはじめとする慢性呼吸器疾患、肝硬変、チアノーゼを伴う先天性心疾患などでみられる。

呼吸困難の要因のうち、高齢者に比較的頻度の高いものを発症からの時間的経過からみると次の表のように大別される。

呼吸困難の原因

	急 性（数時間）	亜急性（数日間～数週間）	慢 性（数か月）	慢 性（数年間）
呼吸器疾患	●気胸 ●肺塞栓症 ●肺炎 ●肺水腫 ●気管支喘息 ●誤嚥 ●過換気症候群*	●胸水貯留（胸膜炎） ●間質性肺炎 ●過敏性肺臓炎 ●がん性リンパ管炎	●汎細気管支炎 ●肉芽腫性疾患 （サルコイドーシス・Wegener肉芽腫症など） ●肺線維症 ●肺高血圧	●肺気腫 ●慢性気管支炎 ●塵肺 ●胸郭変形
循環器疾患	●狭心症 ●心筋梗塞 不整脈 ●発作性上室性頻拍 ●発作性心房細動	●腎不全 ●ネフローゼ症候群 ●貧血心 ●心外膜炎 ●甲状腺機能亢進症 ●甲状腺機能低下症	●心筋症 ●心臓腫瘍	●心弁膜症

＊ 過換気症候群：手足や口の周りが、しびれなどを伴う。疑わしい場合は、紙袋を口にかぶせ、吐いた空気を再吸入させる（ペーパーバッグ法）。

まずは、応援を呼ぼう

反応が鈍い、意識障害！

反応が鈍いなど、意識障害のある人を発見したら、まずは人を呼び応援を求める。そして、医療スタッフに連絡したり、場合によっては救急車を呼ぶ必要がある。
緊急度をある程度判断して、医療スタッフが到着するまでに、できる処置を行う。

PROCESS 1 反応が鈍い、意識障害がある…
まずは応援を呼び、医療スタッフに連絡を！

- ほかの職員など**人を呼び、応援を求める。医療スタッフ（状況により救急119番）に連絡**する。
- **異常の重大性・緊急度をある程度判断**し、医療スタッフが到着するまでにできる処置を行う。

	状態	考えられる原因	対応
呼吸をみる	●呼吸をしていない	●脳または全身障害	●直ちに口対口呼吸を行う
呼吸をみる	●呼吸をしようとはしているが苦しそう	●上気道（のど）閉塞（食物がのどに詰まった、など）	●下顎挙上、異物除去
呼吸をみる	●「ヒューヒュー」「ゼーゼー」音が聞こえ、喘いでいる	●喘息発作、呼吸器疾患の急性増悪	●常用薬（頓用など）を使う
呼吸をみる	●呼吸が弱く、息を吸う時に下あごが動く、呼吸回数毎分6回以下	●脳または全身障害	●著しく弱い時は口対口呼吸を行う
体動をみる	●全く体動がない	●昏睡、ショック、心肺停止	●呼吸の有無を素早くみる、心肺蘇生、呼吸の補助
体動をみる	●片側しか動かしていない	●脳卒中	●呼吸を監視 ●嘔吐時窒息・誤嚥注意
体動をみる	●両手や両足が小刻みに震えている	●痙攣発作	●呼吸を監視
開眼状態をみる	●「意識障害の程度」参照（次頁の表）		
顔をみる	●皮膚が白い、冷や汗をかいている	●血圧低下、低血糖など	●糖尿病があれば糖分を与える

	状態	考えられる原因	対応
脈をみる(できれば頸動脈など)	●触知できない	●心停止の可能性あり	●直ちに心臓マッサージを行う
	●触れ方が弱い	●血圧低下	●医療スタッフに報告 ●糖尿病ならば糖分を与える
	●触れ方が強い	●血圧上昇 ●脳卒中●くも膜下出血	●医療スタッフに報告
	●速い(100回以上/分) ●遅い(50回以下/分)	●不整脈 ●洞不全症候群	●医療スタッフに報告
嘔吐はあるか?	●嘔吐している	●意識障害時の嘔吐は誤嚥性肺炎を起こす恐れあり	●顔を横に向けできるだけ口の外へ排除する
失禁しているか?	●失禁している	●ショック ●血圧低下	●上記「呼吸をみる」「脈をみる」参照
吐く息を嗅ぐ	●アルコール臭がする	●アルコール酩酊	●呼吸を監視、血圧をチェック ●吐物で窒息しないよう注意

意識障害の程度 JCS (Japan Coma Scale, 3-3-9度方式) ※意識レベルⅡ−20などと表す

Grade Ⅰ 刺激しなくとも覚醒している	1	清明のようだが、いまひとつはっきりしない
	2	見当識に障害(時・場所・人)がある
	3	名前・生年月日が言えない
Grade Ⅱ 刺激により覚醒する	10	普通の呼びかけで容易に開眼する
	20	大声または体を揺さぶると開眼する
	30	痛み刺激を加えながら、呼びかけを繰り返すとかろうじて開眼する
Grade Ⅲ 刺激しても覚醒しない	100	痛み刺激を払いのける動作をする
	200	痛み刺激で少し手足を動かしたり、顔をしかめる
	300	痛み刺激に反応しない

PROCESS 2 医療スタッフが到着したら…

異常を適切に把握して、伝える

- 異常を適切に(必要なことを正確に)把握し医療スタッフへ伝える。
- 日頃から、介護対象者の持病(例:心臓病、肺の病気、糖尿病など)を把握しておく。さらに、普段から介護対象者の脈(特に頸動脈や足の付け根の動脈)を触れておく。

意識障害の原因

脳・頭部	脳卒中	脳出血(外傷を含む)
		脳梗塞
	頭部外傷	脳挫傷
		脳内出血
		硬膜外・硬膜下血腫
	感染症	髄膜炎・脳炎
		脳膿瘍
	脳腫瘍	
	てんかん	

心臓発作	心筋梗塞
	不整脈(頻脈、徐脈、ブロック)
	心不全
糖尿病	低血糖
	高血糖
呼吸	喘息発作
	肺塞栓
	窒息・誤嚥

肝臓	肝不全(肝性脳症)
感染	敗血症性ショック
電解質異常	低ナトリウム血症
腎臓	尿毒症
甲状腺	機能亢進(甲状腺クリーゼ)
薬物	薬物中毒(眠剤、アルコールなど)
自律神経	神経因性ショック、いわゆる脳貧血

消化管からの場合

出血がある!

一言で出血といっても、消化管以外に尿路、女性性器、外傷による体表からの出血など、いろいろと考えられる。ここでは、消化管からの出血について説明する。消化管からの出血は、口からの出血(吐血)と肛門からの出血(下血)に大きく分けることができる。

PROCESS 1 まず、確かめることは…
吐血か? 下血か?

- **口からの出血(吐血)の原因**としては、胃・十二指腸潰瘍、胃・食道静脈瘤、急性胃粘膜病変、胃がんなどがある。
- **肛門からの出血(下血)**は、黒色泥状のタール便を排出する。赤い鮮血が排出される血便とは、区別される。
- **下血の原因**としては、吐血の原因となる疾患以外に大腸がん、各種腸炎、大腸ポリープ、潰瘍性病変などがある。
- **血便の原因**としては痔核、裂肛などがあげられる。

口からの出血=吐血

原因となる疾患
- 胃・十二指腸潰瘍
- 胃・食道静脈瘤
- 急性胃粘膜病変
- 胃がん　　など

肛門からの黒色泥状タール便=下血

原因となる疾患
- 吐血の原因となる疾患
- 大腸がん
- 各種腸炎
- 大腸ポリープ
- 潰瘍性病変　　など

肛門からの赤い鮮血=血便

原因となる症状
- 痔核
- 裂肛　　など

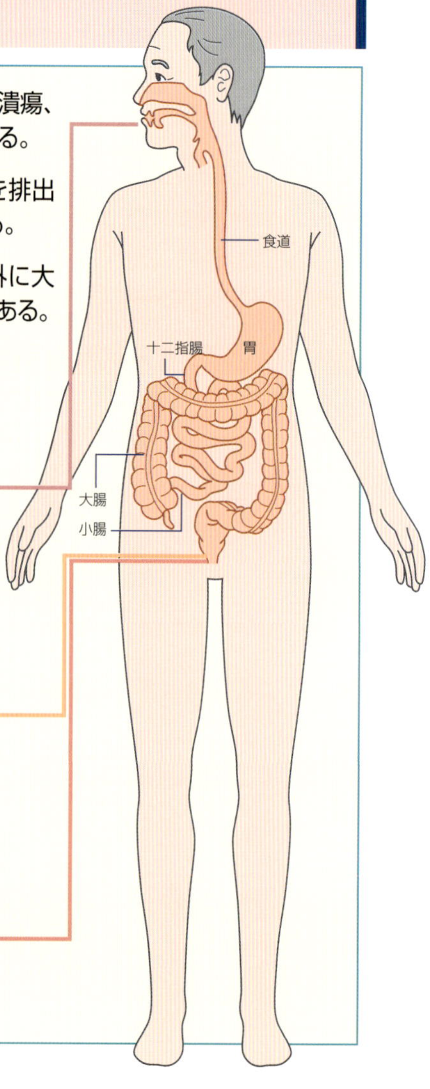

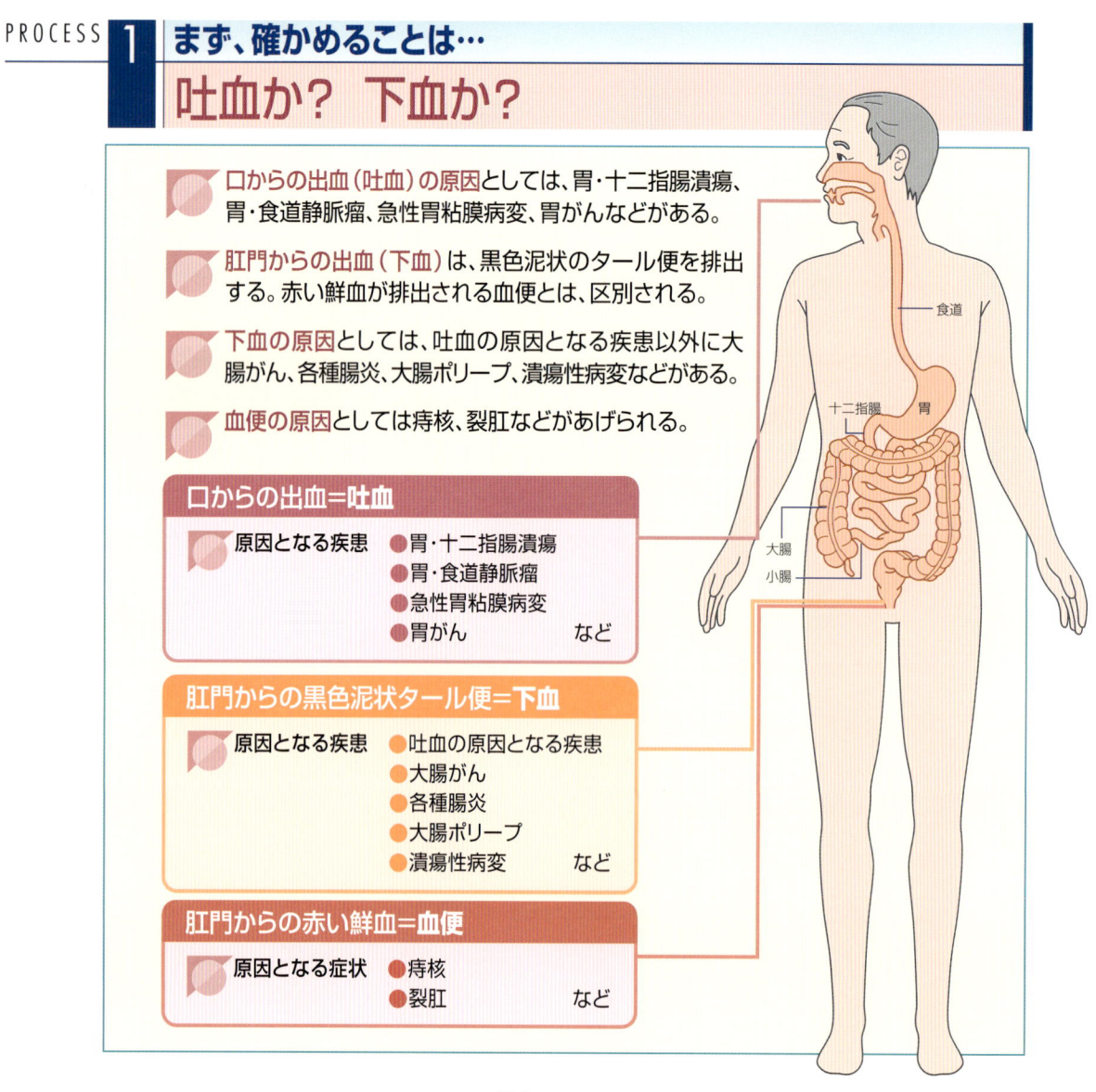

PROCESS 2 いちばん大切なのは…
冷静になること

吐血にせよ、下血にせよ、当事者は驚き、パニック状態になってもおかしくない。このような状況に遭遇したら、いちばん大切なのは冷静になることである。全てはここから始まる。まず、意識、呼吸の有無、脈拍を観察し(p162~165参照)、次のように対応する。

呼吸をしているが意識がない、あるいは、もうろうとしている

吐物を誤嚥する(誤って気管に吸い込む)のを防ぐため、右下横向きにし、顔をそらし、あごを引き上げてのどを伸ばす。

吐物・排泄物を観察・記録する

色調
- 鮮紅色
- 暗赤色
- 黒色

など

混入物
- 血液のみ
- 食残物
- 泡沫

など

量
- 紙に付着する程度
- 茶碗半分
- 丼1杯　など

記録
- 客観的にメモ
- 吐物の実物(可能なら)
- 写真(携帯電話・デジタルカメラなどで撮影)

PROCESS 3 受診する際には…
薬手帳を必ず、持参

普段から薬手帳を管理し、既往歴のメモを作成する。病院やかかりつけ医の診察を受ける際、提供する情報が、その先の診断・治療の大きな手助けになる。

受診の際には、吐物・排泄物の観察記録、薬手帳のほか、余裕があれば次のような記録物を持参する。

受診する際に持参する記録類

必携
- 薬手帳、もしくは内服薬の実物
- 吐物・排泄物の観察記録
- 既往歴

可能なら
- 血圧測定値
- 腹痛の有無
- 食事との関係
- 最後の食事時間
- 吐血・下血の回数
- 嘔吐の回数
- 排便の状態…便秘・通常便・下痢・水様便　など

胸痛・腹痛の場合

痛みを訴える!

胸痛や腹痛を訴える高齢者には、介護の現場でしばしば遭遇する。しばらく様子を観察してもよいのか、緊急を要する事態なのか、判断は医師にとっても大変難しい。緊急を要する事態には、胸痛では心筋梗塞、狭心症、解離性大動脈瘤、肺塞栓など、腹痛では腸閉塞、急性虫垂炎、尿管結石、胆石など、様々な疾患がある。慢性疾患を持つ人が症状を訴えた場合には、第一にその疾患が増悪したのではないかと疑うことになる。

PROCESS 1 まず、観察するのは…

痛みが強いか? 弱いか?

痛みが強いか、弱いか。これは、最も重要な兆候である。我慢できない痛みは、その原因が何であれ、医療職による手当が必要になる。痛いけれど我慢はできるという程度の痛みであれば、次に痛みの性質を観察する。

我慢できない痛み
▶ 医療職による手当が必要!

我慢できる程度の痛み
▶ 痛みの性質を観察

PROCESS 2 痛みの性質は…

持続的か? 間欠的か?

- **痛みが持続しているのか、間欠的なのか**(痛い時と痛くない時がある)を観察する。
- **例えば、腸管内にガス**がたまって腹痛を訴え、腸管運動につれガスが移動するだけで治ってしまう場合もある。
- **骨折**では、動かすと痛いが、動かさなければそれほど痛くない場合もある。
- **報告を受ける医師**は、痛みが持続的か、間欠的かによって、見分けるべき疾患のヒントを得ることができる。

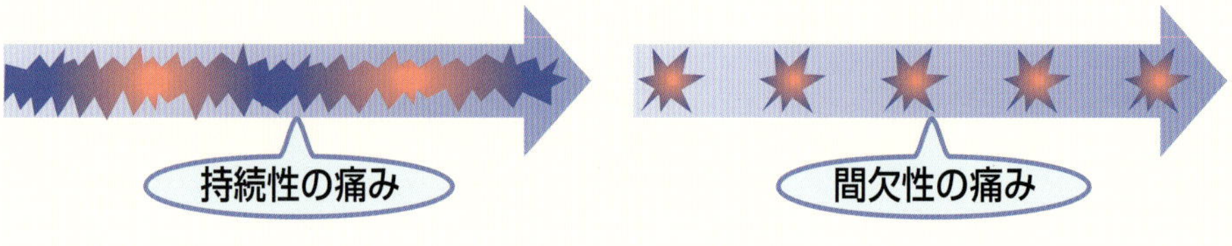
持続性の痛み
間欠性の痛み

PROCESS 3 痛み以外の症状は…

発熱・呼吸困難・下痢など

- 痛み以外の症状が何かあるかということも重要である。
- まずは、熱が出ていないか、観察する。
体に触ってすぐにわかる場合もあれば、体温計で測る必要がある場合もある。
発汗している、あるいは呼吸や脈拍が速い場合は、たいていは発熱していると考えられる。
- 胸痛には、呼吸が苦しいという訴えも伴うことが多い。
- 腹痛を訴える場合は、お腹が不自然にふくれていないか、最近大便は出ているか、下痢はしていないか、便に血が混じっていないかなどを観察する。

発熱は?

観察

- 体に触ると熱い
- 体温計で測定
- 発汗している
- 呼吸・脈拍が速い

呼吸は?

胸痛があると

- 呼吸困難を訴える場合が多い

お腹のふくれや便は?

腹痛がある場合の観察

- お腹が不自然にふくれていないか(腹部膨満)
- 便秘はしていないか
- 下痢はしていないか
- 便に血が混じっていないか

発熱・呼吸困難・腹部膨満・下痢・血便などがある⇒すぐに医療職に報告!

PROCESS 4 医療職に報告!

痛みの始まり、強弱、持続性、症状

- 医療職との連携が必要と判断したら、次の観察結果をできるだけ手短かに報告する。

観察・報告

- いつ頃から痛いのか
- 痛みの強弱
- 痛みの持続性
- 痛み以外の症状

四肢・関節の場合

痛みを訴える!

四肢・関節の痛みを生じる代表的な疾患に、骨折と関節炎（偽痛風）がある。
高齢者は転倒など軽微な外力により骨折しやすく、また、関節痛などを訴える人も多い。経過、痛みの性状、痛む部位の症状を観察し、著しく痛む場合は、直ちに医療機関を受診する。

PROCESS 1 まず、症状をよく観察…

痛みの経過・性状は？　痛む部位の症状は？

まず、痛みの経過を知ることが重要である。

痛みの経過
- いつから痛みが出現したのか？
- 突然痛くなったのか？ 徐々に痛くなったのか？
- 転倒などの原因があるのか？ 誘因がなく、痛み出したのか？

次に、痛みの性状について確認する。

痛みの性状
- 痛みは時間とともに増強？ 軽減？
- 安静時にも痛いのか？ 動かした時に痛いのか？

痛みの部位
- 1か所の痛みか？
  複数か所の痛みか？

さらに、痛む部位をよく観察する。

部位・圧痛
- 痛みの部位は？
- 圧痛があるか？

腫脹や変形
- 腫脹はあるのか？
- 変形しているか？

熱感・冷感
- 熱感があるのか？
- 冷たいか？

皮膚の色調や出血
- 発赤しているのか？
- 蒼白になっているのか？
- 出血があるのか？

動き
- 関節以外の部分が動くか？
- 関節が動かせないか？
- 動かすと音がするか？

PROCESS 2 観察の結果、対応は…

著しい痛みは、直ちに医療機関へ

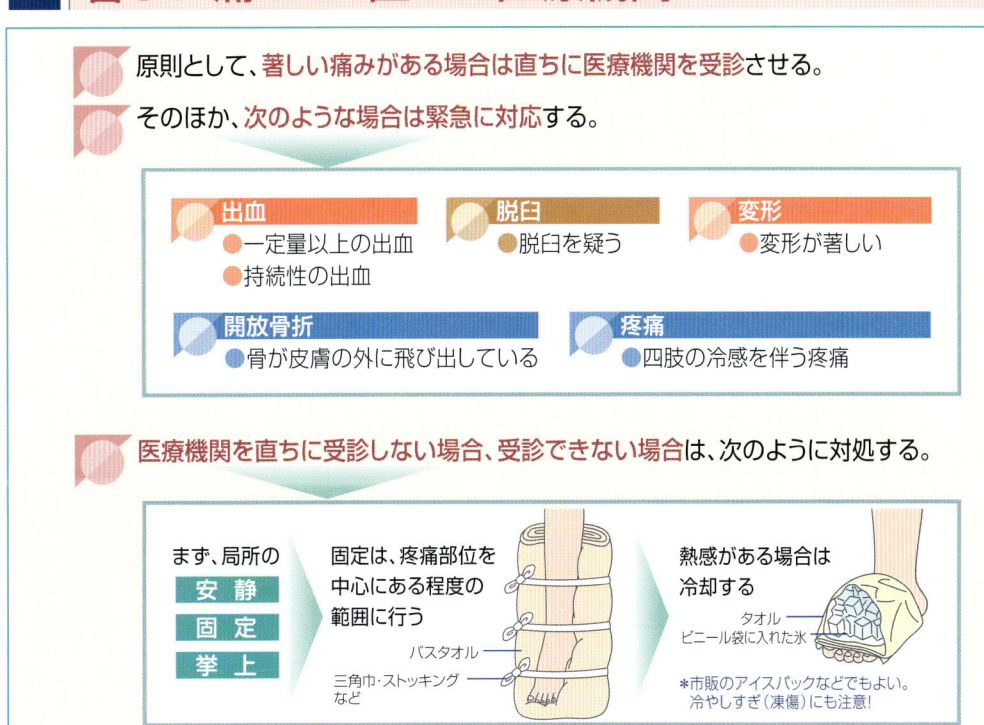

- 原則として、著しい痛みがある場合は直ちに医療機関を受診させる。
- そのほか、次のような場合は緊急に対応する。

出血
- 一定量以上の出血
- 持続性の出血

脱臼
- 脱臼を疑う

変形
- 変形が著しい

開放骨折
- 骨が皮膚の外に飛び出している

疼痛
- 四肢の冷感を伴う疼痛

- 医療機関を直ちに受診しない場合、受診できない場合は、次のように対処する。

まず、局所の

安　静

固　定

挙　上

固定は、疼痛部位を中心にある程度の範囲に行う

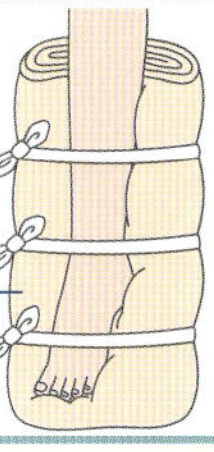
バスタオル
三角巾・ストッキング
など

熱感がある場合は冷却する

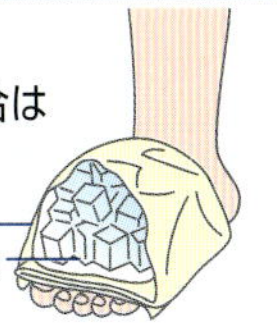
タオル
ビニール袋に入れた氷

*市販のアイスパックなどでもよい。
冷やしすぎ（凍傷）にも注意!

PROCESS 3 医療職との連携…

観察結果と行った処置、結果を伝える

- 痛みの発症経過、痛みの部位、性状、行った（行っている）処置、処置後の結果を伝える。

四肢・関節の痛みを生じる代表的な疾患

骨折

高齢者では転倒など軽微な外力により、大腿骨頸部骨折、手関節の骨折、上腕骨頸部骨折などが頻発する。重度の骨粗鬆症患者では、おむつ交換の際に大腿骨頸部骨折を生じる場合がある。高齢者では明らかな外傷がなくても、関節の疼痛が持続する場合は骨折の可能性を疑う。

関節炎（偽痛風）

外傷などの誘因がなく、急性の疼痛が生じる。局所の発赤、熱感、腫脹、安静時痛などが特徴的である。ときに全身の発熱を生じる。膝関節、手関節、足関節などによく起こるが、ほかの関節にも生じることがある。局所の安静・冷却・消炎鎮痛薬投与で症状は軽くなる。急性期には医療機関を受診したほうがよい。

高齢者に多い骨折
- 上腕骨頸部骨折
- 手関節の骨折
- 大腿骨頸部骨折

関節炎がよく起こる部位
- 膝関節
- 手関節
- 足関節

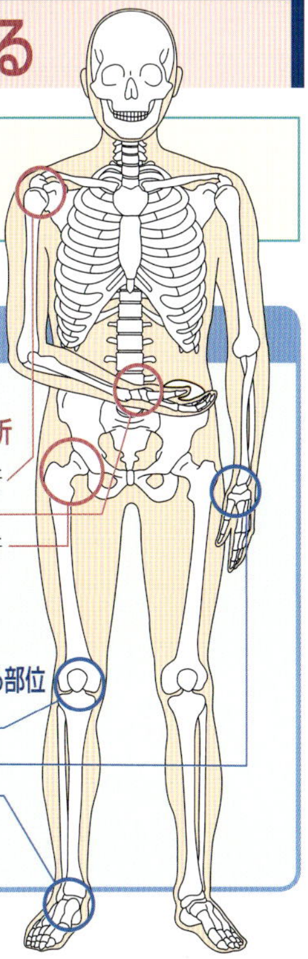

緊急時の応急手当

倒れている!

急病の人を発見したら、救急隊や医師の到着まで、患者の状態を悪化させないよう努める。まず、患者の状態を観察し、意識・呼吸・脈拍がなければ心肺蘇生を開始する。

PROCESS 1 倒れている人を発見!

まずは、すばやく観察を

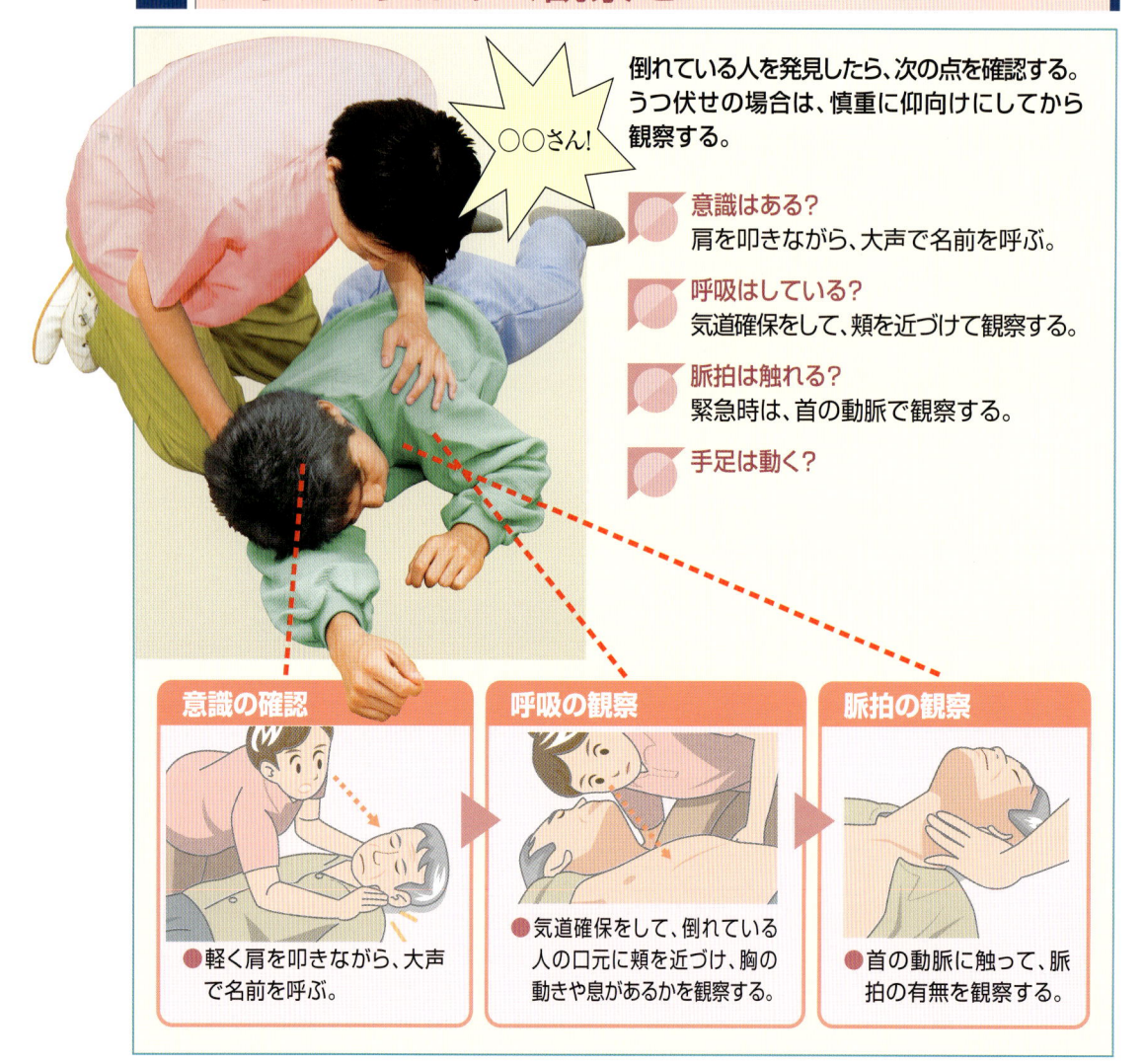

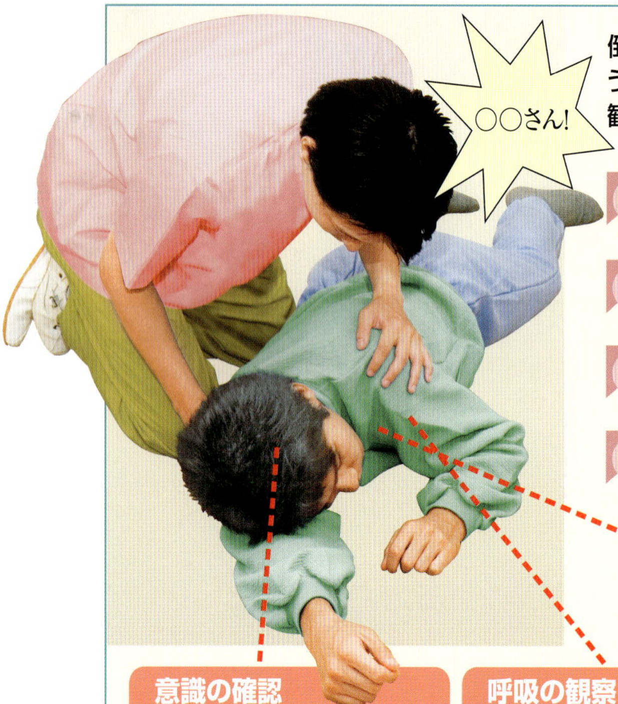

倒れている人を発見したら、次の点を確認する。うつ伏せの場合は、慎重に仰向けにしてから観察する。

意識はある?
肩を叩きながら、大声で名前を呼ぶ。

呼吸はしている?
気道確保をして、頬を近づけて観察する。

脈拍は触れる?
緊急時は、首の動脈で観察する。

手足は動く?

意識の確認

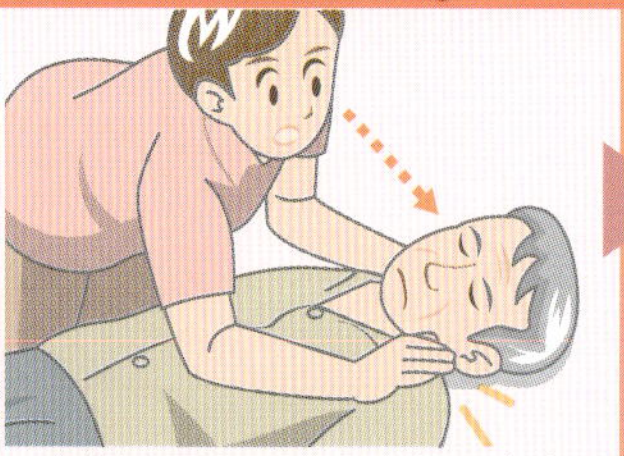

●軽く肩を叩きながら、大声で名前を呼ぶ。

呼吸の観察

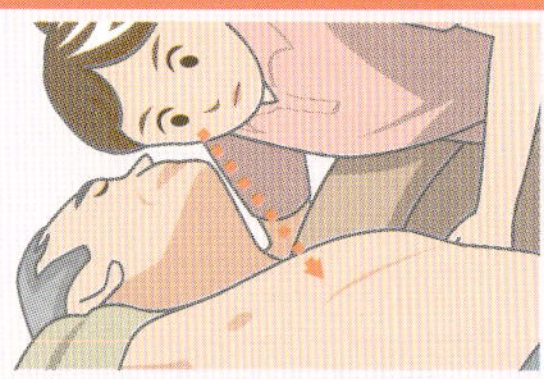

●気道確保をして、倒れている人の口元に頬を近づけ、胸の動きや息があるかを観察する。

脈拍の観察

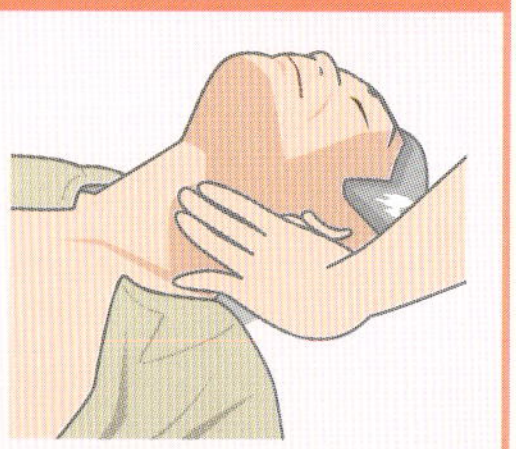

●首の動脈に触って、脈拍の有無を観察する。

PROCESS 2

意識・呼吸・脈拍がない時は…
心肺蘇生を開始!

意識・呼吸・脈拍がない場合は、次の手順で心肺蘇生を始める。1人で開始する場合や、人工呼吸に慣れていない場合は、心臓マッサージを行いながら医療職の到着を待つ。蘇生開始3〜4分間は心臓マッサージのみでも蘇生率に差がない。

気道確保

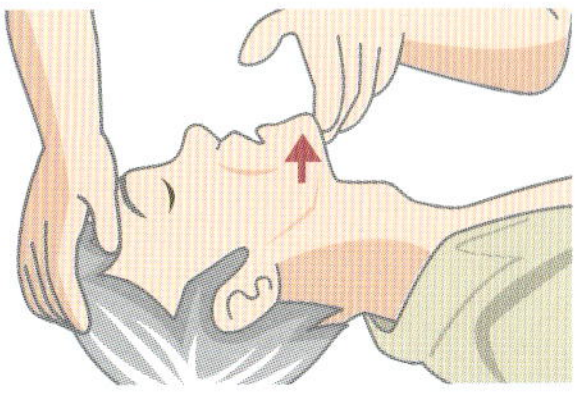

● 硬い床に仰向けに寝かせ、額を押さえながら、あごを引き上げる
⇒気道が開き、空気が通りやすくなる。

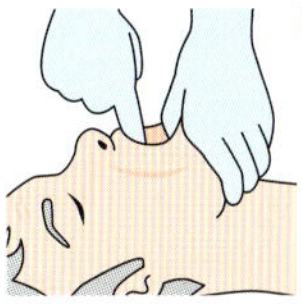

● 口の中に異物がみえる場合は、指でかき出す。この際、ビニール手袋をはめるか、指にハンカチなどを巻きつけ、感染を防ぐ。

人工呼吸 2回

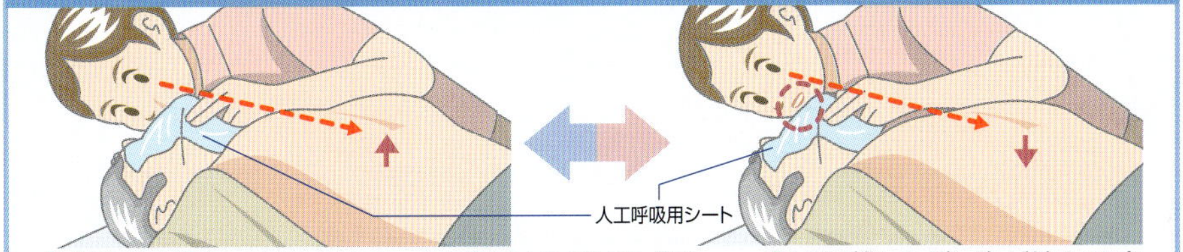
人工呼吸用シート

● 傷病者の鼻をつまみ、口をすっかり覆うようにして、息を吹き込む。吹き込んだ時、胸が少し膨らむのを確認する。

● 口を離した時、胸が沈んで息が吐き出されるのを確認する。

心臓マッサージ 30回

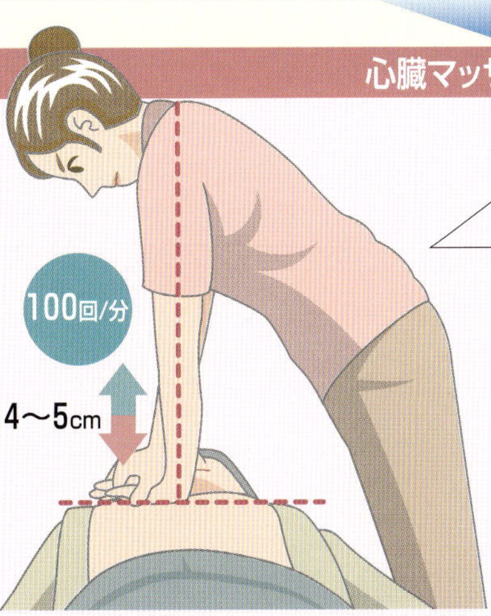
100回/分
4〜5cm

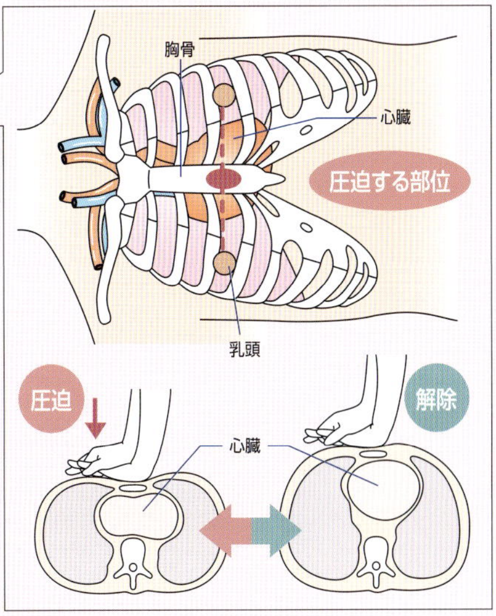
胸骨
心臓
圧迫する部位
乳頭
圧迫
解除
心臓

● 胸の中央部(胸骨)に利き手をおき、その上にもう一方の手を重ねて、垂直に体重をかけて圧迫する。1回押すごとに、手を胸から一瞬離すような感じで、圧迫を解除する。

人工呼吸 2回 ⇔ 繰り返し ⇔ 心臓マッサージ 30回

PROCESS 3 意識がなく呼吸をしている場合は
「昏睡体位」をとる

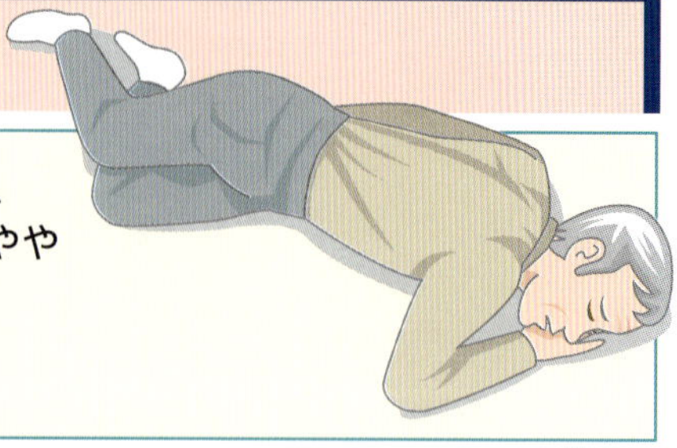

- 意識がなく呼吸をしている場合は、衣服を緩め、身体を横向きにし、あごを少し持ち上げて顔をやや上向きにし、首を伸ばすようにして休ませる。
- 入れ歯が入っていれば、はずす。

PROCESS 4 意識があり、呼吸困難の場合は
体を起こして、呼吸が楽な体位に

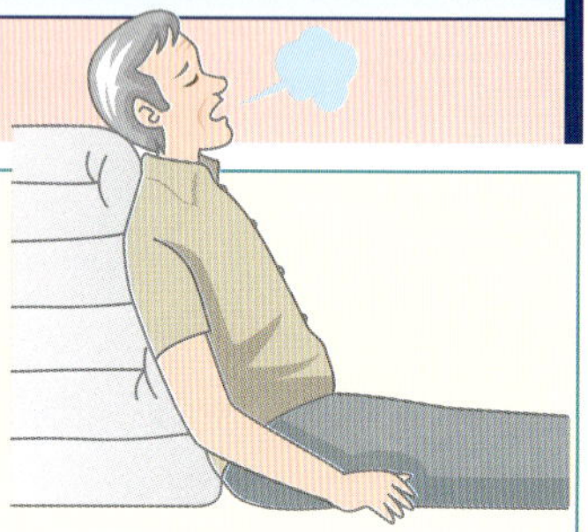

- 意識があり、呼吸困難の場合は、仰向けで上体を少し起こして布団に寄りかからせたり、机にうつ伏せにする。
- 呼吸がゼーゼーしている時は落ち着かせ、鼻から息を吸い、口をすぼめてゆっくり息を吐き出させる（口すぼめ呼吸）。

緊急時の応急手当

CASE 1 お風呂でおぼれた!

まず、浴槽から引き上げて仰向けにする。
水を飲み込んでいる場合は、顔を横に向かせて吐かせる。
意識・呼吸・脈拍がない場合は、心肺蘇生を開始する。

PROCESS 1 おぼれた人を発見!
浴槽から引き上げて、仰向けに

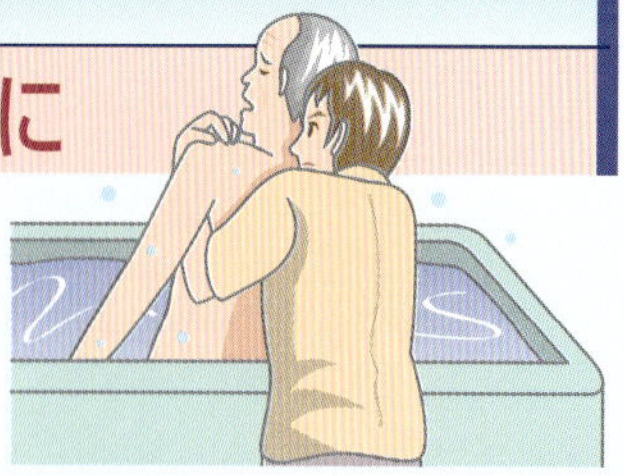

- まず浴槽から引き上げ、床に仰向けに寝かせる。

PROCESS 2 意識・呼吸・脈拍がない時は…
心肺蘇生を開始!

- 意識・呼吸・脈拍がない場合は、直ちに心肺蘇生を始める。
- 水を飲み込んでいて嘔吐した場合は、顔を横に向かせて吐かせ、気道に入らないよう注意する。胃内の水を無理に吐かせる必要はない。

CASE 2

緊急時の応急手当

のどに詰まらせた!

反応がある場合は、直ちに異物の除去を試みる。
反応がなくなってきた場合は、心肺蘇生を開始する。

PROCESS 1 反応がある場合

異物を吐き出す手助けを

- **異物がみえる**場合は、指でかき出す。
- 意識がある場合は、**強く咳**をさせて吐き出させる。
- **腹部突き上げ法**：後ろから両手を回し、腹部にこぶしを当てて、突き上げる。
- **背部叩打法**：肩甲骨の中間あたりを何度も強く叩く。
- **臥位の場合**は、うつ伏せにして、後ろから両手を回し、上腹部を押さえて抱え上げる。

腹部突き上げ法

両手でこぶしを作り、腹部に当てて突き上げる。

背部叩打法

背中を何度も強く叩く。

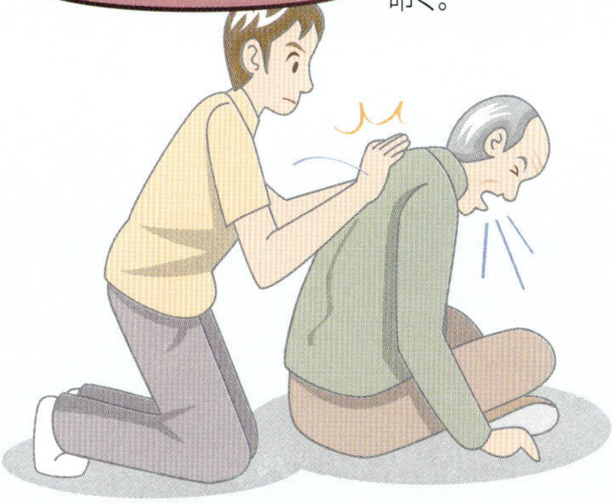

臥位の場合

うつ伏せにして、上腹部をこぶしで押さえて抱え上げる。

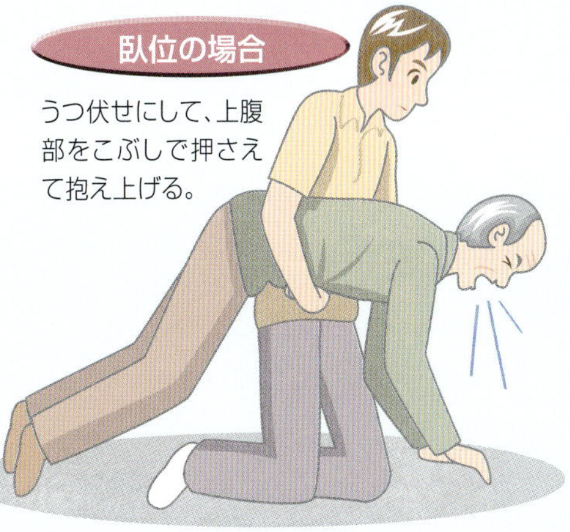

PROCESS 2 反応がなくなってきた場合

心肺蘇生を開始!

- **ぐったりして、反応がなくなってきた**場合は、直ちに心肺蘇生を開始する。途中で異物がみえたら取り除く。みえない場合は異物を探さず、心臓マッサージを続ける。

観察・判断にかかっている

緊急時の医療連携

介護の仕事をしていると、「何かあったらどうしよう」という場面に遭遇する。例えば、1人で介護しなければならない時に、「認知症の人が寝ないで歩いているけれど、転んで骨折したらどうしよう」「飲み込みの状態があまりよくないけれど、食事介助をしている時にのどに詰まったらどうしよう」といった心配をする。高齢者の介護では、どんなに予防するよう配慮しても、いつかは緊急の場面に遭遇する。そこで、緊急時にどのように医療職と連携したらよいのかを確認してみよう。

PROCESS 1 何かいつもと違う、異変に気づいたら…

バイタルサインなど状況を観察し、判断する

- **高齢者の部屋を訪問**したら、いつもは返事をする人が挨拶しても返事をしない。何となくぐったりしてみえる。このような時に、寝ていると思って放置すると事態が悪化することがある。
- **最初に接することの多い介護者**は、高齢者の異変に気づく感性が求められる。
- **何かがいつもと違う**と感じた時には、体温や呼吸などのバイタルサインを含めて高齢者の状態を観察する。
- **医療職に連絡するかどうかという判断**は、介護者にかかっている。ただし、1人で判断することはない。迷った時には、必ず同僚や管理職に相談しよう。
- **高齢者の自宅を1人で訪問**して介護するホームヘルパーの場合、相談相手が近くにいないため不安になるが、事務所で作成している緊急時のマニュアルに準じて事務所の担当者に連絡するなど、落ち着いて対応できるように普段から対応方法を確認しておこう。

高齢者における地域連携

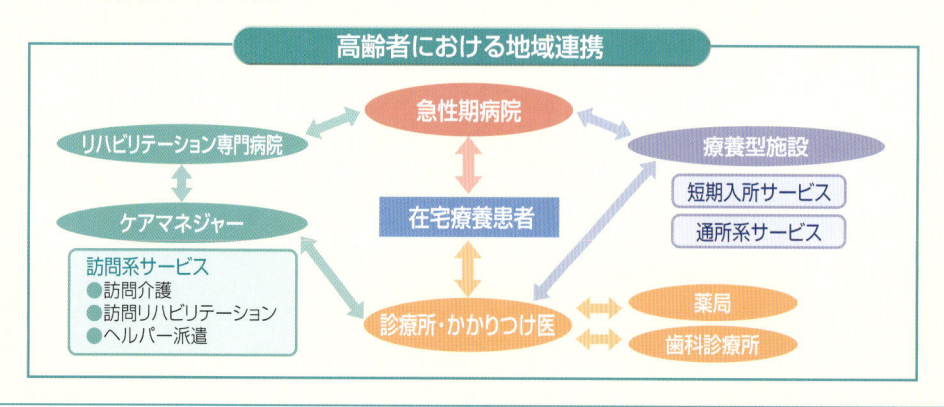

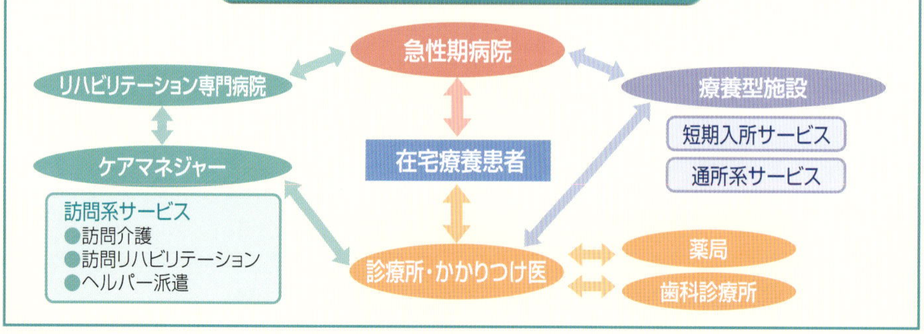
急性期病院
リハビリテーション専門病院
療養型施設
短期入所サービス
通所系サービス
在宅療養患者
ケアマネジャー
訪問系サービス
●訪問介護
●訪問リハビリテーション
●ヘルパー派遣
診療所・かかりつけ医
薬局
歯科診療所

PROCESS 2 医療職への連絡が必要と判断したら…

伝えるべき情報をそろえ、医療職へ

- **医療職に連絡することが必要と判断**したら、バイタルサインをはじめ、伝えるべき情報をそろえてから医療職に連絡しよう。
- **施設内に看護師がいる場合**には、施設内の看護師に連絡し、看護師がいない場合には、訪問看護ステーションやかかりつけ医など、その高齢者にかかわっている関連医療機関に連絡する。
- **看護師が常駐しない施設**では、関連医療機関、家族、救急隊のうち、どこにいちばん最初に連絡するかはその時の状況によって異なる。事前に、家族に連絡することが優先される事態、すぐにかかりつけ医に連絡する事態、または救急車を呼ぶべき事態など、いくつかの事態について検討しておく。
- **医療機関や救急隊につなげるまでの緊急時の応急手当**(p180-183)について、研修などを受けて実際に役に立つよう準備しておく。

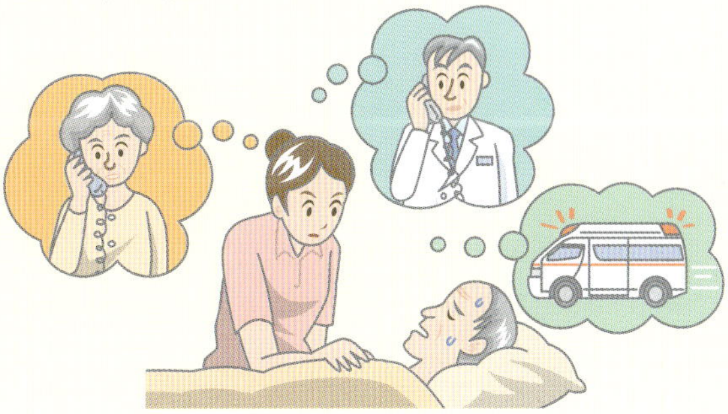

PROCESS 3 緊急時の円滑な連携のためには…

日頃から、地域との連携が必要

- **緊急時に円滑に連携する**ためには、様々な機関において普段からのかかわりが必要である。
- **高齢者は疾患やその合併症を抱えて生活**しており、急変が起こる可能性が高く、入退院を繰り返す人もいる。このようなケースでは、入退院のたびに、施設職員、もしくは在宅で生活する人の場合には**訪問看護師やホームヘルパーが病院との連携を持つ**必要がある。
- **地域連携は、今後さらに重要な取り組み**になると考えられる。

参考文献

CHAPTER 1 高齢者の特徴

◆ 老いること

1) 鷲田清一:老いの空白.弘文堂,2003.
2) 竹中星郎:高齢者の喪失体験と再生.青灯社,2005.
3) 竹中星郎:老いの心と臨床.みすず書房,2010.

◆ 加齢による身体の動きの変化

1) 衣笠隆,長崎浩,ほか:男性(18～83歳)を対象にした運動能力の加齢変化の研究.体力科学43(5):343-351,1994.
2) Fiatarone MA,Marks EC,et al:High-intensity strength training in nonagenarians. Effects on skeletal muscle.JAMA 263(22):3029-3034,1990.
3) 大渕修一,佐竹恵治:介護予防包括的高齢者運動トレーニング.健康と良い友だち社,2006.

◆ 加齢による知覚・精神の働きの変化

1) 篠森敬三:加齢に伴う世代間·世代内の視覚感度の個人差.光学 34(6),2005.
2) 福永克己,佐川賢,氏家弘裕:有効視野における加齢変化.照明学会全国大会講演論文集 37,2004.
3) 中村充,田中稔,工藤大介:加齢および運動習慣が視機能に及ぼす影響に関する検討.順天堂医学 51(2),2005.
4) Doty RL,Shaman P,et al:Smell identification ability,Changes with age.Science 226(4681),1441-1443,1984.
5) 冨田寛:味覚の老化.HEALTH DIGEST 16(5):1-12,2001.
6) 濱田敬久,冨田寛,池田稔,ほか:加齢と味覚異常との関連について.Taste and Smell 23:269-272,1989.
7) 神田裕子:地域高齢者の塩味の味覚閾値と関連要因に関する研究.杏林医師会雑誌 32(1):71-83,2001.
8) 平井俊策:老化の現象の解明と予防;触覚·痛覚の老化.老年精神医学雑誌 13(6):632-637,2002.より二次的引用.
9) 太田信夫,多鹿秀継編著:記憶研究の最前線.北大路書房,2000.

◆ 高齢者によくみられる病気

1) 日本老年医学会編:老年医学テキスト 改訂第3版.メジカルビュー社,2008.

CHAPTER 2 生活支援の基礎知識

◆ 利用者とのコミュニケーション

1) 介護職員基礎研修テキスト編集委員会編:介護職員基礎研修テキスト第5巻 介護におけるコミュニケーションと介護技術.全国社会福祉協議会,2007.
2) 黒澤貞夫,小熊順子編著:コミュニケーション技術 介護福祉士養成テキスト7.建帛社,2009.
3) 地域ST連絡会失語症会話パートナー養成部会編:失語症の人と話そう.中央法規出版,2004.

CHAPTER 3 生活支援技術

◆ 目覚めの介護

1) 一番ヶ瀬康子監修.山岡喜美子,荏原順子編著:リーディングス介護福祉学15 介護技術.建帛社,2005.

◆ 着替えの介護

1) 介護福祉士養成講座編集委員会編:新·介護福祉士養成講座7 生活支援技術Ⅱ 第2版.中央法規出版,p18-20,p63-83,2010.
2) 一番ヶ瀬康子監修.山岡喜美子,荏原順子編著:リーディングス介護福祉学15 介護技術.建帛社,p161-173,2005.

◆ 身だしなみを整える介護

1) 介護福祉士養成講座編集委員会編:新·介護福祉士養成講座7 生活支援技術Ⅱ 第2版.中央法規出版,2010.
2) 介護職員基礎研修テキスト編集委員会編:介護職員基礎研修テキスト第5巻 介護におけるコミュニケーションと介護技術.全国社会福祉協議会,2007.

◆ おいしい食事を提供するために

1) 介護福祉士養成講座編集委員会編:新·介護福祉士養成講座6 生活支援技術Ⅰ.中央法規出版,2009.
2) 介護福祉士養成講座編集委員会編:新·介護福祉士養成講座7 生活支援技術Ⅱ 第2版.中央法規出版,2010.
3) 東京都健康長寿医療センター看護部編著:写真でわかる高齢者ケア.インターメディカ,2010.

◆ 気持ちのよい入浴のための介護

1) 藤島一郎:口から食べる嚥下障害Q&A.中央法規出版,2004.
2) 高崎絹子,ほか編:最新老年看護学.日本看護協会出版会,2005.

◆ 心地よい排泄のための介護

1) 介護福祉士養成講座編集委員会編:新·介護福祉士養成講座7 生活支援技術Ⅱ 第2版.中央法規出版,2010.
2) 介護職員基礎研修テキスト編集委員会編:介護職員基礎研修テキスト第5巻 介護におけるコミュニケーションと介護技術.全国社会福祉協議会,2007.
3) 東京都健康長寿医療センター看護部編著:写真でわかる高齢者ケア.インターメディカ,2010.

◆ ベッド上生活を余儀なくされる人への介護

1) 介護職員基礎研修テキスト編集委員会:介護におけるコミュニケーションと介護技術.全国社会福祉協議会,p157-178,2007.
2) 大内尉義,秋山弘子,ほか編:新老年学 第3版.東京大学出版会,p599-622,p659-666,2010.
3) 米山武義,吉田光吉,ほか:要介護高齢者に対する口腔衛生の誤嚥性肺炎予防効果に関する研究.日歯医学会誌 20:58-68,2001.

◆ 実施した介護の記録

1) 是枝祥子,佐藤富士子,浦尾和江,嶋田美津江編著:介護職のための根拠に基づいた記録の書き方－観察·判断を踏まえて－.エルゼビア·ジャパン,p10-17,2005.
2) 一番ヶ瀬康子監修.山岡喜美子,荏原順子編著:リーディングス介護福祉学15 介護技術.建帛社,p253-261,2005.

◆ 介護者が行う医療的処置

1) 介護福祉士養成講座編集委員会:新·介護福祉士養成講座1 人間の理解.中央法規出版,2009.

2) 介護福祉士養成講座編集委員会:新・介護福祉士養成講座3 介護の基本Ⅰ.中央法規出版,2009.
3) 介護職員基礎研修テキスト編集委員会:介護におけるコミュニケーションと介護技術.全国社会福祉協議会,p88-98,2007.
4) 佐藤富士子:在宅看護の基礎知識.介護労働安定センター,p48-80,2009.

◆ 感染症への対応

1) 増田義重:発熱患者の観察とケアのポイント.臨床老年看護 12(1):16-22,2005.

◆ 終末期のケア

1) Cervo FA,Bryan L,Farber S:A review of evidence for placing feeding tubes in advanced dementia and the decision-making process.Geriatrics 61(6):30-35,2006.
2) Daly BJ:Special Challenges of withholding artificial nutrition and hydration.Journal of Gerontological Nursing:25-27,2000.
3) 星野智祥:摂食・嚥下障害を持つ高齢者に対する栄養管理について.プライマリケア 29(2):110-115,2006.
4) Lunney JR,Lynn J,Foley DJ,Lipson S,Guralnik JM:Patterns of Functional Decline at the End of Life. JAMA 289(18):2387-2392,2003.
5) Australian Government National Health and Medical Research Council:Guidelines for a palliative approach in residential aged care.p38,2005.

CHAPTER 4 認知症高齢者への援助

◆ 認知症の特徴

1) 粟田主一:認知症.井藤英喜,大島伸一,鳥羽研二編.統計データでみる高齢者医療.文光堂,p68,2009.
2) 粟田主一,ほか:認知症疾患に対する統合的救急医療モデルに関する研究.平成19年度厚生労働科学研究費補助金 こころの健康科学研究事業 精神科救急医療,特に身体疾患や認知症疾患合併症例の対応に関する研究(主任研究者 黒澤尚)総括・分担報告書.p135-156,2008.

◆ 対応の基本

1) 小澤 勲:痴呆老人からみた世界 老年期痴呆の精神病理.岩崎学術出版社,1998.

CHAPTER 5 うつ状態にある高齢者への援助

◆ うつ病・うつ状態の特徴

1) 飛鳥井望:自殺の危険因子としての精神障害−生命的危険性の高い企図手段をもちいた自殺失敗者の診断学的検討−.精神神経学雑誌 96(6):415-443,1994.
2) 井藤英喜,大島伸一,鳥羽研二編:統計データでみる高齢者医療.文光堂,2009.
3) Chew-Graham C:Presentation of depression in later life. Eds Chew-Graham C,Baldwin R,Burns A, Cambridge:Integrated Management of depression in the elderly.Cambridge University Press,2008.
4) Cummings JL:Depression and Parkinson's disease:a review.Am j psychiatry 149(4):443-454,1992.
5) Gaete JM,Bogousslavsky J:Post-stroke depression.Expert Rev Neurother 8(1):75-92,2008.
6) Koenig HG,Studenski S:Post-stroke depression in the elderly.J General and International Medicine 3:508-517,1988.
7) Wilson KG,Chochinov HM,de Faye BJ:緩和ケアにおけるうつ病の診断とマネージメント.Chochinov HM,Breitbart W編,内富庸介監訳:緩和医療における精神医学ハンドブック.星和書店,2001.
8) Sáez-Fonseca JA,Lee L,Walker Z:Long-term outcome of depressive pseudodementia in the elderly. J Affective Disord 101(1-3):123-129,2006.

◆ 対応の基本

1) 川原礼子:うつ病の治療と看護.鎌田ケイ子,川原礼子編:新体系 看護学全書29 老年看護学 健康障害をもつ高齢者の看護.メヂカルフレンド社,p262-266,2007.
2) 齋 二美子,光永憲香:看護過程ガイダンス うつ病.ナーシングカレッジ11(14):46-63,2007.
3) 齋 二美子:中高年うつ病患者の退院後生活に対する夫の期待と現実.東北大学医学部保健学科紀要 16(2):115-124,2007.
4) 齋 二美子:中高年女性の退院後の家事と直面した困難.日本精神保健看護学会 18(1):28-37,2009.
5) 鈴木しづえ,葛岡千郁子,林なぎさ:うつ病の患者・家族にかかわる看護師の役割について考える.特集 うつ病のいま—治す力と支える力.臨床看護 31(1):66-72,2005.
6) 野嶋佐由美,池添志乃:うつ病患者とその家族へのケア.特集 患者のうつ状態の理解とその対処.臨床看護 27(8):1235-1240,2001.
7) 尾鷲登志美,上島国利:家族や友人がうつ病になったとき:どう接したらいいのか.特集 うつ病のいま—治す力と支える力.臨床看護 31(1):40-44,2005.
8) 白石弘巳,田上美千佳編著:シリーズともに歩むケア3 事例にみるうつ病の理解とケア.精神看護出版,2006.

CHAPTER 6 観察、医療職との連携

◆ バイタルサインのみかた

1) 蔵本築監修,山城守也,ほか編:ベッドサイド老年病学.南江堂,1994.

◆ 息苦しい(呼吸困難)!

1) 蔵本築監修,山城守也,ほか編:ベッドサイド老年病学.南江堂,1994.

◆ 緊急時の応急手当

1) 日本救急医療財団心肺蘇生法委員会監修,日本版救急蘇生ガイドライン策定小委員会編著:救急蘇生法の指針 2005 改訂3版.へるす出版,2006.

写真でわかる

生活支援技術

…自立を助け、尊厳を守る介護を行うために…

2011年 4月10日　初版第1刷発行

[監　　修]　井藤英喜・高橋龍太郎・是枝祥子
[発 行 人]　赤土正幸
[発 行 所]　株式会社インターメディカ
〒102-0072　東京都千代田区飯田橋2-14-2
TEL.03-3234-9559　FAX.03-3239-3066
URL　http://www.intermedica.co.jp
[印　　刷]　三報社印刷株式会社

[編　　集]　小沢ひとみ・茂木佳澄
[デザイン]　安藤千恵（AS）

ISBN978-4-89996-278-6
定価はカバーに表示してあります。